Milchschafe halten

Horst Weischet

Milchschafe halten

30 Farbfotos
65 Schwarzweißfotos
31 Zeichnungen

VERLAG
EUGEN
ULMER

Alle Fotos vom Verfasser.
Fachzeichnungen von Sigrid Lokau, Bochum-Wattenscheid,
nach Vorlagen des Verfassers.
Karikaturen von Heinrich Tinnes, Neviges.

CIP-Titelaufnahme der Deutschen Bibliothek

Weischet, Horst:
Milchschafe halten/Horst Weischet.–
Stuttgart: Ulmer, 1990
ISBN 3-8001-7210-0

© 1990 Eugen Ulmer GmbH & Co.
Wollgrasweg 41, 7000 Stuttgart 70 (Hohenheim)
Printed in Germany
Lektorat: Ingeborg Ulmer
Herstellung: Karl-Heinz Eitle
Einbandgestaltung: Alfred Krugmann
mit einem Foto von Karin Weischet
Satz: Utesch Satztechnik GmbH, Hamburg
Druck und Bindung: W. Röck, Weinsberg

Vorwort

Die Haltung des Milchschafes hat sich in den letzten Jahrzehnten grundlegend geändert. Es war früher das Einzelschaf, das auf Siedlerstellen oder kleinen Bauernhöfen auf bearbeitungsunwürdigen Flächen gehalten wurde. An Wegrändern wurde es getüdert, oder es wurde zur Pflege des Obsthofes eingesetzt. Es lieferte seinen Besitzern Fleisch, Wolle und Milch und hatte seinen festen Platz im bäuerlichen Geschehen.

Die moderne Landwirtschaft hat hierfür weder Raum noch Interesse, so daß die Bestandszahlen des Milchschafes nach dem zweiten Weltkrieg mit zunehmendem Wohlstand immer mehr zurückgingen. Seit 1980 werden im europäischen Raum wieder steigende Zahlen verzeichnet.

Als typische Milchschafhalter sind drei Gruppen zu nennen: Landwirte, die wie früher die Milchschafe zur Pflege des Restgrünlandes einsetzen.

Landwirte, die ausschließlich Milchschafe halten und die Milch weiterverarbeitet vermarkten.

Die sogenannten Städter, die zur Hobbyschafhaltung gefunden haben.

Jede dieser drei Gruppen ist für die Erhaltung des Deutschen Milchschafes wichtig.

Als Ergänzung zur allgemeinen Fachliteratur über Schafhaltung und Schafzucht geht dieses Buch speziell auf die Bedürfnisse des Milchschafes in Kleinbeständen ein. Fragen der Einzelschafhaltung, der Fütterung, Pflege und Zucht werden ausführlich beantwortet und erklärt. Die Vermarktung von Fleisch und Milch sowie die gesetzlichen Bestimmungen sind dabei besonders wichtig. Möge dieses Buch eine Hilfe sein, um Haltungsfehler zu vermeiden und dem Milchschaf ein artgerechtes Leben zu ermöglichen.

Velbert, Januar 1990   Horst Weischet

Inhaltsverzeichnis

Vorwort 5

Einleitung 9
Bericht über einen Beginn 9
Voraussetzungen für eine
  Milchschafhaltung 11

**Verbreitung und Leistung
der Rasse** 12
Geschichte des Milchschafes. 12
Haltungsformen des Deutschen
  Milchschafes 13
Das Milchschaf in Zahlen 14
Rassebeschreibung 15
Herdbuchzucht 19
Leistungsmessung beim
  Milchschaf 20
Die Wirtschaftlichkeit 22

Die Weide 23
Der Bewuchs 23
Weidetechnik 23
Weidepflege 26
Weidedüngung 27
Weidezäune 30

Der Stall 39
Rechtliche Bestimmungen 39
Stallgröße und Stalleinteilung . . . 39
Das Stallklima 41
Stallboden und Einstreu 42
Futterversorgung 43
Wasserversorgung 45

Die Ablammbucht 47
Der Lämmerschlupf 49
Abtrenngatter 49
Der Bockstall 50
Die Krankenbucht 50
Der Melkstand 51
Der Arbeitsplatz 52
Elektroinstallation 52

Geräte für die Schafpflege . . . 56
Klauenwerkzeuge 56
Eingebespritzen 57
Die Stallapotheke 58
Schermaschinen 58

Der Kauf des ersten Schafes . . . 60
Der Auktionskatalog 60
Der Versicherungsschutz 64
Die ersten Tage nach dem
  Schafkauf 64
Die Altersbestimmung bei
  Schafen 65

Fütterung 68
Grundlagen der Fütterung 68
Futterbedarf 70
Fünf Beispiele für Futterrationen . . 74
Futterumstellung 77
Die Zusatzfütterung bei
  Weidegang 77
Mineralstoffe und Vitamine 78
Fertigfutter 80
Küchenabfälle als Futtermittel . . . 80

Pflegemaßnahmen 81
Klauenpflege 81
Vorbeugende Behandlung gegen
   Ektoparasiten 86
Fieber messen. 87
Kotuntersuchung 87
Das Wiegen der Schafe 88

Vermehrung und Zucht 92
Die Brunst 92
Der Zeitpunkt des Deckens 92
Wo decken? 93
Welcher Bock? 93
Der Deckakt 95
Der eigene Bock 96
Die Trächtigkeit 99
Die Geburt 99
Nabeldesinfektion 104
Die Kennzeichnung des Lammes . 105
Die Lämmeraufzucht 106
Die eigene Nachzucht 111

Die Milch 113
Milchleistung 113
Beeinflußbare Faktoren bei der
   Milcherzeugung. 115
Die Milchbildung 117
Die Kolostralmilch 118
Das Melken 119
Milchtöpfe, Kannen und Geschirr . 124
Das Lebensmittelrecht 125
Milchraum und Käseküche 125

Käse 127
Zutaten und Geräte 127
Der eigene Quark 131
Schnittkäse 133
Reifung und Lagerung von Käse . . 134

Die Wolle 136
Wollqualität 136
Scheren 139

Schlachten und Vermarkten 144
Altschafe 144
Lämmer 145
Das Schächten 146
Herstellung von Dauerwurst 146
Felle 147

Schafkrankheiten 150
Ektoparasiten 151
Endoparasiten 154
Lippengrind 157
Breinierenkrankheit 158
Kupfervergiftung 158
Pansenstillstand 158
Euterentzündung 159
Augenerkrankungen bei
   Lämmern 159
Anzeigepflichtige Seuchen 160
Erbfehler 162
Der Kot als Hinweis auf
   Erkrankungen 162
Einsendung von Untersuchungs-
   material 163
Impfung 163
Tierkörperbeseitigung 164

Verzeichnisse 165
Organisationen und Verbände . . . 165
Literaturverzeichnis 168
Sachregister 169

Einleitung

Bericht über einen Beginn

Der natürliche Wunsch des sogenannten Städters ist ein Fleckchen im Grünen. Nachdem wir, der Autor und seine Frau, den Versuch in einer Kleingartenanlage wegen all ihrer Vorschriften und festgelegten Anbaurichtlinien als gescheitert abgeschlossen hatten, strebten wir nach Größerem. Das Verkaufsangebot einer Wiese von 5000 m² schien gerade das Richtige für uns. Wir fieberten der ersten Ortsbesichtigung entgegen, und selbstverständlich waren alle Prospekte von Traktoren, Anhängern und Geräten für einen künftigen Garten schon studiert.

Der Weg zum neuen Paradies war im wahrsten Sinne des Wortes steinig und beschwerlich. Ein nicht befahrbarer Weg von 1 km führte zu einer Hangwiese, die wahrscheinlich nur mit Skipistenraupen zu bearbeiten war. Die Gehirnzellen rotierten. Die landschaftliche Lage war herrlich und das Angebot an anderen Grundstücken mager. Der Kauf wurde perfekt, weil ich meiner Frau, als technisch versierter Ehemann, im Sandkastenmodell die großen Möglichkeiten der Geländeverschiebung mit einem Bagger demonstrieren konnte. Aber es kam alles ganz anders. Der Vertrag wurde abgeschlossen, und wir waren glückliche Besitzer einer landwirtschaftlichen Nutzfläche im Landschaftsschutzgebiet. Den glorreichen Gedanken an den großen Bagger konnten wir aus rechtlichen Gründen der Landschaftsschutzordnung vergessen. Es war Mai, und wir saßen mitten auf unserem Steilhang im stürmisch wachsenden Gras. Irgend etwas mußte unternommen werden, um statt der ungepflegten und überständigen Weide eine schöne Wiese zu bekommen. Die private Testreihe von Handrasenmähern begann und endete nach einer Vegetationsperiode mit einem niederschmetternden Resultat. Das Ergebnis war: alle zur Verfügung stehende Freizeit ohne Regen war vertan worden, um mit den zur Verfügung stehenden Rasenmähern die Wiese einigermaßen kurz zu halten. Mit dem Herbst begannen auch die familiären Krisensitzungen. Es herrschte ein gespanntes Verhältnis, und keiner wußte so recht, was mit der Wiese geschehen sollte. Einfach alles aufgeben? Die Wunschträume und das Paradies? Waren wir schon so alt, um zu resignieren? Seit einer Stunde blätterten wir verlegen in der Tageszeitung, ohne zu lesen. Auf einmal wurde meine Frau stutzig, das Sonderangebot von Lammkeulen hatte sie irritiert. »Was hältst Du von Schafen?« war die einfache Frage.

Es wurde noch ein langer Abend mit heißen Diskussionen. Am darauffolgenden Arbeitstag konnte sich keiner so recht auf seine Arbeit konzentrieren. Die Gedanken kreisen immer wieder um das Schaf. Wir waren uns einig, daß ein Schaf nicht in die Hände von experimentierfreudigen Laien gehört, aber wo sollten wir uns informieren?

Eine vorsichtige Anfrage bei der Landwirtschaftskammer endete sehr kurz angebunden mit dem Satz: »Sagen Sie uns Ihren Namen und die Anschrift, wir leiten es weiter.«

Nach zwei Wochen besuchte uns ein sehr seriös wirkender Herr, der sich als Tierzuchtberater des Kreises vorstellte. »Also ein Beamter«, dachten wir mit vielen Vorurteilen. Was wollte dieser Mann eigentlich? Wir wurden ausgefragt bis ins letzte Detail. Wir wollten doch nur etwas über Schafe erfahren, aber er behandelte uns wie schwererziehbare Kinder. Waren wir wirklich die falschen Leute für eine Schafhaltung, und wollte er uns unser Vorhaben ausreden?

So sehr uns der Tierzuchtberater damals nervte, um so dankbarer sind wir ihm heute. Er bestimmte, daß das Milchschaf für uns das Richtige sei, und stand uns mit Rat und Tat zur Seite. Auf dem Weg von nur einem Milchschaf bis zur Herdbuchzucht hat er uns in der Folge begleitet.

Die ständige Angst vor seinen unangemeldeten Stallkontrollen zwang uns anfangs zu so manchem Arbeitseinsatz, auf den wir damals gerne verzichtet hätten, und der Traum vom Plätzchen im Grünen entpuppte sich als zweiter Arbeitsplatz.

Der Abschluß des ersten Zuchtjahres fand seine Krönung, als unser selbstgezogener Jungbock bei der Körung zum Siegerbock erklärt wurde. Dem Tierzuchtbe-

rater Kalscheuer sei an dieser Stelle noch einmal herzlich gedankt.

Gedanken eines künftigen Schafhalters...

Ein einziges Schaf nur in einem primitiven Unterstand schien uns zu wenig, denn es genügte nicht als Rasenmäher, und außerdem fühlte es sich bestimmt einsam. Wir entschlossen uns zum Kauf von drei weiteren Mutterlämmern, ohne zu berücksichtigen, daß wir deren Töchter nicht verkaufen würden. Plötzlich war die Weide zu klein, und eine Nachbarweide wurde dazu gepachtet. Dieses gegenseitige Aufschaukeln endete bei unserer jetzigen Betriebsgröße: Mit 45 Mutterschafen und zwei Zuchtböcken bewirtschaften wir acht Hektar Grünland. Es ist genau die richtige Größenordnung, um einem kinderlosen Ehepaar die Freizeitprobleme zu ersparen.

Voraussetzungen für eine Milchschafhaltung

Der Neubeginn einer Sache, sei es beruflich oder privat, entsteht sehr oft aus einer spontanen Idee. Bevor man aber die Idee einer Schafhaltung in die Tat umsetzt, muß ein konkretes Konzept erstellt werden, in dem auch alle zeitlichen Verpflichtungen berücksichtigt werden.

Finanzielle, materielle und arbeitstechnische Abläufe lassen sich individuell planen und zeitlich steuern. Sollte aber ausgerechnet an Silvester ein Mutterschaf lammen, dann wird der verantwortungsbewußte Schafhalter seine Party im Stall verbringen und sich freuen, wenn dann doch, ohne eingreifen zu müssen, gesunde Lämmer geboren werden.

Vor der Anschaffung des ersten Schafes müssen gewisse Voraussetzungen erfüllt werden. Der Vorgarten eines Reihenhauses als Weide und die Garage als Stall sind sicher die schlechtesten Gegebenheiten für eine Schafhaltung.

Als Weidefläche sollten pro Mutterschaf mit Nachzucht und bei eigener Heuwerbung 1000 m² angesetzt werden. Verzichtet man jedoch auf das eigene Heu und kauft Rauhfutter zu, so kann diese Fläche auch mit zwei Mutterschafen besetzt werden. Eine geringe Zufütterung im Sommer muß je nach Qualität der Weide einkalkuliert werden.

Hohe Anforderungen werden an den Stall gestellt. Es muß kein Prunkbau sein, er muß aber trocken, luftig und zugfrei sein. Ein gutdurchdachter Holzschuppen kann diese Anforderungen erfüllen. Der Bedarf an Sauerstoff ist beim Schaf sehr hoch. Kalte, aber zugfreie Luft ist besser als viel warmer »Mief«. Als Stallfläche werden im Herdenbetrieb 1,2 m² pro Schaf gerechnet. Bei 300 Schafen ist ein Stall mit diesem Richtwert wirklich nicht eng. Aber man stelle sich ein Einzelschaf in einer großen Kartoffelkiste vor – ein unmöglicher Zustand. Bei einem Bestand von 2 bis 6 Schafen sollte deshalb unter Berücksichtigung der Ablammbuchten pro Schaf ein Platz von 3 – 4 m² vorhanden sein.

Je größer die Anzahl der Mutterschafe ist, desto geringer wird der Stallflächenbedarf pro Schaf. Außer Weide und Stall wird auch noch Raum für das Winterfutter, die Einstreu und Gerätschaften benötigt.

Verbreitung und Leistung der Rasse

Geschichte des Milchschafes

Wissenschaftler und Forscher befassen sich mit der Frage, woher unsere Haustiere kommen und wie sie sich entwickelt haben. Liest man ihre Berichte, so erscheinen oft die Worte: »man nimmt an« oder »man vermutet«. Eine genaue Klärung dieser Frage ist noch nicht gelungen. Die ersten Aufzeichnungen sind in der Bibel zu finden. Im Alten Testament wird in der Zeit um 3000 v. Chr. vom Melken, Scheren und Handel der Schafe berichtet. Die Verarbeitung der Milch zu Käse war vor 5000 Jahren genauso selbstverständlich wie der Beruf des Schafscherers, der in Scherkolonnen von Herde zu Herde zog. Zu dieser Zeit gab es auch schon Schafhalter, die 3000 Schafe von mehreren Hirten hüten ließen.

Als Opferschaf durfte keinesfalls ein kastrierter Bock genommen werden. Daraus ist zu folgern, daß schon zur damaligen Zeit eine Art Selektion und Auswahl erfolgte und nicht zuchtfähige Böcke unfruchtbar gemacht wurden. Insgesamt dürfen wir also annehmen, daß zu den in der Bibel genannten Zeiten die Schafhaltung einen Stand erreicht hatte, der sich danach nicht mehr wesentlich verändert hat. Die allerersten Anfänge der Haustierhaltung werden wohl nie exakt herauszufinden sein.

Ähnlich unklar sind auch die Anfänge der speziellen Rassezucht. Durch örtliche Isolation bildete sich allmählich ein einheitliches Bild einer Tierart. Die nahe Verwandtschaft der verpaarten Tiere stabilisierte den Nachwuchs, und an den einzelnen Orten entstanden sehr erbstabile Gruppen.

Gegen Ende des 18. Jahrhunderts waren in Friesland Groninger Schafe mit viel Milch und friesische Schafe mit viel Wolle und einem hohen Körpergewicht bodenständig. Beide Arten wurden ständig züchterisch gepaart. Aus dieser Kreuzung entstand das Groninger Marschschaf, das als eines der direkten Vorfahren des Milchschafes angesehen werden kann.

Daneben haben im 17. Jahrhundert Holländer Schafe aus Ostindien nach Texel und Groningen eingeführt, um sie mit den einheimischen friesischen Schafen zu kreuzen. Das Produkt, das Marschschaf, zeichnete sich durch hohe Fruchtbarkeit und hohe Milchleistung aus. Auch hier wird von den direkten Vorfahren des Milchschafes gesprochen.

Der ostfriesische Tierzuchtinspektor Burgmeister aus Norden sagte am Anfang dieses Jahrhunderts über Ursprung und Entstehung des ostfriesischen Milchschafes folgendes: »Das ostfriesische Milchschaf gehört zu den kurzschwänzigen

Schlichtwollschafen. Der Rasse nach wird es dem Niederungs- oder Marschschaf zugeteilt, welches in vielen Schlägen als Wilstermarsch-, Ost- und Westfriesisches, Friesisches oder Eiderstätterschaf vorkommt. Über den Ursprung dieser Rasse ist nichts Sicheres bekannt.« (Aus: Zeeb, Das Ostfriesische Milchschaf.)

Anfang der neunziger Jahre des vorigen Jahrhunderts wurde vom ostfriesischen Milchschafzuchtverein Norden die Zucht des Milchschafes begonnen. 1902 wurde die Bockkörung für ganz Ostfriesland eingeführt.

Nach dieser Bestimmung dürfen nur Böcke der ostfriesischen Milchschafrasse eingesetzt werden, die von einer Körkommission als zuchttauglich eingestuft wurden. Mit dem Reichstierzuchtgesetz vom 17. 3. 1936 fand das Ostfriesische Milchschaf als eigene Rasse seine Anerkennung. Auf einer Tagung der Deutschen Landwirtschaftsgesellschaft 1979 in Bingen wurde die Namensänderung des Ostfriesischen Milchschafes in Deutsches Milchschaf beschlossen.

Haltungsformen des Deutschen Milchschafes

Das Deutsche Milchschaf wurde unabhängig vom Standort oder von der Zeitgeschichte immer in Kleinbeständen gehalten.

Als Weidefläche standen ihm der eingezäunte, bäuerliche Obsthof als Koppel oder, angetüdert, die Wege und Feldränder zur Verfügung.

Seit Festschreibung dieser Rasse bis zum Ende des Zweiten Weltkrieges und der schlimmen Nachkriegsjahren hat es überwiegend in Einzelhaltung die Besitzer mit Fleisch, Wolle und Milch versorgt. Es war dabei oft der einzige Milchlieferant.

Mit zunehmendem Wohlstand in den sechziger und siebziger Jahren ging der Milchschafbestand zurück. Nun brauchte man dieses »Armeleutetier« nicht mehr, denn man konnte sich ja alles kaufen. In den letzten zehn Jahren hatte das Milchschaf wieder einen enormen Aufschwung zu verzeichnen.

Nicht das Schaf hat sich in dieser Zeit verändert, sondern der Personenkreis, der jetzt Milchschafe hält. Es sind in den Hochburgen der Milchschafzucht wie Deutschland, Österreich und der Schweiz überwiegend Personen, die ihren Lebensunterhalt mit nicht landwirtschaftlicher Tätigkeit verdienen. Es sind Handwerker, Arbeiter, Angestellte und Akademiker, die sich die Möglichkeit für eine Milchschafhaltung geschaffen haben. Sie haben Freude an der Schafzucht und betrachten mit Recht die selbst erzeugten, unbehandelten Nahrungsmittel wie Fleisch, Milch und Milchprodukte als etwas Besonderes. Das Milchschaf als Einzeltier trifft man heute nur noch sehr selten an. Die Bestandsgrößen von 2 bis 6 Mutterschafen und einem gekörten Deckbock haben sich als zweckmäßig erwiesen und sind auch für ein Feierabendhobby arbeitstechnisch zu verkraften. Vereinzelt findet man Großbestände der Rasse Deutsches Milchschaf, wo bis zu 100 Mutterschafe zur Milcherzeugung gehalten werden. Hier soll eine Alternative zur Rinderhaltung erprobt werden. Endgültige ausgewertete Analysen über die Leistungsfähigkeit solcher Bestände liegen jedoch zur Zeit noch nicht vor.

Das Milchschaf in Zahlen

Bestandsgrößen in einigen Europäischen Ländern

	Schafe insgesamt	darin enthalten Deutsche Milchschafe
Belgien	129 000	80
BR Deutschland	1 404 000	24 700
DDR	2 656 000	45 000
Frankreich	10 360 000	100
Luxemburg	7 000	150
Niederlande	1 200 000	1 500
Österreich	259 000	6 000
Schweiz	355 000	3 500

Bestand in den Verbandsgebieten der BR Deutschland

Baden-Württemberg	236 000	2 500
Bayern	344 300	1 700
Hessen	138 100	2 000
Niedersachsen	145 000	900
Rheinland	73 150	6 000
Rheinland-Pfalz	117 900	560
Saarland	13 200	143
Schleswig-Holstein	199 000	1 400
Weser-Ems	45 500	4 000
Westfalen-Lippe	92 000	5 490
	1 404 150	24 693

Quelle: Jahresbericht VDL 1988

Gewichte und Maße von Milchschafen

Jahr	Gewicht kg	Widerrist cm	Brust cm	Becken cm	Rumpflänge cm
Böcke					
1980	107	93	40	30	97
1982	124	86	42	32	111
1984	132	86	42	34	111
Mutterschafe					
1980	87	87	36	28	87
1982	83	77	37	27	98
1984	89	78	37	29	98

Quelle: Tierzucht 84, DLG

Die Gewichte und Größen sind keine Durchschnittswerte dieser Rasse. Es handelt sich um Spitzentiere, die von den Verbänden auf der DLG ausgestellt wurden.

Ein Mutterschaf mit allen guten Eigenschaften seiner Rasse.

Rassebeschreibung

Die Rassebeschreibung des Deutschen Milchschafes in der BR Deutschland und des Ostfriesischen Milchschafes in der DDR sind bis auf die Farbbezeichnung der Wolle übereinstimmend. In der DDR und in vielen Landesverbänden der Bundesrepublik sind laut Rassestandard die Deutschen beziehungsweise Ostfriesischen Milchschafe weiß. In den letzten Jahren wurden in einigen Zuchtverbänden schwarze und braune Milchschafe herdbuchmäßig geführt und rein gezüchtet. Leistungsmäßig sind nach eigener Erfahrung keine Unterschiede festzustellen, obwohl gegenteilige Meinungen vertreten werden. Da die Milchschafzucht und die Milchschafhaltung fast überall als Liebhaberei betrieben werden, sollte jeder die Farbe bevorzugen, die ihm am besten gefällt.

Der Name »Ostfriesisches Milchschaf« wurde, wie schon erwähnt, 1979 auf einer Tagung der Deutschen Landwirtschaftsgesellschaft in »Deutsches Milchschaf« geändert.

Aus Gewohnheit oder Tradition werden aber nach wie vor die im Sprachgebrauch der jeweiligen Standorte üblichen Bezeichnungen beibehalten. In Österreich, in der Schweiz und in Luxemburg werden die Namen »Ostfriesisches Milchschaf« oder »Milchschaf« benutzt, wogegen in der DDR die amtliche Bezeichnung »Ostfriesisches Milchschaf« ist. In der Bundesrepublik werden alle Namen wie Milchschaf, Deutsches Milchschaf und Ostfriesisches Milchschaf nebeneinander benutzt.

15

Die zur Zeit gültige Rassebeschreibung »Deutsche Milchschafe«

Das Milchschaf ist ein kräftiges und großrahmiges, widerstandsfähiges und anpassungsfähiges Schaf, frühreif und frohwüchsig, mit hoher Fruchtbarkeit, guter Milch- und Wolleistung sowie einer guten Fleischleistung. Es ist ohne Einkreuzung aus dem deutschen Marschschaf gezüchtet (Ursprungsland Ostfriesland).

So soll der Milchschafkopf aussehen: fein, edel, unbewollt und leicht ramsnasig.

Äußeres Erscheinungsbild

Kopf länglich, leicht ramsnasig und hornlos, mit edlem Ausdruck, bedeckt mit Stichelhaaren
Augen groß mit stark entwickelten Tränendrüsen
Ohren Ohren lang und dünn, nach vorn gerichtet

Brust genügend breit, tief mit gutem Anschluß an Hals und Rücken
Rumpf breit, tief und geschlossen mit ausgeprägter Rippenwölbung
Rücken lang, fest und breit, Kruppe leicht abschüssig und nicht zu kurz
Gliedmaßen gut bemuskelt bei korrekter Stellung und straffer Fessel
Schwanz dünn, lang und unbewollt
Wolle weiß, lang und abgewachsen, ausgeglichene und dichte Crossbredwolle in C–D (32–38 my) Feinheit

Leistungsmerkmale

Milchleistung ca. 600 kg Milch bei etwa 6 % Fett
Euter geräumig, breit angesetzt, kräftige seitlich stehende, nach unten gerichtete Striche
Fruchtbarkeit 200–230 % bei saisonalem Brunstzyklus; erste Lammung mit 12 Monaten
Mastleistung tägliche Zunahme im Gewichtsabschnitt bis 50 kg, Bocklämmer 300–400 g, Mutterlämmer 250–300 g
Wolleistung 5–7 kg Schweißwolle

Leistungsprüfungen

Mastleistung Ermittlung der Tageszunahme
Milchleistungsprüfung Ermittlung der Milchmenge und des Fettgehaltes. Die erste Probenahme muß spätestens 56 Tage nach der Lammung erfolgen.

Weiße und schwarze Milchschafe, rassetypisch aus Herdbuchzuchten. Unterschiedliche Leistungen konnten bei diesen Schafen nicht festgestellt werden.

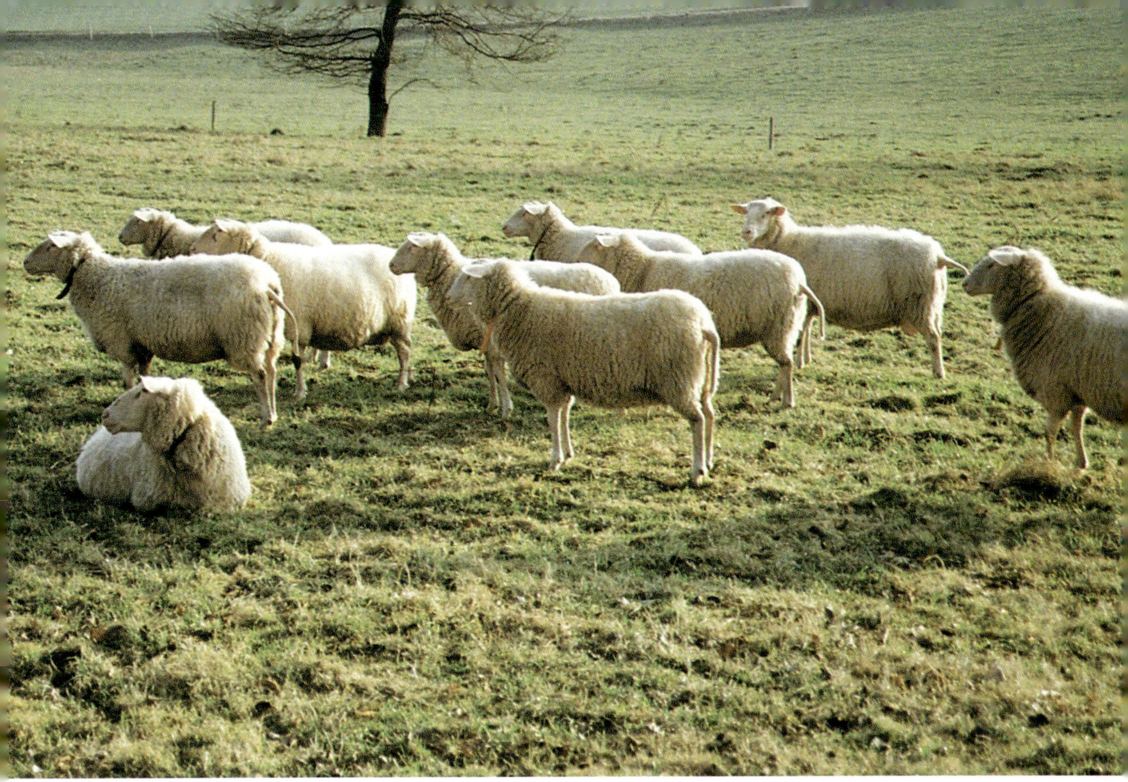

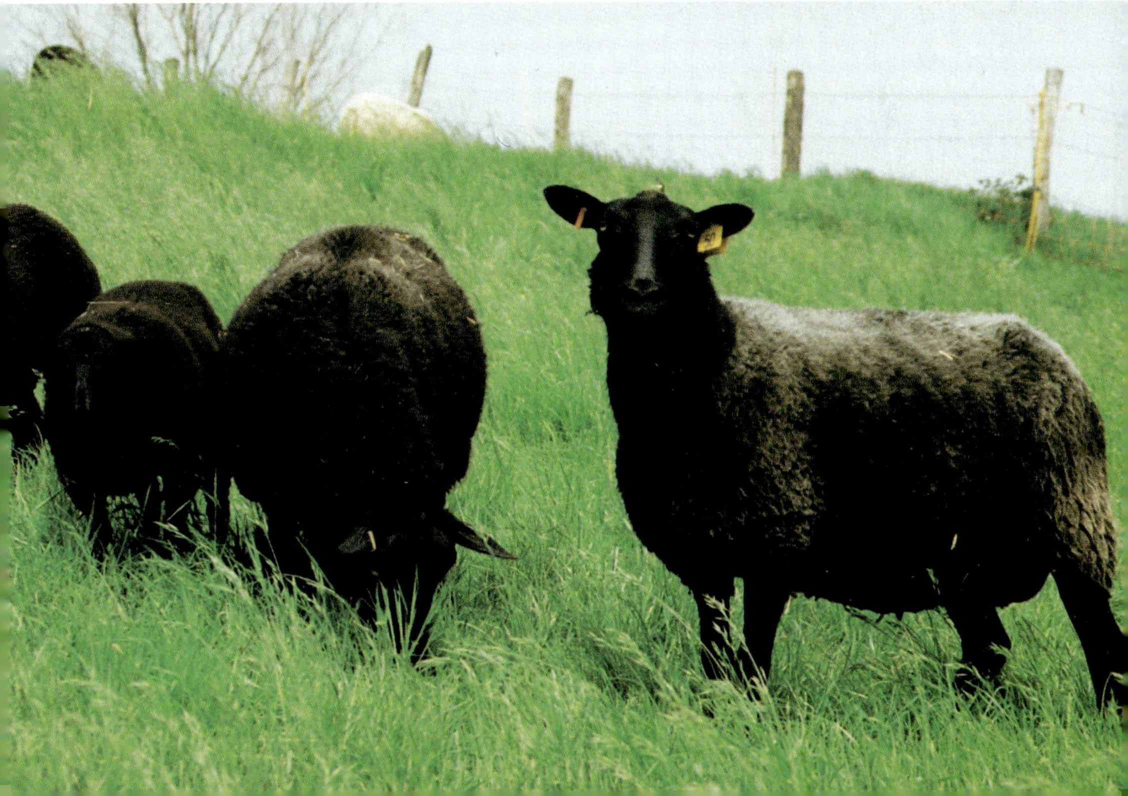

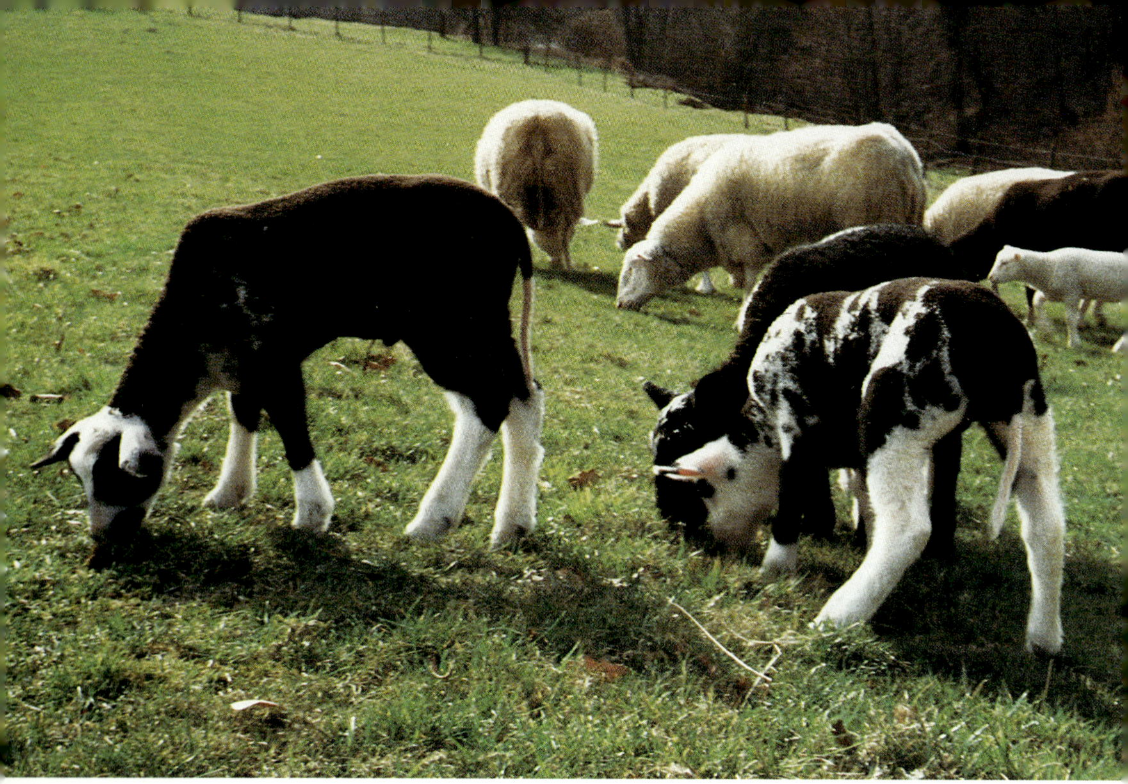

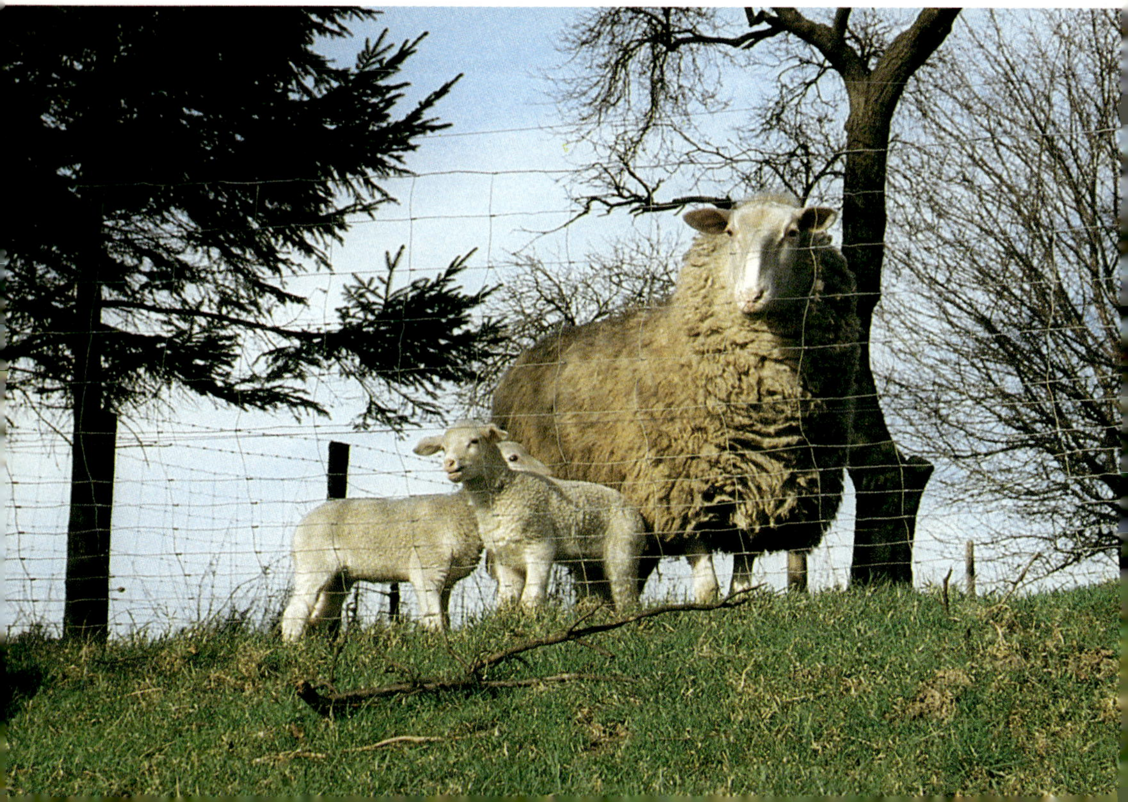

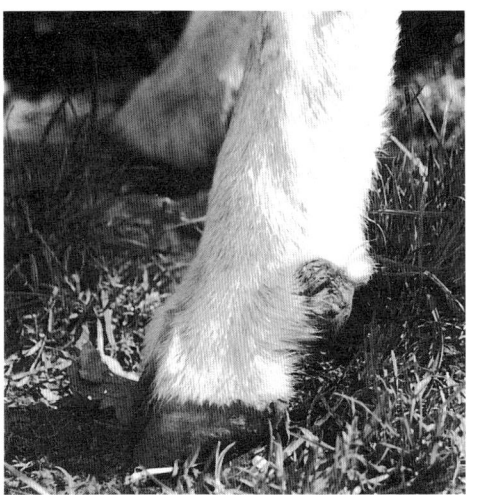

Vorschriftsmäßige Fesseln: straff und kräftig.

So weiche Fesseln dürfen in der Zucht nicht akzeptiert werden.

Körpergewicht

Altböcke 110–130 kg
Jährlingsböcke 90–120 kg
Lammböcke 50–70 kg
Mutterschafe 80–100 kg
Jährlingsschafe 70–80 kg
Mutterlämmer 45–60 kg

Oben: Die Eltern der gescheckten Lämmer sind im Hintergrund. Die Mutter ist schwarz, und der Vater ist weiß. Unten: Auch wenn Leistungsunterschiede nicht feststellbar sind – die Wolle von rein-weißen Schafen ist vielseitiger verwertbar. Auf der Lämmerweide muß die Maschen-weite im unteren Zaunbereich klein sein.

Herdbuchzucht

Die Grenzen der Begriffe Zucht und Vermehrung sind nicht eindeutig zu definieren. Sind in einer Schafherde gleichzeitig mehrere deckfähige Böcke, dann ist dieses nicht als Zucht, sondern als Vermehrung zu bezeichnen. Setzt aber ein Schafhalter gezielt einen Deckbock ein, so kann man mit Recht von Zucht reden.

Bei der Herdbuchzucht unterliegen alle züchterischen Tätigkeiten einer Kontrollinstitution, die von den Ordnungsbehörden anerkannt sein muß. In der BR Deutschland haben diese Aufgabe die Landesschafzuchtverbände übernommen, die auch gleichzeitig die Herdbuchführung verwalten und Abstammungsnachweise für die einzelnen Tiere ausstellen. Aufgaben einer Herdbuchzucht sind die Erhaltung reinrassiger Tiere und die Bereitstellung zur Zucht anerkannter Deckböcke.

Die Leistungsmessung beim Milchschaf

Beim Milchschaf spricht man von einem Dreinutzungsschaf. Außer Fleisch und Wolle produziert es auch noch Milch. Dank konsequenter züchterischer Arbeit und Selektion wurde die Fleischleistung im letzten Jahrzehnt erheblich verbessert, ohne dabei die Milchleistung zu beeinträchtigen.

Milchschaflämmer sind heute wegen ihrer Fleischqualität sehr gefragt. Die Nachfrage übersteigt das Marktangebot bei weitem. Um die Fleischleistung in Verbindung mit der Futterverwertung objektiv mit anderen Schafrassen vergleichen zu können, müssen meßbare Größen erarbeitet werden. Zu diesem Zweck werden in den Mastleistungsprüfanstalten der Landwirtschaftskammern Bocklämmergruppen eines Vatertieres unter gleichen Bedingungen bis zum Schlachtgewicht gemästet. Um eine konkrete Aussage und Bewertung der Fleischleistung vornehmen zu können, werden diese Bocklämmer nach einem vorgegebenen Schema geschlachtet und bewertet. Die bis zum Schlachtgewicht verbrauchte Menge Futter gibt Aufschluß über die Futterverwertung. Nach beendeter und ausgewerteter Prüfung steht ein Zahlenmaterial zur Verfügung, das einen Vergleich innerhalb einer Rasse mit unterschiedlichen Vatertieren oder mit anderen Rassen ermöglicht. Beispiel einer Mastleistungsprüfung s. Seite 21.

Die Bewertung der quantitativen Woll-Leistung des Milchschafes ist leider wirtschaftlichen Überlegungen zum Opfer gefallen. Bedingt durch den derzeit sehr geringen Preis der Wolle kann es sich keine

Mast- und Leistungsprüfung...

Fachorganisation mehr erlauben, Mitarbeiter zur Ermittlung des Wollertrages zu den einzelnen Züchtern zu schicken.

Die qualitative Beurteilung erfolgt bei der Körung der Böcke. Entspricht die Wolle eines Jungbockes, der zur Körung vorgestellt wird, nicht den Mindestanforderungen des Standards, darf er nicht gekört werden und scheidet als zukünftiger Zuchtbock aus. Bei Mutterschafen, die nicht herdbuchmäßig erfaßt werden, liegt es im Verantwortungsbereich des Schafhalters, welche Woll-Leistung ihm genügt. Zu bedenken ist hierbei allerdings, daß Schafe mit kurzer, loser Wolle eher erkranken als Schafe mit einem langen, dichten Vlies, wie es der Standard vorschreibt.

Die Milchleistung des Ostfriesischen Milchschafes wurde schon zur Jahrhundertwende in Norddeutschland, wo auch die ersten Milchschafvereine gegründet wurden, ermittelt und dokumentiert.

Beispiel für eine Mastleistungsprüfung

Anstalt für Leistungsprüfungen in der Tierzucht
für das Land Nordrhein-Westfalen · 4780 Lippstadt-Eickelborn

Prüfungsbericht

(Milchschaf)

über die Nachkommengruppe des Bockes: _____4163_____   Verb.: _Rheinland_

Einsender: _Weischet_   Anlieferungstermin: _23.3.–12.5.87_

I. Mastleistung			$\varnothing$ (n* = 9)	Streubreite	$\varnothing$ Schwarzkopf (n = 81)
Alter bei Prüfungsbeginn		Tage	47,1	37–52	51,8
Alter bei Prüfungsende		Tage	108,2	98–119	103,4
Mastdauer in Tagen			61,1	49–75	51,6
Gewicht bei Prüfungsbeginn		kg	21,0	19,0–24,0	20,7
Nährstoffbedarf/kg	Zunahme StE		2201	1922–2443	2098
	verd. Eiweiß		491	429–545	468
$\varnothing$ tägl. Zunahme im Prüfungszeitraum		g	396	351–454	427
$\varnothing$ tägl. Bruttozunahme**		g	418	382–464	413
tägl. Nettozunahme***		g	195	179–212	188
II. Schlachtleistung			(n = 6)		(n = 72)
$\varnothing$ Mastendgewicht		kg	45,1	44,0–46,5	42,7
$\varnothing$ Nüchterungsgewicht		kg	41,6	41,0–43,0	39,7
$\varnothing$ Nüchterungsverlust		%	7,8	6,6–8,7	7,2
$\varnothing$ Schlachtkörpergewicht		kg	21,3	21,0–22,0	19,7
$\varnothing$ Schlachtausbeute		%	51,22	49,30–53,17	49,62
$\varnothing$ Rückenlänge		cm	36,5	36–38	35,5
$\varnothing$ Keulenlänge		cm	55,5	55–57	51,4
$\varnothing$ Keulenumfang		cm	64,0	64–65	62,3

Subjektive Beurteilung nach dem DLG-Schema (max. 50 Punkte)

Oberflächenfett	(max. 5)	5,0	–	4,2
Beckenhöhle, Nierenfett	(max. 5)	5,0	–	4,7
Kamm, Brust, Schulter	(max. 10)	8,0	8–9	7,6
Fehlrippe, Hochrippe, Roastbeef				
	(max. 10)	8,0	–	8,1
Keule	(max. 20)	18,2	18–19	17,8
Gesamtpunktzahl	(max. 50)	44,2	44–46	42,4
Zuchtwert Vater		134		100
Teilindex Halbgeschwister		114		100

* = Tierzahl
** = Mastendgewicht: Lebenstage
*** = Schlachtgewicht kalt: Lebenstage

Amtliche Milchkontrollen werden seit Inkrafttreten des Tierzuchtgesetzes wie in der Rinderzucht durchgeführt und sind Bestandteil des Leistungsnachweises zur Aufnahme ins Herdbuch. Bei der Milchkontrolle wird das Schaf monatlich im Abstand von 12 Stunden im Beisein des Kontrollers gemolken. Die gemolkene Menge wird gewichtsmäßig erfaßt. Von dieser Milch wird eine Probemenge im Labor der Kontrollinstitution auf den Fettgehalt untersucht. Die abgeschlossene Milchkontrolle einer Laktation gibt Aufschluß über die mengenmäßige Milchleistung in kg, Laktationsdauer in Tagen und Fettmenge in % und kg.

Die Wirtschaftlichkeit

Die Frage zur Wirtschaftlichkeit einer Milchschafhaltung ist weder eindeutig positiv noch negativ zu beantworten. Die sehr unterschiedlichen Größenverhältnisse, Haltungsformen und Futtergrundlagen ergeben auch sehr unterschiedliche Bilanzergebnisse. Betrachtet man aus der Gruppe der Milchschafrassen das Deutsche Milchschaf in der Haltungsform, wie es in der Schweiz, in Österreich, in Deutschland und den Benelux-Ländern am häufigsten anzutreffen ist, dann sind auch hier alle Möglichkeiten zwischen wirtschaftlichem Verlust und Gewinn vertreten. Der indirekte Freizeitwert wird meistens nicht erkannt.

In den meisten Fällen sind zu Beginn einer Milchschafhaltung der Stall, die Scheune und eine Weidefläche vorhanden. Den Verkauf der dann anfallenden Lämmer kann man ruhig als Gewinn betrachten, auch wenn es sich um eine sogenannte Milchmädchenrechnung handelt. Soll ein nach kaufmännischen Gesichtspunkten errechneter Gewinn erreicht werden, dann ist dies nur durch die geschickte Vermarktung der Milch und der Milchprodukte möglich. Der geringe Gewinn, der bei der normalen Schafhaltung pro Mutterschaf kalkuliert werden kann, ist bei der Milchschafhaltung, bedingt durch höhere Futterkosten, aufwendige Stalleinrichtungen und Investitionen für die Milchverarbeitung nicht vorhanden. Ganz vereinfacht kann als Faustregel gelten: Die Milchschafe finanzieren sich selbst, aber jeder Liter verkaufte Milch bringt den Gewinn.

Die Weide

Der Bewuchs

Die ideale Schafweide mit dem optimalen Bewuchs als Schaffutter steht selbst Profis nur selten zur Verfügung. Eine allgemein gültige Aussaatempfehlung zu geben ist nicht möglich, da sich die Sortenmischung aus dem Standort und der Bodenart ergibt. Die Mehrzahl der Milchschafhalter bewirtschaftet Restflächen, Obstgärten oder ehemalige Hausgärten, die teilweise gerodet und eingesät wurden. An den Grundstücksgrenzen bleiben oft Windschutzhecken und Ziersträucher stehen. Unter diesen Gehölzen, die selbst heute noch von den Baubehörden zur Anpflanzung empfohlen werden, sind einige für Tiere unverträgliche, teils hochgiftige Arten, die in jedem Falle für die Schafe unzugänglich ausgezäunt werden müssen. Sollte die Möglichkeit einer Rodung mit Ersatzbepflanzung ungiftiger standorttypischer Gehölze gegeben sein, so ist diese Lösung unbedingt vorzuziehen. Die Bauordnungsämter und Gartenbauämter können hier hilfreiche Informationen geben.

Weidetechnik

Je nach Art der Nutzung und Unterteilung der Weideflächen unterscheidet man verschiedene Weidetechniken.

Die Standweide

Bei der Standweide werden die Schafe vom Frühjahr bis zur Aufstallung im Herbst immer auf der gleichen Weidefläche gehalten.

Vorteil: Es entstehen keine weiteren Kosten für Zaunmaterial; eine Wasserstelle genügt; der Arbeitsaufwand ist gering.

Nachteil: Die durch Kot oder Urin überdüngten Stellen der Weide werden vom Schaf gemieden. Hier wächst das Gras besonders gut, und es entstehen Geilstellen mit überständigem Bewuchs. Das Schaf bevorzugt kurzes, junges Gras. Die Geilstellen breiten sich im Laufe des Sommers immer mehr aus, und die nutzbare Weidefläche wird kleiner. Eine immer wiederkehrende Ansteckung mit Innenparasiten ist in Kleinbetrieben auf verhältnismäßig kleinen Flächen nicht zu vermeiden.

Die Umtriebsweide

Wird die gesamte zur Verfügung stehende Weidefläche in kleinere Koppeln unterteilt und wechselnd in einem planmäßigen Turnus beweidet, spricht man von der Umtriebsweide. Hierbei sollen möglichst kurze Weidezeiten und lange Ruhepausen erzielt werden. Eine Unterteilung in 8 bis 10 Koppeln, jedoch min-

Einige Pflanzen, die Giftstoffe enthalten und als Zierpflanzen oder auf der Weide den Schafen zugänglich sein können.

Pflanze, wissenschaftlicher und deutscher Name		Symptome
Acacia-Arten	Akazie	Bewegungsstörungen der Hinterhand
Adonis annua	Adonisröschen	Herzversagen
Arum maculatum	Aronstab	Durchfall, Kollaps
Colchicum autumnale	Herbstzeitlose	Durchfall, Atemlähmung, Tod
Equisetum-Arten	Schachtelhalm	Durchfall, Milchmangel
Rhododendron-Arten	Rhododendron	Speichelfluß, Kollaps, Atemlähmung
Eupatorium-Arten	Dost	Zittern
Euonymus europaea	Pfaffenhütchen	Durchfall, Herzrhythmusstörung, Tod
Helleborus-Arten	Nieswurz, Christrosen	Blutiger Durchfall, Kolik
Hypericum-Arten	Johanniskraut	Photosensibilität
Linum-Arten	Lein	Erbrechen, Atemlähmung
Narthecium ossifragum	Ährenlilie	Gelbsucht, Leberschäden
Nerium oleander	Oleander	Durchfall, Kolik
Ornithogalum	Milchstern	Bewegunsstörung, Erblinden, Leberschäden
Pteridium aquilinum	Adlerfarn	Verlängerte Blutgerinnung, Störungen in der Motorik
Quercus-Arten	Eiche	Pansenatonie, Verstopfung, Durchfall
Ricinus communis	Rizinus	Blutiger Durchfall
Robinia pseudoacacia	Robinie	Durchfall, Lähmung
Rumex-Arten	Sauerampfer	tödlich
Senecio jacobaea	Jakobskreuzkraut	Hepatopathie
Taxus baccata	Eibe	Atemstörung, Muskelzittern, Tod
Triglochin-Arten	Pfeilgras	Atemlähmung
Xanthium	Spitzklette	Hepatitis

destens 4 Parzellen im Kleinbetrieb ist empfehlenswert.

Vorteil: Die Schafe bekommen ständig eine Weide mit gleichmäßigem Aufwuchs. Die Ansteckung mit Innenparasiten ist durch die längere Ruhepause der Weide gering. Problemlose Weidepflege durch Nachmähen nach der Weidenutzung ist möglich. In größeren Betrieben kann das Überangebot des Futters zur Heuwerbung genutzt werden.

Nachteil: Erhöhter Kapitaleinsatz und Arbeitsaufwand durch zusätzliche Zäune und Wasserstellen.

Die Schlupfweide

Auf der Schlupfweide haben die Lämmer die Möglichkeit, durch ein Schlupfloch auf eine separate Weidefläche zu gelangen. Dieses System wurde 1954 in Großbritannien entwickelt.

Vorteil: In der Milchschafhaltung sind keine Vorteile zu erkennen.

Nachteil: Lämmer, die eine Schlupfweide kennen gelernt haben und zur Aufstockung des Bestandes aufgezogen werden, versuchen in der folgenden Weidesaison den Lämmerschlupf zu überwinden und beschädigen dabei die Einrichtung. Der Arbeitsaufwand ist groß, es bedarf teurer Geräte.

Die Portionsweide

Als Portionsweide bezeichnet man die Weidetechnik, die den Schafen den Tagesbedarf täglich frisch zuteilt.

Vorteil: Eine Ansteckung mit Innenparasiten ist kaum möglich. Die Weide wird intensiv genutzt. Eine Portionierung des Weidefutters nach der Stallhaltung gestattet eine langsame Futterumstellung.

Nachteil: Der Arbeitsaufwand ist hoch, da die Einzäunung täglich geändert werden muß.

Die Weidetechnik für kleine Bestände

Alle Arten der Weidetechniken, die für die Koppelschafhaltung ausprobiert und mehr oder weniger standardisiert wurden, wie Portionsweide, Schlupfweide, Umtriebsweide und Standweide sind auch in kleinen Schafbeständen mit zwei oder drei Milchschafen möglich und vorteilhaft. Die für große Bestände gültige Besatzdichte von zehn Mutterschafen mit Nachzucht und Heugewinnung pro Hektar Grünland ist hier allerdings nicht anwendbar.

Als Beispiel sei die kleinste Form der Koppelschafhaltung, ein Betrieb mit zwei

Mutterschafen genannt. Das benötigte Heu sollte hier zugekauft werden, weil der Aufwand zur Werbung und Lagerung einfach zu groß ist. Für diese beiden Schafe hat man mit Sicherheit keine nach Stärkeeinheiten und Futterwertigkeit untersuchte Weidefläche zur Verfügung, sondern Reststücke wie ehemalige Hausgärten oder Obsthöfe. Auf oder an diesen Schafweiden stehen oft Bäume oder hohe Hecken, die einem nicht unbeträchtlichen Teil der Weide dauerhaften Schatten spenden. Für die Schafe ist dies im Sommer ein angenehmer Platz, jedoch als nutzbare Weidefläche fällt dieses Stück aus, da Schafe Schattengräser nicht fressen.

Milchschafe werden morgens und abends gemolken, wobei sie während des Melkens entsprechend ihrer Leistungen zusätzlich Futter bekommen. Beim anschließenden Weidegang fressen sie sich zwar satt, aber sie sind sehr wählerisch, und so manches Stück bleibt ungenutzt liegen. Für zwei Milchschafe sollte unter Berücksichtigung des Zusatzfutters doch eine gesamt nutzbare Weidefläche von $1500\,m^2$ zur Verfügung stehen. Ideal wäre es, wenn diese Fläche in vier gleichgroße Parzellen mit Elektrozaun unterteilt werden könnte. Es bestünde dann die Nutzungsmöglichkeit als Umtriebsweide mit einer Weidedauer von acht Tagen und drei Wochen Ruhezeit. In den Herbstmonaten, wenn der Aufwuchs nachläßt, sollte zur Parasiteneinschränkung dieser Rhythmus trotzdem eingehalten werden und der Nährstoffbedarf bei der Zusatzfütterung auf dem Melkstand ausgeglichen werden. In den Spätherbst- und Wintermonaten wird die gesamte Weidefläche ohne Unterteilung als

Weidepflege...

Standweide genutzt. Aus optischen Gründen und zur Verbesserung der Grasnarbe kann nach jedem Weidewechsel die benutzte Fläche nachgemäht werden. Als Tränke genügt auf der Weide bei zwei Schafen ein Eimer mit täglich frischem Wasser.

Weidepflege

Unter Weidepflege versteht man alle Arbeiten, die den Futterwert und die Bewuchsart einer Weide günstig beeinflussen. Die bewirtschafteten Flächen in der normalen Milchschafhaltung sind für den Einsatz eines Schleppers mit Anbaugeräten zu klein. Pflegearbeiten werden, dem Gelände angepaßt, mit Motorrasenmäher, Sense und Harke durchgeführt. Im Frühjahr muß vor Weideaustrieb die Fläche gereinigt werden. Altes Laub und über Winter abgebrochenes Astwerk der

Bäume oder Hecken muß abgeharkt und beseitigt werden. Maulwurfshügel werden bei dieser Arbeit gleichzeitig eingeebnet und eventuell Steine abgelesen. Durch das Harken wird zusätzlich die Grasnarbe gelüftet und das sich auf sauren Böden bildende Moos im Wachstum geschädigt.

Bei der Weidewirtschaft mit Umtriebsweide verhilft das Nachmähen der abgeweideten Fläche zu einem gleichmäßigen Aufwuchs des Futters, und Geilstellen mit überständigem Gras werden verhindert. Brennesseln, Disteln und Ochsenzungen werden von den Schafen nicht gefressen und müssen regelmäßig, spätestens vor der Blüte, abgemäht werden. Eine Grasnachsaat an den Stellen mit ungenügendem Bewuchs sollte regelmäßig nach dem Nachmähen erfolgen. Dies ist immer kostengünstiger und mit erheblich weniger Aufwand durchzuführen als eine Neueinsaat.

Weidedüngung

Jedes Lebewesen benötigt zur eigenen Erhaltung und zur Erbringung einer zusätzlichen Leistung Nahrung. Die Leistung einer Pflanze sind die enormen Zuwachsmengen und die Erzeugung von Fett, Stärke und Zucker.

Bei der Fütterung der Schafe ist zu berücksichtigen, ob sie im Stall, auf einer schlechten oder guten Weide stehen. Es wird also komplett oder ergänzend gefüttert.

Bei den Pflanzen ist es ähnlich. Die Pflanze in reinem Wasser ist vergleichbar mit der Stallhaltung der Tiere, der gesamte Nährstoffbedarf muß »gefüttert« werden. Bei der Hydrokultur geschieht das in Form einer Nährlösung. Um die Weide zu düngen, muß
1. der Nährstoffbedarf der Pflanze bekannt sein und
2. die Nährstoffverfügbarkeit im Boden ermittelt werden.

Aus diesen beiden Werten kann dann ein ausgeglichener Düngerbedarf errechnet werden. Dünger allein genügt nicht. Die Pflanzen können die Mineralien nur in gelöster Form aufnehmen, wofür ständig Wasser vorhanden sein muß. Die Wasserspeicherung im Boden kann durch Humuszugabe (Stallmist und Nachmähen nach der Beweidung) und dichteres Wurzelwerk (erreichbar durch ausgeglichene Mineralstoffversorgung) verbessert werden.

In der Milchschafhaltung werden an die Schafweide besondere Ansprüche gestellt. Nicht der höchstmögliche Massenertrag ist erstrebenswert, sondern die gesunde, vitaminreiche Grünfutterpflanze. Mangelerscheinungen in der Mineralstoffversorgung des Bodens können über die Futterkette bis hin zur Schafmilch nachgewiesen werden. Der Nachteil einer unausgeglichenen Nährstoffversorgung macht sich auch durch den veränderten Bewuchs auf der Weide bemerkbar, das heißt, hochwertige Futterpflanzen werden durch Hungergräser verdrängt.

Richtiges Düngen heißt Ausgleichen von Mangelerscheinungen im Boden und Bereitstellen der Mineralstoffe, die von den Pflanzen benötigt werden. Je nach Kulturart, seien es nun Kartoffeln oder Weideland, ist dies sehr unterschiedlich.

Justus von Liebig (1803–1873) erkannte die Bedeutung der Mineralstoffe für die Pflanzenernährung. Er entwickelte die Mineralstofftheorie, die besagt, daß sich Pflanzen von Mineralstoffen ernähren, die entweder aus der Verwitterung von Gestein freigesetzt, aus organischen Substanzen mineralisiert oder direkt über Mineraldünger zugeführt werden, wobei es gleichgültig ist, ob der Ursprung mineralisch oder organisch ist. Des weiteren erkannte Liebig, daß die Mineralstoffe untereinander in einem gewissen Zusammenhang stehen. Die maximale Verfügbarkeit an mineralischen Stoffen wird durch den Nährstoff begrenzt, der am geringsten vorhanden ist. Liebig verdeutlichte diese Erkenntnis mit dem Vergleich eines Holzdaubenbottichs mit unterschiedlich langen Dauben, wodurch der Wasserspiegel im Bottich durch die Höhe der kürzesten Daube bestimmt wird. Um als umweltbewußter Landwirt richtig zu düngen und den Boden nicht mit einzelnen Mineralien zu überdüngen, läßt man als Berechnungsgrundlage eine Bodenprobe machen.

Die Ergebnisse aus der Analyse und die Düngevorschläge werden in Reinnährstoffmenge in kg/ha angegeben. Im wirtschaftseigenen Dünger wie Mist oder in den handelsüblichen Mineraldüngern sind die Einzelbestandteile prozentual bekannt. Es muß also rechnerisch oder nach Tabelle ermittelt werden, welche Menge des jeweiligen Düngers auf die Fläche ausgebracht wird. Liegen die Zahlen fest, kann man entscheiden, ob mit Einzel- oder Mehrnährstoffdünger gearbeitet werden soll. Die Mischungsverhältnisse der Mehrnährstoffdünger sind heute so ausgeklügelt, daß jeder für seinen Bedarf das Passende findet und die zusätzlichen Arbeitsgänge bei der Einzeldüngung einsparen kann.

Volldünger oder Mehrnährstoffdünger wird als NPK-Dünger bezeichnet, wobei N für Stichstoff, P für Phosphor und K für Kali steht. Die Bezeichnung 6x12x18 bei einem NPK-Dünger gibt Aufschluß über die Einzelmengen in dieser Mischung. 6x12x18 heißt: in 100 kg NPK-Dünger sind 6 kg Reinnährstoff Stickstoff, 12 kg Reinnährstoff Phosphor und 18 kg Reinnährstoff Kali enthalten. Diese Angaben über den Reinnährstoffgehalt werden bei der Bedarfsberechnung und Düngerauswahl benötigt.

Die Bodenprobe

Der günstigste Zeitpunkt zur Entnahme einer Bodenprobe ist nach der Ernte, jedoch vor der nächsten Düngung. Als Hilfsmittel wird ein Probestecher benötigt. Es handelt sich hierbei um ein in Längsrichtung halbiertes ca 1,5 cm dickes Rohr mit Quergriff. Bei dickeren Rohren entstehen zu große Löcher, in die die Lämmer treten können und sich dabei verletzen. Von Wiesen und Weiden benötigt man zur Untersuchung Bodenmaterial aus der oberen Schicht. Mit dem Probestecher wird 10 cm tief eingestochen, das Rohr mit dem Quergriff wird einmal gedreht und herausgezogen. Die so entnommenen Bohrkerne sammelt man in einem Eimer. Größere Pflanzenteile und Steine sollen aussortiert werden. Um von einer Weidefläche eine durchschnittliche Bewertung zu erhalten, benötigt man etwa 40 Bohrkerne. An sichtbaren Geilstellen, Maulwurfshügeln, Kotplätzen oder Randstreifen sollten keine Proben entnommen werden, weil sie das Bild verfälschen. Die eingesammelte Erde einer Fläche wird gut gemischt und etwa 500 g in Plastikfolie verpackt und gekennzeichnet. Proben von mehreren Weideflächen müssen numeriert oder so eindeutig bezeichnet werden, daß eine Verwechslung ausgeschlossen ist.

Bodenprobe...

Damit das Untersuchungsinstitut eine Düngerempfehlung geben kann, muß die künftige Nutzungsart der Fläche mitgeteilt werden. Die Anschriften der zuständigen Untersuchungsinstitute bekommt man bei den Landwirtschaftlichen Genossenschaften oder bei den Landwirtschaftskammern.

Düngeplan für eine Weidefläche

Eine Weidefläche von 0,5 ha wird neu hinzugepachtet. Die bisherige Nutzung war extensive Rinderhaltung. Ein Mähschnitt oder Reinigungsschnitt wurde in den letzten Jahren ebensowenig durchgeführt wie eine Düngung. Die Weide soll als Umtriebsweide genutzt werden. Um eine einseitige Düngung oder Überdüngung zu vermeiden, wurde zuerst eine Bodenprobe entnommen und zur Landwirtschaftlichen Untersuchungs- und Forschungsanstalt (LUFA) zur Analyse gegeben.

Das Bodenuntersuchungsergebnis hatte folgende Werte:

ph-Wert		5,2
Phosphor	P_2O_5	8 mg je 100 g Boden
Kali	K_2O	8 mg je 100 g Boden
Magnesium	Mg O	7 mg je 100 g Boden
Natrium	Na_2O	2 mg je 100 g Boden

Damit wurde die Gehaltsklasse B ermittelt, das heißt mittlere Versorgung.

Als Düngeempfehlung errechnete die LUFA folgende Werte:

10 dt/ha CaO (Kalk in Rein CaO)
70 kg/ha P_2O_5 (Phosphor)
120 kg/ha K_2O (Kali)
50 kg/ha MgO (Magnesium)
40 kg/ha Na_2O (Natrium)
50 kg/ha N (Stickstoff) in 2 bis 3 Teilgaben

Die Größenangabe der Düngungsempfehlung bezieht sich auf 1 ha Fläche und wird in Rein-Nährstoff ausgedrückt. Bei der Berechnung der auszubringenden Düngermenge muß die Flächengröße und der prozentuale Anteil an Reinnährstoff im Düngemittel berücksichtigt werden.

Düngemittelberechnung

1. Empfehlung 10 dt/ha CaO
Verarbeitet wird kohlensaurer Kalk mit 50 % CaO. In 20 dt kohlensaurem Kalk sind 10 dt CaO enthalten. Für 0,5 ha Weide werden also 10 dt = 1000 kg kohlensaurer Kalk benötigt.

2. Empfehlung 70 kg P_2O_5/ha
verarbeitet wird Thomasmehl mit 15 % P_2O_5
70:15 = 4,66 aufgerundet 5 dt/ha
Die Fläche von 0,5 ha benötigt also 5 dt:2 = 250 kg Thomasmehl

3. Empfehlung 120 kg/ha K_2O, 50 kg/ha Mg O, 40 kg/ha Na_2O
Verarbeitet wird Magnesia-Kainit mit 11 % K_2O, 5 % Mg und 30 % Na_2O
120:11 = 10,9 aufgerundet auf 11 dt/ha
für 0,5 ha werden also 5,5 dt = 550 kg Mg-Kainit benötigt.
gleichzeitig wird mit dieser Düngemenge zugeführt:
5,5 × 5 = 27,5 kg Mg O
5,5 × 30 = 165 kg Na_2O
Hiermit wird zusätzlich die Schmackhaftigkeit des Futters verbessert.

4. Empfehlung 50 kg N/ha
Verarbeitet wird Kalkammonsalpeter mit 27 % N
50:27 = 1,85 aufgerundet 2 dt/ha
Die Weide benötigt 2 dt/ha:2 = 100 kg KAS
aufgeteilt in zwei bis drei Gaben.

29

Zusammenfassung

Wird wie in diesem Beispiel mit Einzeldünger gearbeitet so müssen folgende Mengen ausgebracht werden:

1000 kg kohlensaurer Kalk, 50 % CaO
250 kg Thomasmehl, 15 % P_2O_5
550 kg Magnesia-Kainit, 11 % K_2O, 5 % MgO, 30 % Na_2O
100 kg Kalkammonsalpeter, 27 % N

Bei der Verarbeitung eines Mehrnährstoffdüngers oder Volldüngers können einzelne Arbeitsgänge eingespart werden. Eine genaue Anpassung ist jedoch nicht möglich.

Nach zwei bis drei Jahren sollte erneut eine Bodenanalyse erstellt werden, um gegebenenfalls die Düngermenge zu korrigieren.

Weidezäune

Grundsätzlich wirkt jeder Zaun als häßliche Zerschneidung des freien Lebensraumes. Die Koppelschafhaltung kommt leider nicht ohne Zaun aus. Der Zaun soll verhindern, daß die Schafe außerhalb der Weide gefährdet werden oder Schaden anrichten und daß unbefugte Personen oder fremde Hunde auf die Weide kommen. Seine Bauart, Stabilität und Höhe sind von den unterschiedlichsten Auflagen, Anforderungen und Rechtsvorschriften bestimmt. Als Auflage von den Ordnungsämtern wird meist die Bezeichnung »Ortsüblicher Schutzzaun« gewählt. Die Rechtsvorschriften sind in den einzelnen Bundes- und Nachbarländern sehr unterschiedlich. Es gibt Stacheldrahtverbot an Wegen und auch Höhenbegrenzungen. Eine Anfrage bei der zuständigen Ordnungsbehörde muß Klar-

heit verschaffen. Die Anforderungen an den Außenzaun werden durch die Örtlichkeit und durch die Umwelt gestellt. Auf einer Nordseehallig ergeben sich weniger Weidezaunprobleme als neben einem Autobahnrastplatz.

Elektrozaun...

Zaunarten

Weideabgrenzungen sind seit Jahrhunderten gebräuchlich. Aus dem jeweils vorhandenen Material haben schon unsere Vorfahren umfriedete Weiden gebaut. Steine auf den Feldern wurden abgesammelt und an den Grundstücksgrenzen zu haltbaren Steinwällen geschichtet. In anderen Gegenden wurden Zäune aus biegsamen, dünnen Ästen geflochten. Zur Einzäunung einer Schafkoppel eignen sich am besten alle Arten von Drahtgeflechten wie Maschendraht für Wild oder Schaf und Baustahlmatten. Baustahlmatten sind zwar stabil, aber teuer und rostanfällig. Maschendraht erfüllt alle Anforderungen, ist aber wegen des hohen Materialpreises und der

Das lammsichere Knotengeflecht ist eine bewährte Einzäunung.

An Stacheldraht bleiben die Schafe mit ihrer Wolle hängen.

schwierigen Anbringung nur unter besonderen Voraussetzungen einsetzbar. Am besten bewährt hat sich ein in den letzten Jahren speziell für Schafe oder Ziegen entwickeltes Knotengeflecht in 0,75 m bis 1,0 m Höhe. Absolut unbrauchbar sind Stacheldrahtzäune, wie sie auf Rinderweiden üblich sind. Die Schafe können sich mit der Wolle im Stacheldraht so verheddern, daß man sie nur durch Herausschneiden des Zaundrahtes befreien kann. Ist in Ausnahmefällen eine andere Einzäunung nicht möglich, dann muß den Schafen der Kontakt zum Stacheldraht mit einem davor gespannten Elektrozaun verwehrt werden.

Der Zaunpfahl

Der Zaunpfahl muß mindestens so lange halten wie die Zaunbespannung. Man kann sich zwischen Beton, Stahl, Kunst-stoff und Holz entscheiden, wobei Stahl- und Kunststoffpfähle massiv oder als Rohre angeboten werden. Für die Einzäunung einer Schafkoppel mit Knotengeflecht haben sich imprägnierte, handelsübliche Holzpfähle mit einem Durchmesser von 8–10 cm bewährt. Sie haben wie das Knotengeflecht eine Haltbarkeit von etwa zehn Jahren und sind einfach zu verarbeiten.

Einen Zaun spannen

Wichtig bei der Errichtung eines Zaunes ist die richtige Zaunspannung. Voraussetzung dafür sind korrekte und haltbare Befestigungen an den Endpunkten. Bei der Verwendung von Zaunspannern kann jeder einzelne Längsdraht individuell gespannt werden. Eine Spannstrecke sollte nicht über 50 m lang sein, weil sonst zuviel Draht auf die Zaunspanner aufgewickelt werden muß, um die ge-

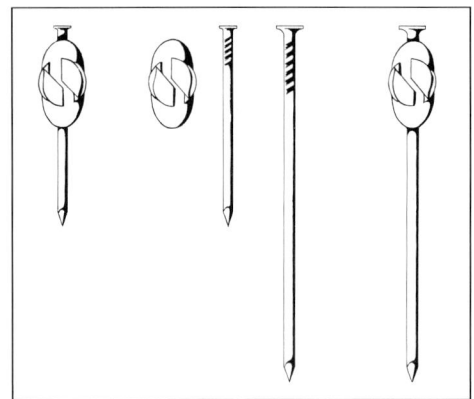

Kurze Isolatornägel können durch normale, lange Nägel ersetzt werden.

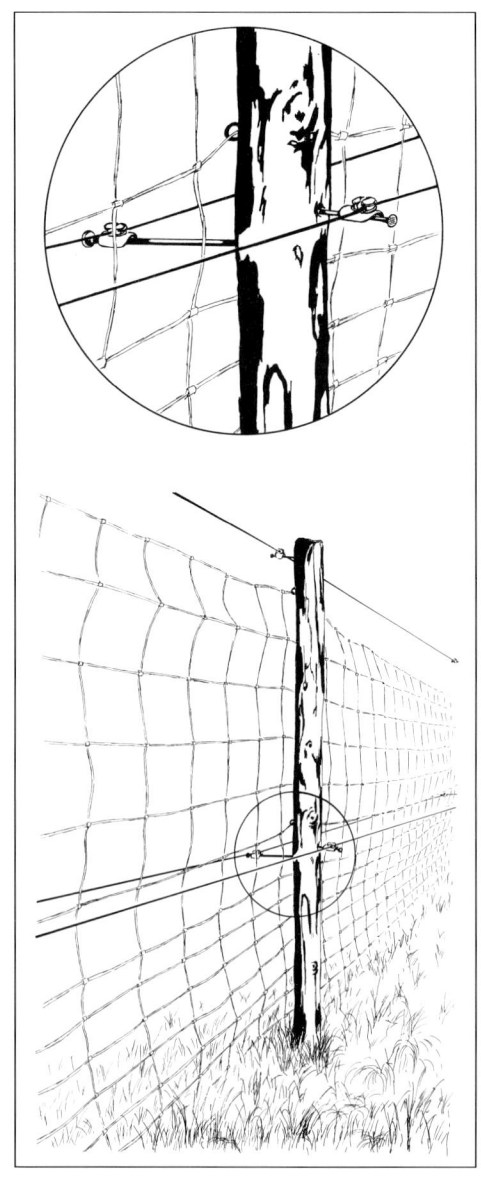

wünschte Spannung zu erreichen. Hat man an einem Ende des Zaunes genügend Platz und Bewegungsfreiheit, kann man den Zaun auch mit einem Traktor, Pkw oder Flaschenzug spannen und befestigen. Die richtige Spannung ist erreicht, wenn der unterste Draht das Durchkriechen eines Hundes verhindert, und der oberste Draht sich zwischen zwei Pfählen nur maximal 10 cm herunterdrücken läßt.

Ein sicherer Außenzaun kann folgende Beschaffenheit haben: Pfahlabstand etwa 3 m, Pfahlhöhe über der Grasnarbe etwa 1,3 m, Knotengeflechte 1 m Höhe mit 15 Drähten und nach unten kleineren Maschen.

Das Knotengeflecht wird innen am Pfahl angeschlagen, damit beim Scheuern der Schafe oder bei Druck auf den Zaun die Belastung nicht nur auf die Befestigungskrampen übertragen wird. An der ersten großen Masche, also in etwa 50 cm Höhe, kann ein Elektrodraht auf langen Isolatoren den Zaun von innen si-

Verlegen der Elektrodrähte: lange Isolatornägel auf der Zaunseite, kurze auf der Pfahlseite schaffen Abstand zwischen Elektrodraht und Knotengeflecht, um Kurzschluß zu vermeiden.

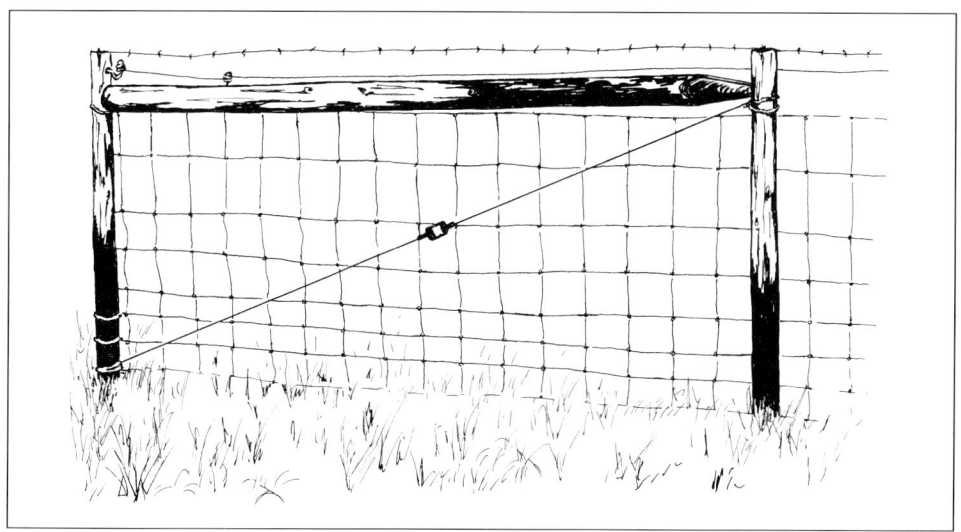

Das erste Zaunfeld mit Pfahl 1 und 2, Druckausgleich und Spanndraht.

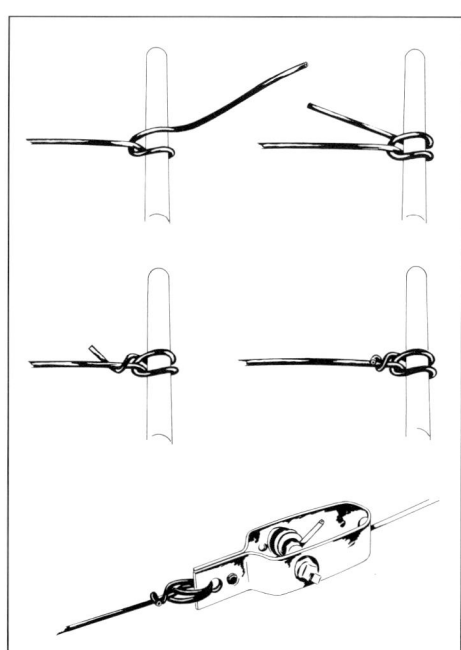

So kann der Draht befestigt werden, ohne daß er sich wieder aufziehen kann.

chern. Damit vermeidet man das sogenannte Durchfressen. Manche Schafe versuchen immer wieder, auf irgendeine Art außerhalb des Zaunes etwas Besseres zu bekommen, und scheuern sich dabei die Wolle am Hals ab. Zwei Stacheldrähte schützen den Zaun vor Beschädigung durch Übersteigen, ein Draht auf dem Kopf der Pfähle und der zweite Draht außen, etwa 15 cm tiefer. Auf der Innenseite des Pfahles ist nun noch Platz, um einen Elektrodraht oberhalb des Knotengeflechtes zu befestigen. Er ist an dieser Stelle kurzschluß- und bewuchssicher angebracht und dient als Versorgungsleitung für die Innenzaununterteilung. Die Errichtung eines solchen Zaunes kann folgenden Arbeitsablauf haben:

Der erste und der letzte Pfahl werden an der richtigen Stelle eingeschlagen oder eingegraben, ohne daß man sich um eine besondere Festigkeit bemühen muß. Als Schnur zur Ausrichtung der an-

33

deren Zaunpfähle wird vom ersten bis zum letzten Pfahl ein Draht gespannt, der später auf Isolatoren gesetzt, als elektrische Versorgungsleitung für den Innenzaun dienen kann. Die Zaunpfähle können nach dem gespannten Draht ausgerichtet und eingeschlagen werden. Die Pfähle sollten nach dem Einschlagen mindestens noch 1,3 m herausstehen. Die wichtigsten Pfähle sind der zweite und der vorletzte Pfahl, weil sie die gesamte Zaunspannung und Zugkraft übernehmen. Die Entlastung dieser Pfähle erfolgt über einen Spanndraht mit Spanner, der zwischen dem zweiten Pfahl oben und dem ersten Pfahl unten befestigt wird. Als Druckausgleich werden Pfahl eins und zwei oben mit einem Rundholz oder Brett verbunden. Das letzte Zaunfeld wird in gleicher Weise abgespannt (siehe Abbildung Seite 33).

Das Anschlagen des Knotengeflechts beginnt mit der Befestigung am ersten Pfahl. Alle Drahtenden müssen sorgfältig entfernt oder angeschlagen werden, um eine Verletzungsgefahr durch Hängenbleiben auszuschließen. Als nächstes wird der Draht am zweiten Zaunpfahl befestigt. Hier muß wirklich jeder Längsdraht korrekt befestigt werden, weil die gesamte Spannung mit diesem Pfahl aufgenommen wird. Jetzt kann bis zum letzten Pfahl der Draht ausgerollt werden. Bei Verwendung von Drahtspannern müssen diese nun in der Mitte der zu spannenden Strecke eingebaut werden. Die gesamte Zaunstrecke wird so weit wie möglich stramm gezogen und am vorletzten und am letzten Pfahl befestigt. Es gelten hier die gleichen Regeln wie für Pfahl eins und zwei. Mit den Spannern werden nun die Längsdrähte auf die opti-

male Zaunspannung gebracht, und das Knotengeflecht kann komplett befestigt werden.

Der nächste Arbeitsgang ist das Ablängen der Pfähle mit Hand- oder Kettensäge. 30 cm oberhalb des Knotengeflechts wird angezeichnet und abgesägt. Der erste Stacheldraht wird nun auf dem Kopf der Pfähle befestigt und der zweite etwa 15 cm tiefer außen am Pfahl. Je nach Bedarf werden noch die beiden Elektrodrähte verlegt.

Bei allen Zaunarbeiten sollten zwei Grundsätze nie außer acht gelassen werden:
– Niemals Drahtenden so lang lassen, daß eine Verletzungsgefahr besteht.
– Niemals abgeschnittene Drahtenden, alte Nägel, Krampen, Glassplitter oder ähnliche Stoffe achtlos liegenlassen.

Der Innenzaun

Der Name besagt schon, daß diese Zaunart nur innerhalb eines fest eingezäunten Grundstückes Verwendung findet. Der Innenzaun soll die gesamte Weidefläche in einzelne Koppeln unterteilen und den Schafen zu einzelnen Grundstückteilen wie Hofraum, Wege, Zierrasen oder Terrasse den Zutritt verwehren. Sollte er einmal beschädigt sein, dann wird zwar die Weideplanung gestört, aber ein Ausbruch der Schafe und eventueller Fremd-

**Oben: Schafmütter liegen meistens schützend vor ihren Lämmern.
Unten links: Auch auf der Weide achten die Mütter auf ihre Kinder und rufen sie zurück.
Unten rechts: Die Färbung ist eine hübsche Laune der Natur.**

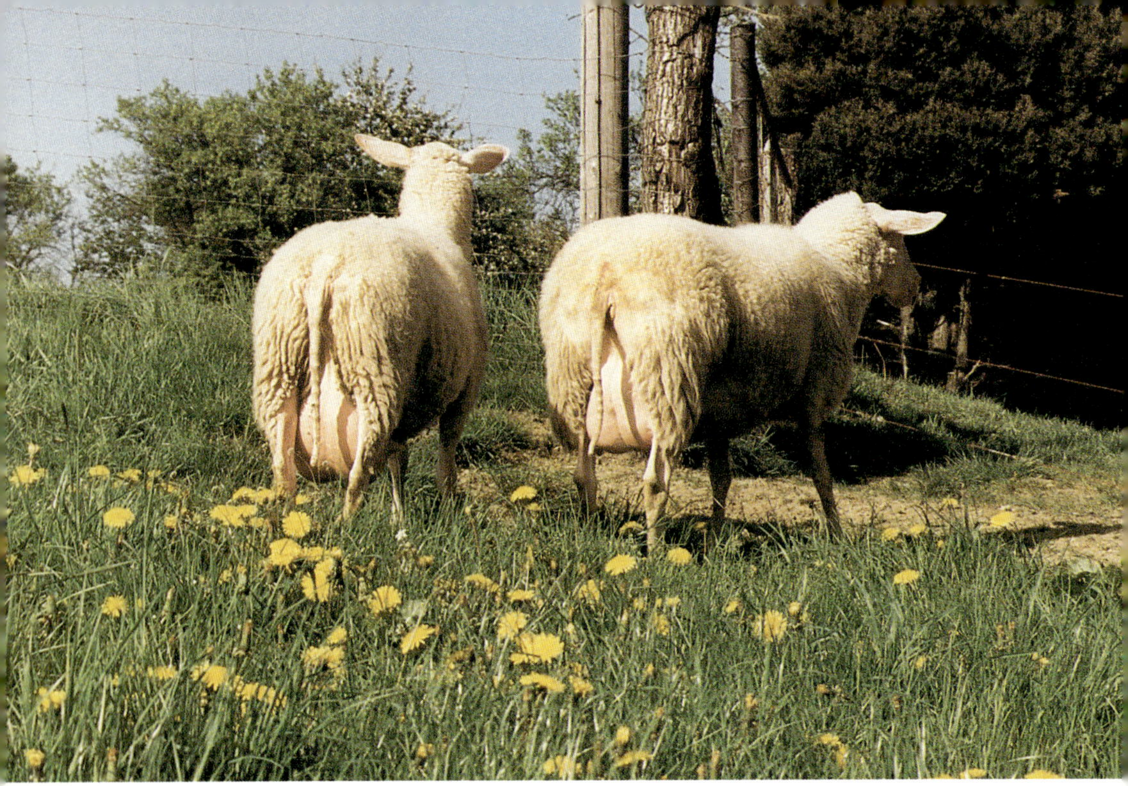

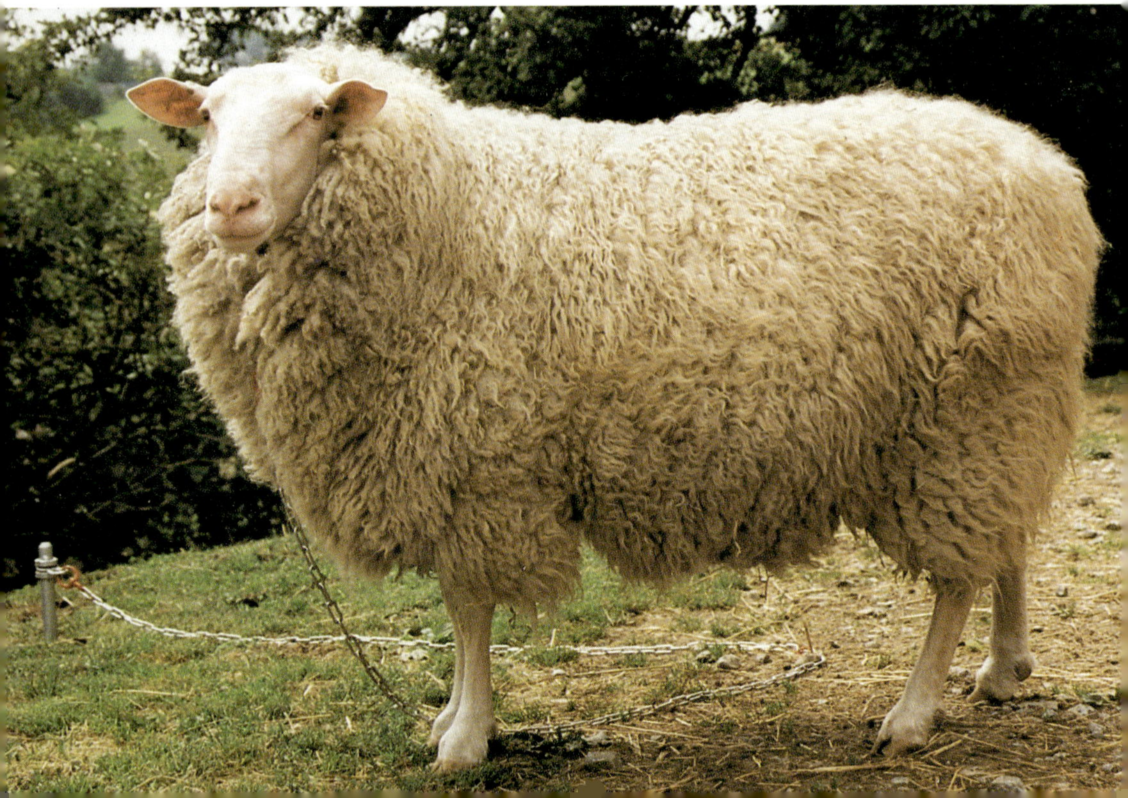

Mit einem Elektronetz als Innenzaun kann die Weide gut abgeteilt werden.

schaden wird durch den stabilen Außenzaun verhindert. Gefährliche Grundstückteile und Giftpflanzen müssen eigens abgesichert werden.

Als Innenzaun eignen sich verschiedene Arten von Zäunen:

1. Die feste Montage eines Innenzaunes aus 75 cm hohem Knotengeflecht an Holzpfählen befestigt.
Vorteil: Fertige Koppeln stehen immer zur Verfügung.

**Oben: Mutterschafen mit solch geräumigen Eutern sieht man die gute Milchleistung schon an.
Unten: Milchschafböcke werden häufig getüdert.**

Nachteil: Ohne zusätzlichen Elektrodraht für Altböcke ist er unzureichend. Der Zaun behindert einen sauberen Mähschnitt an den Kanten und unterteilt das Gesamtgrundstück unveränderlich in mehrere kleine Parzellen.

2. Das Elektro-Netz
Vorteil: Es ist individuell den jeweiligen Anforderungen entsprechend aufzubauen. Es kann leicht entfernt werden und ist damit keine störende Unterteilung im Herbst, wenn die Gesamtfläche als Weide genutzt wird.
Nachteil: Ein Netz ist 50 m lang und wird auf kleinen Koppeln dadurch etwas unhandlich. Elektronetze müssen auch bei Nichtbenutzung unter Strom gehalten werden, weil sonst Kaninchen die Litze durchnagen.

3. Der Elektrozaun

Die einfachste und billigste Lösung für einen Innenzaun ist die Unterteilung mit Elektro-Kunststofflitze, die man an Tret- oder Wanderpfählen befestigt. Es handelt sich hierbei um dünne Stahl- oder Kunststoffpfähle, die ohne Werkzeug in den Boden gesteckt (getreten) werden können. An diesen Pfählen werden die Kunststofflitzen mit stromführenden Edelstahldrähten in 20 cm, 40 cm und 60 cm Höhe befestigt.

Vorteil: Einfachste Handhabung, billig in der Anschaffung, schnelles Auf- und Abbauen, leichter Transport. Beim Herausnehmen der Pfähle sind nicht wie bei Holzpfählen große Löcher in der Weide, in denen sich die Schafe vertreten können.

Nachteil: Lämmer müssen an diesen Zaun gewöhnt werden, weil sie oft den untersten Draht unterkriechen und dann nicht zurückfinden.

Zaunöffnungen

Anders als in der übrigen Schafhaltung brauchen Milchschafkoppeln einigermaßen handliche Tore oder Zaunöffnungen. Milchschafe werden morgens und abends gemolken und müssen hierfür meistens in den Stall. Die sonst üblichen 3–4 m breiten, befahrbaren Zaunöffnungen sind bei einer kleinen Milchschafherde viel zu unhandlich. Ein 2 m breiter Koppelzugang kann einfach mit einem Holzgatter versperrt werden. Bei Elektrozaun oder -netz kann 2 m vor dem letzten Pfahl ein zusätzlicher Pfahl geschlagen werden, an dem das Netz oder die Drähte angebunden werden. Man kann dann diese Stelle einfach öffnen und schließen, ohne daß sich die einzelnen Drähte verheddern. Der Idealplatz für das Koppeltor ist immer in einer Ecke, weil sich die Schafe besser dorthin treiben lassen.

Der Stall

Ställe für die Milchschafhaltung entstehen meistens aus ausgedienten Gartenhäusern, Baubuden oder Holzschuppen. Sie können nach wenigen Umbauten oftmals der ideale Schafstall sein. Zu jedem Stall gehört auch ein Arbeitsplatz, auf dem die Schafschur, der Klauenschnitt und die Parasitenbehandlung durchgeführt werden können. Man ist witterungsunabhängig, wenn sich dieser Platz innerhalb des Stallgebäudes einrichten läßt. Auf dem Arbeitsplatz sollte auch der Melkstand untergebracht werden, damit diese zweimal täglich anfallende Arbeit unter hygienisch günstigen Voraussetzungen durchzuführen ist.

Rechtliche Bestimmungen

Baurecht

Das Bundesbaugesetz mit seinen Länderverordnungen und den Gemeindesatzungen ist derart vielfältig und unterschiedlich auslegbar, daß eine allgemein gültige Aussage für Stallbauten nicht möglich ist. Jeder nicht genehmigte Neubau kostet unnötig Geld und bringt mit Sicherheit einen Rechtsstreit mit den Verwaltungen in Gang.

Wer also einen Schafstall neu erstellen will, sollte die beratende Hilfe der zuständigen landwirtschaftlichen Organisation in Anspruch nehmen. Die Mitarbeiter in den speziellen Abteilungen für das Bauwesen wissen über die örtlichen Möglichkeiten für den Einzelfall genau Bescheid.

Feuerschutz

Außer den VDE – Vorschriften für die Errichtung und Betreibung von elektrischen Licht- und Kraftanlagen sowie die Verordnung über Umgang und Lagerung leicht entzündlicher Flüssigkeiten (Diesel und Benzin) – gilt nur noch das Verbot des Umganges mit offenem Licht und Feuer. Wer jedoch Heu und Stroh lagert, sollte zur Vermeidung der Selbstentzündung ein eigenes Heuthermometer (Heusonde) besitzen. Zur Vermeidung jeglicher Diskussionen ist es nützlich, im Stall den Spruch aufzuhängen:

In Stall und Scheune
rauchen nur Brandstifter

Stallgröße und Stalleinteilung

Die reine Stallfläche für zwei Mutterschafe muß mindestens 10 m^2 betragen. Bei Drillingsgeburten, die ja bei Milchschafen nicht selten sind, wird es sonst

Ein alter LKW-Aufbau als Schafstall darf nur eine Notlösung sein.

zu eng. Für jedes weitere Mutterschaf müssen zusätzlich 4 m² Stallfläche einkalkuliert werden.

Als Lagerraum für die Einstreu sind 2,5 m³ notwendig, wenn pro Mutterschaf etwa 15 Ballen Stroh hochdruckgepreßt gerechnet werden. Auch Heu wird in Hochdruckballen gehandelt. Ein Schaf frißt pro Jahr etwa 30 Ballen, wofür als Lagerraum 4,2 m³ anzusetzen sind.

Bei einer Stallhöhe von 2,5 m kann also der Jahresbedarf an Heu und Stroh pro Mutterschaf auf einer Fläche von etwa 3 m² untergebracht werden.

Eine Jahresbevorratung des Kraftfutters ist in kleineren Betrieben nicht üblich, da der Futterverlust durch Verunreinigung und Schwund oft größer ist als der Preisvorteil bei Großmengenbezug.

Die Stalleinteilung

Eine feste Unterteilung der Stallfläche ist unpraktisch, denn die zur Lammzeit be-nötigten Lammbuchten sind im Laufe des Jahres nur hinderlich. Die den Schafen zugedachte Stallfläche muß eine feste äußere Abgrenzung haben. Die Flächenabgrenzung muß, je nach Wachstumsmöglichkeiten des Miststapels, eine ausreichende Höhe haben. Als Mindestmaß kann für Mutterschafe und Lämmer 0,75 m ab Oberkante Mist und 1,0 m für Böcke gerechnet werden. Die jeweilige Unterteilung als Ablammbucht, Lämmerbucht mit Lämmerschlupf oder Trennung der Schafe aus diätischen Gründen ist ja meistens nur für kurze Zeit und sehr wechselhaft. Einfache und wieder lösbare Verbindungen wie Schrauben oder Anbinden mit Strohband reichen meistens aus, um die Abtrenngatter zu befestigen. Einiges ist dabei allerdings zu beachten:

So dumm, wie immer behauptet wird, sind die Schafe nicht, wenn es darum geht, an die Futtertonne zu kommen oder die Zeit zu vertreiben. Schafe können Türen öffnen, Schrauben lösen, Deckel der Futterkiste öffnen und sogar Lampen aus- und einschalten, und das alles ohne Dressur. Bei allen Stallarbeiten sollte man dies bedenken, denn zum Beispiel eine mit einem Strohband angebundene Hürde ist für ein Schaf mit Langeweile kein Hindernis. Es ist sehr geschickt im Knotenöffnen, und nach den ersten Erfolgserlebnissen wird es zum echten Entfesselungskünstler. Überhaupt ist das Schaf technisch sehr interessiert, denn alles, was sich bewegen läßt, möchte es ausprobieren. Aus diesem Grund sollten alle erkennbaren Gefahrenstellen abgesichert, Lichtschalter, Leitungen und Steckdosen hoch verlegt, Wasserhähne mit Holzgatter verkleidet,

Eine umgebaute Gartenlaube mit teilüberdachter Arbeitsfläche – ein feiner Stall.

Schraubverbindungen an Melkstand oder Heuraufen mit selbstsichernden Muttern versehen und Schiebeverschlüsse arretierbar gemacht werden.

Diese provisorische Unterteilung zur Ablammung erfüllt ihren Zweck.

Die Futtertonne muß auf jeden Fall für das Schaf unerreichbar bleiben, um Todesfälle durch Überfressen zu vermeiden.

Das Stallklima

Das gute Stallklima ist die wichtigste Voraussetzung bei der Gesunderhaltung unserer Schafe. Der Begriff Klima vereint die Einzelfaktoren Temperatur, Luftfeuchtigkeit und Luftbewegung.

Die Temperatur des Milchschafstalles ist meistens bauartbedingt 2 bis 5 °C über der Außentemperatur. Das kann im Winter zur Lammzeit bei 20 °C Frost für die neugeborenen Lämmer problematisch werden. Eine Infrarotlampe, die nur für Lämmer benötigt wird, kann hier ausgleichend helfen. Der Versuch, durch Schließung aller Luftaustauschmöglichkeiten die Stalltemperatur zu erhöhen, ist falsch, denn in solchen Fällen erhöhen sich die Luftfeuchtigkeit und der Ammoniakanteil in der Luft, was dem Schaf und der Wolle schadet.

Die Luftfeuchtigkeit wird durch das Außenklima vorgegeben. Niedrige, nicht isolierte Ställe und Schafe in langer Wolle erhöhen die Luftfeuchtigkeit. Die Idealwerte, die in der Norm für Neubauten mit 50 bis 80 % angegeben werden, können im Milchschafstall nur selten erreicht werden. In Warmställen können die Schafe vor der Aufstallung geschoren werden, wodurch die relative Luftfeuchtigkeit erheblich reduziert wird.

Die Luftbewegung, die als Windgeschwindigkeit gemessen wird, ist das größte Problem in jedem Stall. Das Schaf benötigt viel frische Luft. In schlecht gelüfteten Ställen, in denen der Ammoniakgehalt sehr hoch ist, erkranken die Schafe oft an den Atmungsorganen. Bei Zugluft ist auch die Gefahr der Lungenentzündung gegeben. Es muß also ein größtmöglicher Luftaustausch mit der geringsten Windgeschwindigkeit angestrebt werden. Jeder Schafhalter kann ab und zu in Bodennähe mit der eigenen Nase die Stalluft kontrollieren. Wenn es stinkt oder zieht, ist die Gesundheit der Schafe gefährdet. Schafställe, die an drei Seiten geschlossen sind und eine Wand ganz offen haben, kennen diese Problematik nicht.

Stallboden und Einstreu

Der Stallboden soll glatt, eben und fest sein. Gewachsener Boden oder gestampfter Lehm ist ausreichend, da der Schafmist trocken ist und keine Jauche abgibt. Eine Drainage oder Jaucherille ist nicht erforderlich. Spaltenböden ohne Einstreu sind in der Schafhaltung nur in größeren Betrieben üblich, da dort für die Ablammung separate Stallflächen mit traditioneller Einstreu vorhanden sind.

Die Einstreu

Als Einstreu für Schafställe wurde versuchsweise schon jedes saugfähige und kompostierbare Material verwandt. Da Schafe aber gerne von der Einstreu fressen, haben sich einige Nachteile wie Holzsplitter bei Sägemehl und Hobelspä-

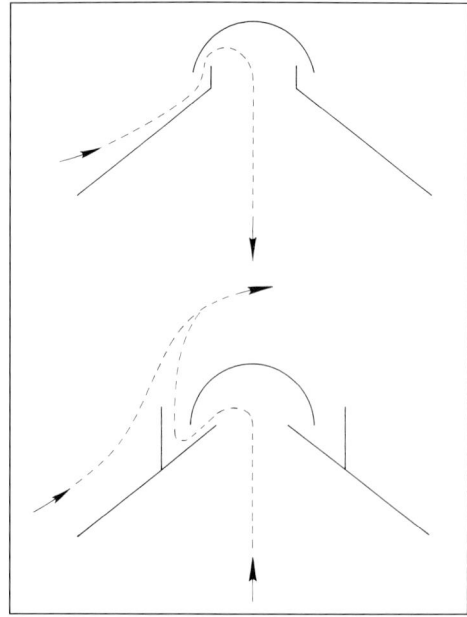

**Oben: Diese Dachentlüftung verursacht Zug und damit Krankheiten im Stall.
Unten: Richtige Entlüftung für ein gutes Stallklima.**

Inhaltsstoffe und Vergleich von Stallmist verschiedener Tierarten

	Rind	Pferd	Schwein	Schaf
Organische Masse	20,0 %	26,0 %	24,4 %	29,0 %
N Stickstoff	0,43%	0,54%	0,52%	0,82%
P Phosphor	0,24%	0,28%	0,19%	0,25%
K Kali	0,48%	0,52%	0,58%	0,65%

nen oder Unverträglichkeit der Bindemittel bei einer Einstreu aus Wellpappeschnitzel ergeben. In alter Literatur wird auch noch von einer Einstreu aus getrocknetem Laub und Reisig berichtet. Für die Schafhaltung in kleineren Räumen ist in jedem Fall sauberes, schimmelfreies Stroh vorzuziehen. Da man als Geringverbraucher bei den Landwirten sowieso einen höheren Preis zahlen muß, kann man auch die einzelnen Ballen auf Qualität prüfen und wirklich nur gutes Material verwenden.

Der Stallmist

Je nach Stallhöhe ist eine mehr oder weniger häufige Entmistung erforderlich. Bei niedrigen Stalldecken, wie sie sich bei der Verwendung von vorhandenen Räumen als Schafstall ergeben, muß mindestens monatlich die Einstreu entfernt werden. Der Dung kann dann mit den anfallenden Gartenabfällen kompostiert werden. Hohe Schafställe ab 3 m Deckenhöhe werden nur einmal jährlich entmistet. Der in größeren Menge gleichzeitig anfallende Stallmist kann dann an einem schattigen Platz mit Erde vermischt und abgedeckt zum Kompostieren aufgesetzt werden. Er ist nach etwa sechs Monaten verrottet und als Humus im Garten zu verwenden. Als Dünger für die Schafweide ist er erst nach mehrjähriger Verrottung einsetzbar, weil Schafe eine Weide, die mit frischem Stallmist gedüngt wurde, nicht benutzen.

Futterversorgung

Heuraufen

Heuraufen in der klassischen Form sind jedem durch die Krippe aus der Weihnachtsgeschichte bekannt. Obwohl es sehr unterschiedliche zweckmäßige Heuraufen gibt, dürfte die ursprüngliche Krippenform am meisten vertreten sein. Als Standardmaß wird sie in 4 m Länge angeboten, ist beidseitig zu benutzen, kann als Raumteiler für Stallunterteilungen benutzt werden und ist auf diese Weise für zwei mal zehn Schafe ausreichend.

In der Milchschafhaltung in kleineren Beständen sind fast ausschließlich Leiterraufen aus Holz als Wandraufen vertreten. Als kleinste Einheit ist eine Raufenlänge von 1 m anzusetzen. An dieser Raufe haben vier Schafe Platz. Für jedes weitere Schaf werden zusätzlich 50 cm Freßplatz benötigt. Das Nackenbrett ist der obere Abschluß der Leiterraufe und verhindert eine Verschmutzung der Wolle durch Heu. Die Heuraufe dient nicht zur Vorratsfütterung. Heu nimmt

Heuraufe mit Nackenbrett und Futtertrog. 2 m reichen für 6 Schafe.

Für größere Bestände ist die Rundraufe geeignet.

Ein aufgeschnittener 10-Liter-Plastikkanister ist für Mineralfutter gut geeignet.

nach einiger Zeit den Stallgeruch an und wird von den Schafen nicht mehr gefressen. Aus diesem Grund muß Heu mindestens täglich frisch vorgelegt werden, und das Fassungsvermögen der Heuraufen beschränkt sich somit auf 3 kg Heu pro Freßplatz. Bei der Aufstellung oder Anbringung einer Heuraufe muß sichergestellt sein, daß bei Drängeleien der Schafe ums Futter zu beiden Seiten eine Ausweichmöglichkeit besteht.

Der Futtertrog

Es liegt an der Bestandsgröße und am handwerklichen Geschick des Schafhalters, wie aufwendig und komfortabel der Futtertrog ist. Der Freßplatz am Futtertrog ist gleich groß wie bei der Heuraufe, das heißt der erste Meter Troglänge reicht für vier Schafe. Jedes weitere Schaf erhält 50 cm zusätzlich.

Als Material eignen sich Holzbretter, aus denen ein kastenförmiger Trog gezimmert wird. Der beste Platz ist hierfür unter der Heuraufe. Bei der Kraftfutterzuteilung gibt es im Stall immer Drängeleien. Kein Schaf wird bei der Fütterung Rücksicht auf andere nehmen. Aus diesem Grunde ist es sehr wichtig, daß die Schafe rechts und links am Futtertrog genügend Ausweichmöglichkeiten haben und daß hochtragende Mutterschafe nicht an einer Wand eingeklemmt werden können, da solche Situationen oftmals zum Verlammen führen. Bei Kleinbeständen von zwei oder drei Schafen ist auch noch die Eimerfütterung möglich. Hierbei ist meistens pro Schaf eine Halterung vorhanden, in der ein normaler Eimer befestigt werden kann. Der Vorteil dieser Futtereinrichtung ist, daß die Ei-

mer problemlos zur Reinigung aus der Halterung heraus genommen werden können. Ohne Eimer ist die Halterung jedoch ein gefährliches Spielzeug für die Lämmer, denn sie können sich darin verfangen.

Wasserversorgung

Trinkwasser für Schafe muß immer in ausreichender Menge zur Verfügung stehen. Ein Schaf benötigt im Winter bei Trockenfütterung bis zu 8 l Wasser. Zur Versorgung gibt es verschiedene Möglichkeiten.

1. Die Versorgung mittels angebundener oder befestigter Eimer.
Vorteil: Gute Kontrollmöglichkeit über die Wasseraufnahme der Schafe, einfache Handhabung und geringe Störanfälligkeit.
Nachteil: sehr arbeitsaufwendig; Lämmer können unter ungünstigen Voraussetzungen ertrinken.

2. Automatische Tränke, an einer Wasserleitung angeschlossen.
Vorteil: geringer Arbeitsaufwand.
Nachteil: keine Kontrolle über die Wasseraufnahme, frostempfindlich, teuere Anschaffung.

3. Beheizte automatische Tränke.
Vorteil: frostunabhängig, geringer Arbeitsaufwand.
Nachteil: durch die Wärmezufuhr erhöhte bakterielle Verschmutzung, Stromverbrauch, teuere Anschaffung. Wie bei 2. keine Kontrolle über die Wasseraufnahme.

Auch Lämmer müssen an die Tränke kommen können.

Bei offenen Installationen muß das Handrad vom Wasserhahn entfernt werden.

4. Drucklose automatische Tränke mit Vorratsbehälter. Es handelt sich hier um schwimmergesteuerte Tränken, die an einem Wasserfaß mit etwa 100 l Fassungsvermögen angeschlossen sind.
Vorteil: geringer Arbeitsaufwand. Gute Kontrollmöglichkeit über die Wasseraufnahme der Schafe, bei Störungen begrenzter Wasseraustritt.
Nachteil: Der Vorratsbehälter muß regelmäßig nachgefüllt werden und ist frostempfindlich.

Im Fachhandel werden zwei Arten von Automatiktränken angeboten: schwimmergesteuerte Tränken und Druckventiltränken. In den Schwimmertränken ist immer eine gewisse Wassermenge bevorratet, die sich bei Verbrauch automatisch nachreguliert. Die Schafe sehen das Wasser und nehmen die Tränke problemlos an. Bei den Druckventiltränken muß das Schaf erst mit dem Maul ein Ventil betätigen, bevor es ans Wasser kommt. Bei diesem Tränkeverfahren muß sich der Schafhalter bei jedem ein-

zelnen Schaf überzeugen, daß es das System annimmt. Damit die Tiere die Tränke nicht selbst durch Urin oder Kot verschmutzen, sollte sie nur über eine Stufe zugänglich sein. In der Praxis hat sich eine in der Höhe verstellbare Tränke mit davor liegendem Hohlblockstein bewährt. Je nach Miststapel kann dann die Tränkenhöhe nachreguliert werden.

Im Stall sollte die Tränke so plaziert sein, daß bei eventuellen Drängeleien die Schafe wie an Trog und Krippe zu beiden Seiten ausweichen können. Selbstverständlich darf die Tränke auch nicht unter dem Lieblingsplatz der Vögel angebracht werden, weil Vogelmist Hauptüberträger von Salmonellen ist. Grundsätzlich haben alle Tränken oder Wasserstellen eines gemeinsam, sie müssen täglich auf Funktion kontrolliert und gereinigt werden.

Milchschafe sind allen fremden Sachen gegenüber sehr skeptisch und scheu. Schafe, die zum Beispiel ständig aus einem weißen Eimer Wasser bekommen, werden beim Farbwechsel auf rot oder gelb stutzig und können unter Umständen zwei Tage die Wasseraufnahme verweigern. Beim Wechsel des Wassers von gechlortem Leitungswasser auf Brunnenwasser, oder umgekehrt, können große Probleme entstehen, weil manche Schafe das neue Wasser einfach nicht saufen wollen. Wird zu dieser Zeit ausschließlich Saftfutter gefüttert, wie Gras oder Rüben, ist bei dem hohen Wassergehalt des Futters eine Schädigung des Schafes nicht zu erwarten. Bei Trockenfutter im Winter muß ein Schaf bei Verweigerung des neuen Wassers notfalls mit einer Flasche zwangsweise getränkt werden.

Wasser gehört mit zu den wichtigsten, lebenserhaltenden Elemente. Ein Tag ohne frisches Trinkwasser ist Tierquälerei und gesundheitsschädigend.

Die Ablammbucht

Die Begriffe Ablammbucht und Lammbox werden oft verwechselt, obwohl sie eine sehr unterschiedliche Bedeutung haben. Das Einzelstellen der Mutterschafe in der Lammzeit wird unterschiedlich gehandhabt. Im Herdenbetrieb lammen die Schafe meistens in der gewohnten Umgebung, das heißt innerhalb der Gruppe ab und werden dann mit den Lämmern zur Festigung des Mutter-Kind-Verhältnisses für mehrere Tage in die Lammbucht einzeln gestellt. Vor allem Milchschafe sind in der kleinen Koppelhaltung dem Betreuer gegenüber sehr zutraulich, und es ist nicht selten, daß die Schafe mit der Geburt erst beginnen, wenn die ihnen vertraute Person im Stall ist. Solche Schafe werden dann

einige Stunden vor oder bei Beginn der Geburt in der Ablammbucht untergebracht und bleiben dann nach dem Ablammen für einige Tage in dieser Bucht. Für welches System sich der Schafhalter entscheidet, liegt eigentlich an den Schafen und am Platzangebot im Stall. In jedem Fall muß aber mindestens eine Ablammbucht vorhanden sein, damit bei Komplikationen während der Lammung, bei denen der Schafhalter oder der Tierarzt eingreifen muß, in Ruhe gearbeitet werden kann und man nicht von anderen Schafen oder Lämmern belästigt wird.

Ablammbucht...

Die Ablammbucht sollte kein Provisorium sein, denn an sie werden einige Anforderungen gestellt. Wie der Name schon sagt, werden in der Ablammbucht die Lämmer geboren, wobei die Hilfe des Tierarztes mit einkalkuliert werden muß. Die Größe ist mit $4\,m^2$ anzusetzen. Der Zugang sollte außerhalb der eigentlichen Stallfläche liegen. Heuraufe, Futter- und Wassertrog können fest installiert sein. Da Milchschafe normalerweise immer in der kältesten Jahreszeit lammen, soll in der Ablammbucht die Möglichkeit zur

In der Ablammbucht wird das Schaf mit Eimern versorgt.

Anbringung einer Wärmelampe vorhanden sein. Als Nachtbeleuchtung vor und während der Lammzeit genügt die kleinste handelsübliche Lampe. Bei Geburtshilfe muß eine zusätzliche Lampe für ausreichendes Arbeitslicht sorgen. Die Ablammbucht muß nicht unbedingt die Sterilität eines Kreißsaales haben, jedoch sollte die Möglichkeit zur gründlichen Reinigung und Desinfektion mit berücksichtigt werden. Mutterschafe zeigen die bevorstehende Geburt durch kräftiges Scharren an. Dabei wird die Einstreu bis auf den Untergrund beiseite geräumt. Die Lämmer liegen dann auf dem nackten Boden oder sogar auf Beton. Um das Unterkühlen der Lämmer zu vermeiden, kann in die Ablammbucht unter die normale Einstreu eine 10 mm starke Dämmplatte gelegt werden. Diese Dämmplatten bestehen überwiegend aus Pappe und sind dadurch sehr saugfähig. Sie können beim Misten mit auf den Misthaufen und haben die gleiche Verrottungszeit wie Stroh. Um eine Ablagemöglichkeit für die Geburtshilfe-Utensilien wie Handschuhe, Gleitmittel, Desinfektionslösung und Handtücher zu haben, hat sich ein Brett als Deckel auf der Heuraufe bestens bewährt.

Die Lammbox kann bei Bedarf sehr schnell und einfach mit ein paar Gattern innerhalb der Stallfläche abgeteilt werden. In ihr müssen dem Schaf Wasser, Heu und Kraftfutter angeboten werden können. Als Fläche sind $2\,m^2$ ausreichend. Saubere Einstreu ist selbstverständlich wie zugfreie frische Luft.

Auch in Kleinbeständen muß ein Lämmerschlupf vorhanden sein.

Bei vielen Lämmern würde es an einer einzigen Schlupföffnung ein Gedränge geben.

Dieses Gatter ist trotz der engen Gitterstäbe für eine Ablammbucht ungeeignet.

Der Lämmerschlupf

Der Lämmerschlupf ist eine Öffnung in einem Abgrenzungsgatter, die so klein ist, daß wirklich nur Lämmer hindurch können. Mit diesem Gatter wird ein Platz abgetrennt, wo den kleinen Lämmern

von der zweiten Lebenswoche an ein Zusatzfutter angeboten wird. Mutterschafe können enorme Kräfte mobilisieren, wenn sie sich den Weg zum Futter erobern wollen. Ein Lämmerschlupf aus einfachen Latten würde diesem Ansturm nicht standhalten. Das Gatter mit Lämmerschlupf sollte entweder aus verzinkten Stahlrohren oder stabilen Brettern hergestellt werden. Der Schlupf muß nach Möglichkeit in der Größe verstellbar sein, um ihn den wachsenden Lämmern anzupassen.

Abtrenngatter

Abtrenngatter werden in der Schafhaltung überwiegend aus Holz hergestellt. Ein Standardmaß ist 5 m Länge und 0,8 m Höhe. Meistens werden drei senkrechte und vier waagerechte Halbrundhölzer mit zwei Diagonalen als Verstär-

Die Krankenbucht ist immer außerhalb des eigentlichen Stalles und bietet den Schafen viel frische Luft mit einer windgeschützten Ecke.

kung verbunden. Für den Koppelschafhalter mit einem kleinen Schafbestand sind solche Gatter viel zu groß und zu unhandlich. Gut bewährt haben sich Holz- oder Rohrrahmen in der Größe von 1 m auf 2 m, die dann mit kunststoffummanteltem Maschendraht bespannt werden. Diese Gatter sind einfach herzustellen und überall verwendbar. Gatter mit Maschendrahtbespannung können sogar zur Lammboxabgrenzung benutzt werden, weil Lämmer sich daran weder verletzen noch einklemmen können.

Der Bockstall

Wird innerhalb des Stalles eine Box für den Deckbock erstellt, dann müssen das verstärkte Temperament während der Deckzeit und die enormen Kräfte von Alt-böcken berücksichtigt werden. Ein Provisorium kann man hier schon als Leichtsinn bezeichnen. Die Abtrennung einschließlich Türe kann auf der dem Bock zugewandten Seite mit mehreren Elektrodrähten bespannt werden, die bei Bedarf an das Elektrozaungerät angeschlossen sind. Diese Schocktherapie überzeugt auch den stärksten Bock von der Qualität unserer Arbeit. Um keinerlei Risiko einzugehen, sollte das Elektrozaungerät nur unter Aufsicht eingeschaltet sein, weil bei schlechter Isolation der Drahtaufhängungen und bei starken Zaungeräten Funkenbildung möglich ist.

Die Krankenbucht

Zur Gebäudeeinteilung eines Schafstalles für Herden oder Koppelschäfereien gehört auch eine Krankenbucht, in der kranke Schafe zur Vermeidung von Ansteckungen untergebracht werden können. Diese Krankenbuchten haben einen separaten Eingang und sind auch sonst vom übrigen Stall getrennt. Ihre Bauweise erlaubt eine gründliche Desinfektion, was glatte Wände und befestigten Boden voraussetzt. In der Milchschafhaltung bei zwei Mutterschafen ist dieser Aufwand nicht möglich. Im Bedarfsfall und wenn es die Witterung erlaubt, sollte das gesunde Schaf draußen bleiben und nach Gesundung des kranken Tieres der gesamte Stall gründlich gereinigt und desinfiziert werden. Gründe für die Trennung der Schafe zur Vermeidung von Ansteckung sind zum Beispiel Euterentzündung, Moderhinke oder Lungenentzündung.

Die Krankenbucht ...

Der Melkstand

In jeden Milchschafstall gehört ein Melkstand, wobei es unbedeutend ist, ob die Schafe mit der Melkmaschine oder von Hand gemolken werden. Es trifft nicht zu, daß erst ab einer bestimmten Her-

Ein einfacher Melkstand mit Auf- und Ablauframpe.

dengröße der Bau eines Melkstandes sinnvoll ist. Jeder, der einmal ein langwolliges, nasses Schaf in der Stallecke gemolken hat und dann die Milch verwenden wollte, hat sich sehr bald irgendeine Art Melkstand gebaut.

Der Melkstand soll das Schaf zur Arbeitserleichterung in eine erhöhte Position bringen, damit der Melker stehend oder sitzend seine Arbeit ausführen kann. Ideal ist die Melkstandhöhe von 85 cm, wobei jedoch mindestens jeweils 1,8 m als Rampe zum Hinauf- und Herunterlaufen der Schafe benötigt werden. Solche Melkstände werden in den meisten Fällen von den Schafhaltern selbst gebaut und den örtlichen Möglichkeiten angepaßt. Ein weiterer Vorteil eines Melkstandes ist die Möglichkeit zur Einzelfütterung der Schafe. Bis zu einer Herdengröße von zehn Mutterschafen genügt meistens ein Melkstand, auf dem ein Schaf gemolken werden kann. Ab zehn Mutterschafen ist der Einsatz eines Melkstandes für fünf Schafe mit Selbstfangeinrichtung zu erwägen, weil damit die Melkzeit erheblich reduziert wird. Nachteilig wirkt sich hierbei jedoch die Standposition der Schafe aus, denn auf solchen Melkständen kann nur von hinten gemolken werden, was beim Handmelken zu erheblichen Verunreinigungen der Milch führen kann. Es gibt für den Hobbyschafhalter keinen allgemein gültigen Patentvorschlag, jedoch sollte man sich immer die Möglichkeit schaffen, daß das Schaf zum Melken auf einer erhöhten Fläche stehen kann.

Der Arbeitsplatz

Ein überdachter Arbeitsplatz mit glattem befestigtem Boden und mindestens einer festen Wand als Windschutz gehört zu jeder Schafhaltung. Wenn dieser Platz (eine Fläche von 3 m x 2 m ist ausreichend) nicht innerhalb des Stalles einzurichten ist, sollte zumindest außen an der Stallwand der Boden befestigt werden, damit bei der Schafschur die Wolle sauber verpackt werden kann und beim Klauenschneiden die Abschnittstücke aufgesammelt werden können.

Elektroinstallation

Strom ist nicht Voraussetzung für eine erfolgreiche Milchschafhaltung. Strom kann aber alle Arbeiten erheblich vereinfachen. Wer für seinen Milchschafstall eine Elektroinstallation plant oder erstellen möchte, muß sich streng an die für seinen Wohnort gültigen Vorschriften halten. Jedes Provisorium ist zu vermeiden, da die Brandgefahr und Verlet-

zungsgefahr durch unsachgemäße Manipulation an elektrischen Leitungen sehr groß sind. Zusätzlich zu den geforderten Bestimmungen der Versorgungsunternehmen muß die Möglichkeit der Beschädigung durch die Tiere berücksichtigt werden. Schafe knabbern gerne alles an. Um Störungen zu vermeiden, müssen alle Kabel, Schalter, Lampen und Steckdosen außerhalb der Reichweite der Schafe installiert werden. Ist dies bei Kabeln nicht möglich, müssen sie in Rohren verlegt werden.

Mindestausstattung für einen kleinen Schafstall

1. Normale Stallbeleuchtung, 40 Watt je 25 m² Stallfläche.
2. Arbeitsplatzbeleuchtung zum Klauenschneiden oder zu sonstigen Arbeiten am Schaf.
3. Nachtleuchte, die während der Ablammzeit ständig brennen sollte, um den Mutterschafen, die nachts allein lammen, die Orientierung zu vereinfachen. Hier genügen 8 oder 15 Watt. Gut bewährt haben sich Leuchtstoffhandlampen von 8 Watt mit Stecker und Widerstandskabel.
4. Je Ablammbucht werden zwei Steckdosen benötigt, die die Nachtbeleuchtung und eine Infrarotlampe von 250 Watt versorgen.

Oben: Wenn sich ein Hund bei den Schafen so wohl fühlt wie hier, dann wird er im Ernstfalle »seine« Schafe auch beschützen. Unten: Lämmer lieben geschützte Kuschelecken wie hier unter der Raufe.

52

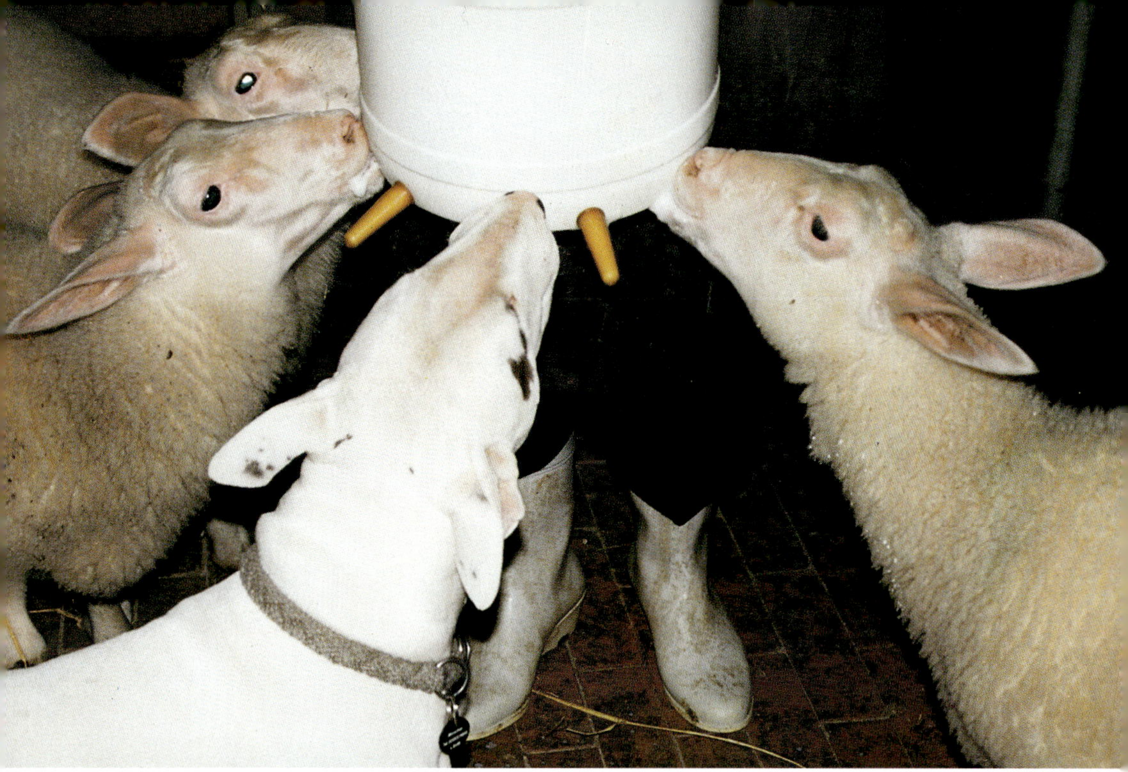

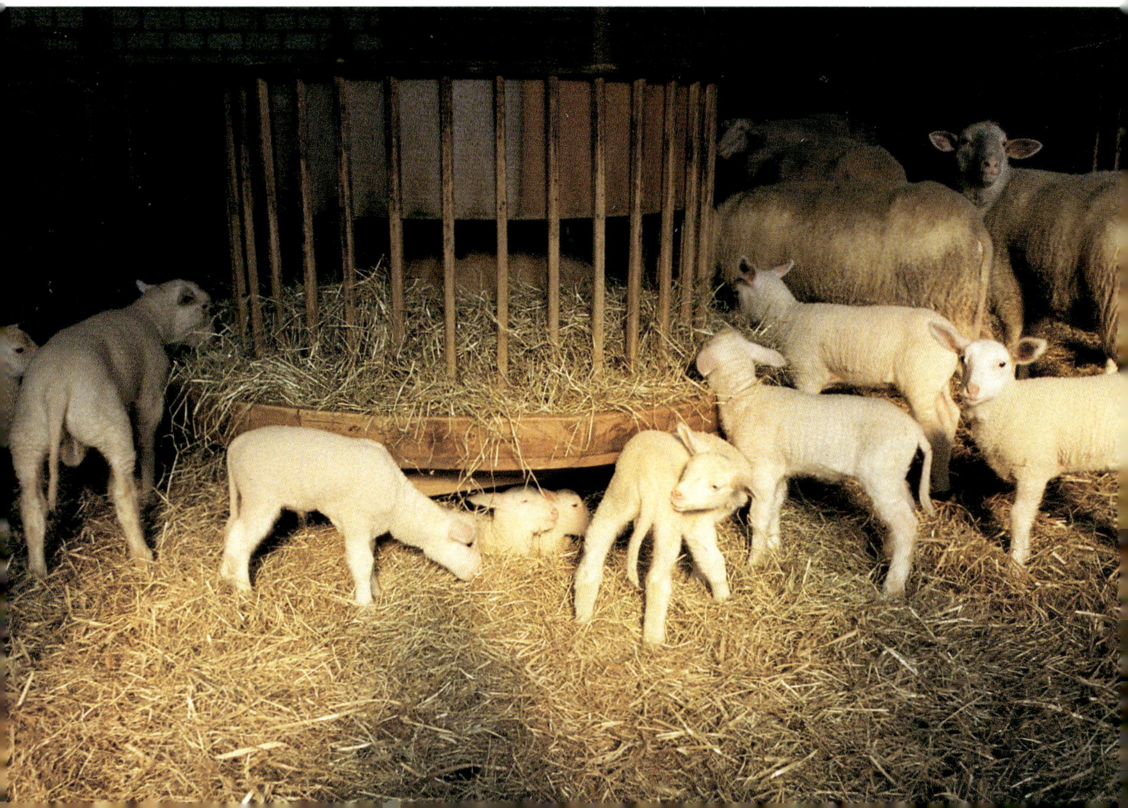

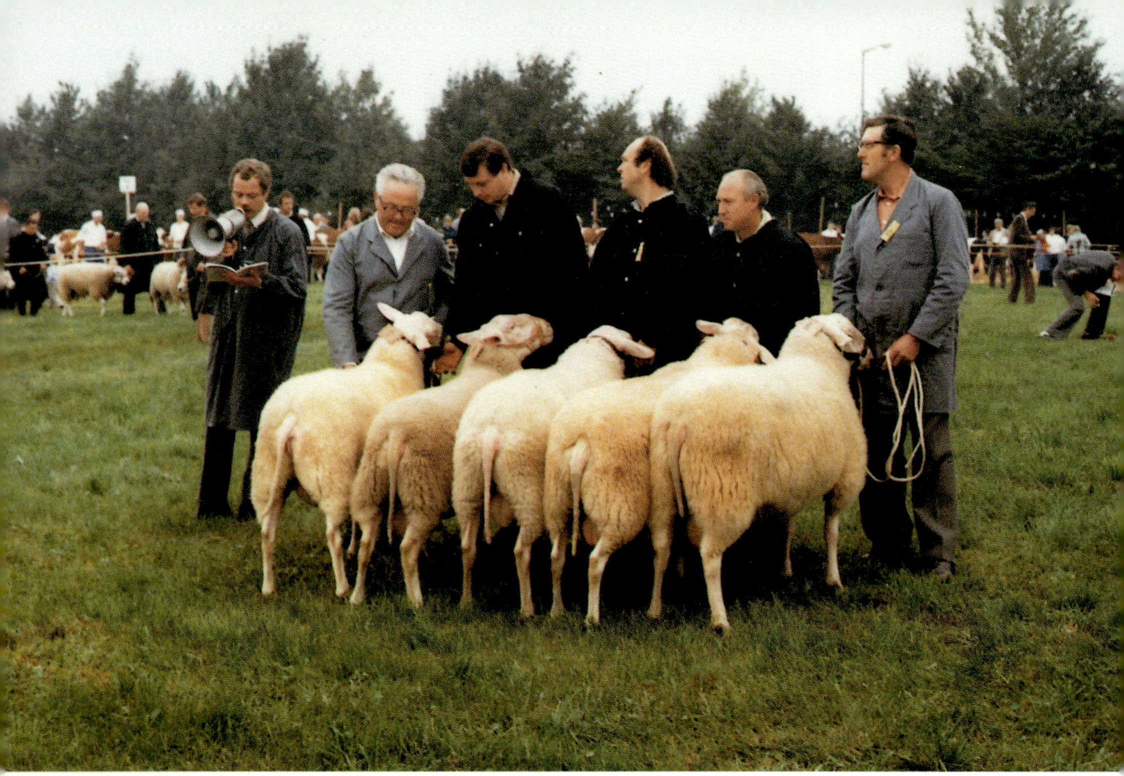

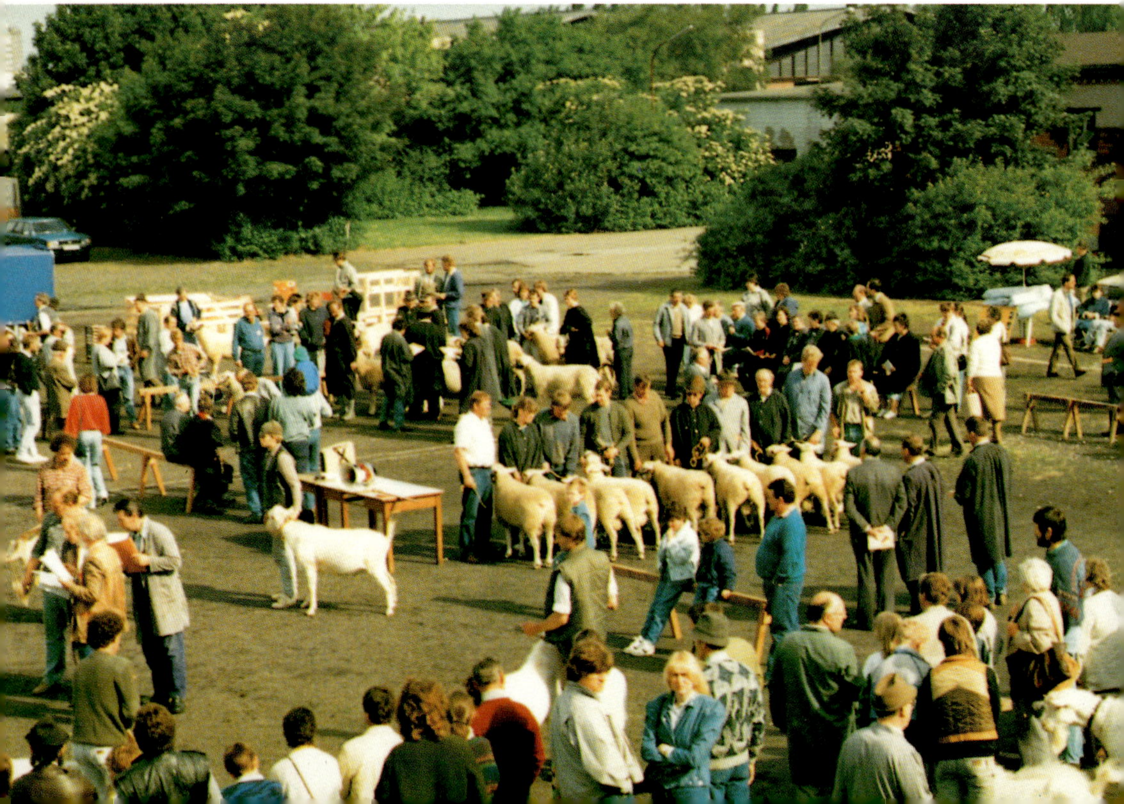

5. Der Arbeitsplatz muß mindestens mit einer Steckdose ausgerüstet sein, an der zum Beispiel eine Schermaschine angeschlossen werden kann.

6. Für die Verwendung von Heizleiterkabeln zur Beheizung der Tränkebecken und Zulaufleitungen sollte zumindest bei einer Neuinstallation eine ausreichende Anzahl von Steckdosen eingebaut werden.

7. Melkmaschinen haben für die Erzeugung des Vakuums einen Lichtstrom- oder Kraftstrom-Motor. Dies muß je nach verfügbarer Energie beim Kauf einer Anlage berücksichtigt werden.

8. Elektrozaungeräte für Netzbetrieb benötigen eine Steckdose und eine Blitzschutzeinrichtung.

Die meisten Milchschafhalter sind sicher auch gleichzeitig erstklassige Handwerker oder Heimwerker. Aus versicherungsrechtlichen Gründen sei jedoch nochmals von einer Elektroinstallation im Do-it-yourself-Verfahren abzuraten.

Überwachungseinrichtung

Genauso wie Kinderzimmer akustisch oder mit Videokameras überwacht werden können, kann auch der Schafstall während der Lammzeit mit solchen Geräten ausgerüstet werden. Wer also die Möglichkeit hat, eine Kabelverbindung zwischen Stall und Wohnung herzustellen, sollte sich den Luxus einer elektronischen Stallüberwachung erlauben. Eine reine Akustikanlage setzt allerdings voraus, daß der Schafhalter seine Tiere oft beobachtet und genau kennt. An den Stallgeräuschen ist zu hören, ob eine Lammung beginnt oder andere Störungen im Stall aufgetreten sind. Eine Videoüberwachung ist zwar Luxus in höchster Vollendung, erspart aber doch so manchen nächtlichen Spaziergang im Schlafanzug zum Stall. Als Beleuchtung eignet sich hervorragend eine Infrarot-Wärmelampe, die für die Kamera genügend und für die Schafe gedämpftes Licht erzeugt.

**Oben: Auf Schauen werden die besten Tiere gezeigt und jeder Züchter freut sich, wenn er mit seinem Schaf, wie hier, in einer Prämierungsreihe steht.
Unten: Schafe und Ziegen aller Rassen beteiligen sich an Schauen. Es ist oft der Höhepunkt eines Zuchtjahres.**

Geräte für die Schafpflege

Klauenwerkzeuge

Als Werkzeuge für die Klauenpflege genügen eine Rosen- oder Gartenschere und ein scharfes Messer. Mit der Schere werden die groben Vorarbeiten ausgeführt. Sie sollte handlich, leicht und scharf sein. Eine gewisse Stabilität ist auch erforderlich, damit das Klauenhorn auch wirklich geschnitten und nicht abgequetscht oder abgerissen wird.

Das Klauenmesser muß sorgfältig ausgewählt werden. Ein normales Taschenmesser ist meistens zu labil. Schon der richtige Griff ist wichtig. Er muß sicher in der Hand liegen, in der Oberfläche rutschfest sein und einer Reinigung und Desinfektion standhalten. Die Messer-

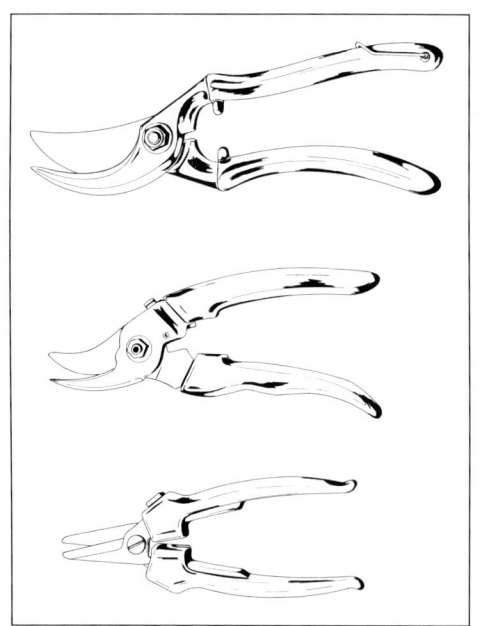

Von diesen drei handelsüblichen Gartenscheren ist die obere als Klauenschere gut geeignet.

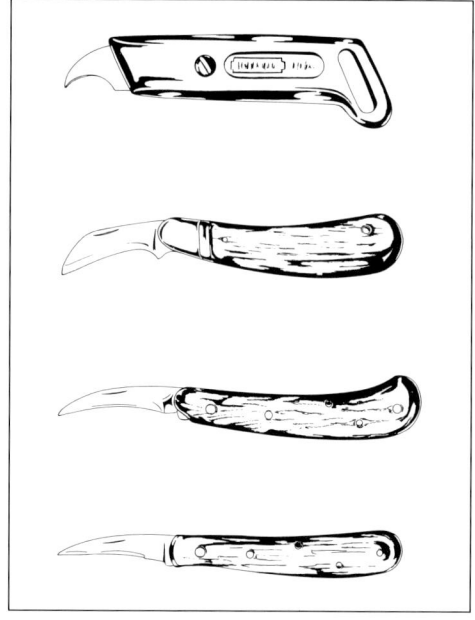

Diese vier Messer kann man zum Klauenschneiden benutzen, wobei die beiden mittleren am sichersten in der Hand liegen.

56

Die gebogene Schneide des Klauenmessers soll in Arbeitsstellung möglichst mit der Knöchellinie eine Parallele bilden.

ßes Problem ist für einige Schafhalter das Nachschleifen des Messers. Wer hier keine Übung oder Möglichkeit hat, kann sich auch mit einem Teppichmesser behelfen, bei dem die Klingen nicht geschliffen, sondern ausgewechselt werden. Ersatzklingen sind als gebogene Haken oder gerade Klingen im Handel, wobei die gebogene Klinge am besten zu verwenden ist.

klinge muß schlank, spitz und gut schleifbar sein. Taschenmesser mit einer Klinge, wie sie die Gärtner bei der Obstbaumveredlung benutzen, haben sich als Klauenmesser bestens bewährt. Ein gro-

Eingebespritzen

Eingebespritzen werden, wie es der Name schon sagt, zur oralen Applikation benötigt. Medikamente zur Wurmkur, Pansenstimulanz oder Vitamine werden dem Schaf übers Maul verabreicht und nicht gespritzt. Für diese Maßnahme bietet die Industrie für viel Geld die unter-

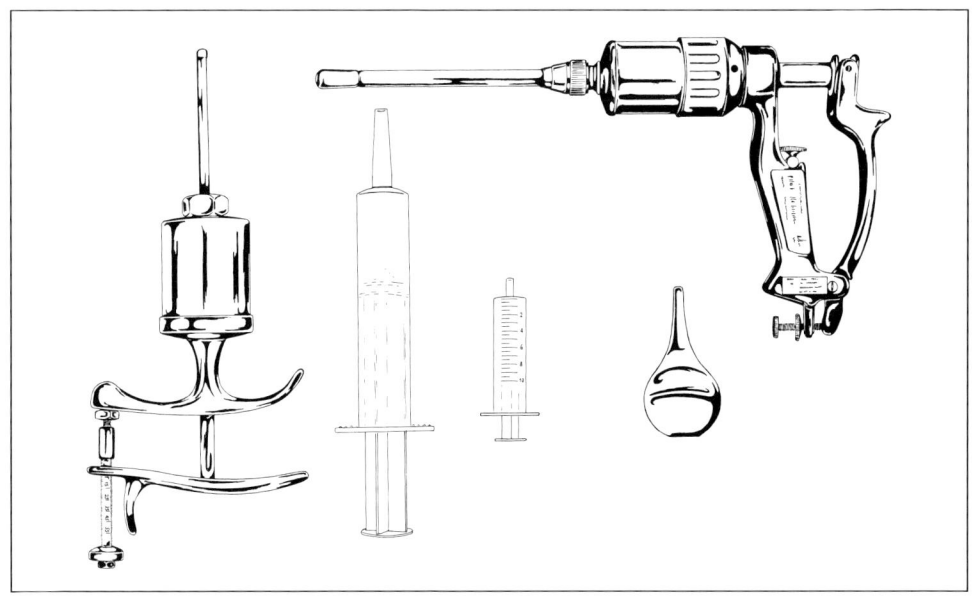

Verschiedene Eingebespritzen für Wurmmittel oder Vitaminpräparate.

schiedlichsten Geräte an, die für die kleine Schafhaltung zu teuer und durch den erheblichen Reinigungsaufwand nach jeder Benutzung unpraktisch sind. Für Wurmkuren und Vitaminpräparate reichen die 20 ml Einwegspritzen normalerweise aus. Sie sind stabil genug und überstehen meistens mehrere Einsätze. Zur Verabreichung von Pansenstimulanz oder Wasser müssen dem Schaf größere Mengen Flüssigkeit eingegeben werden, die oft Größenordnungen von 250 ml erreichen. Hier kann man entweder dem Schaf die Flüssigkeit mit einer Lämmerflasche einflößen oder einen Klistiergummiball benutzen.

Die Stallapotheke

Ein Badezimmerschränkchen aus Holz oder Kunststoff ist als Stallapotheke gut zu verwenden. Es sollte an einem trockenen und frostfreien Platz im Stall befestigt sein und als Apothekenschrank gekennzeichnet werden. Für die Bestükkung der Stallapotheke gibt es keine Norm. Sie kann den jeweiligen Bedürfnissen angepaßt werden. Jeder macht im Laufe der Zeit seine eigenen Erfahrungen, welche Hilfsmittel oder Medikamente er im Stall benötigt. Die Grundausstattung könnte folgendermaßen aussehen:

Pflaster und Verbandszeug für den Schäfer. Messer, Schere und Fieberthermometer, Desinfektionsmittel, Pansenstimulanz, Kohletabletten oder Stulmisan, Vitaminpräparate, Wundsalbe, Eutersalbe und Zugsalbe, Wurmmittel, Zäpfchen gegen Verstopfung, Wundspray. Alle diese Dinge gehören genauso

in die Stallapotheke wie Gleitmittel und Handschuhe für die Ablammung. Einwegspritzen ohne Nadel können zum Ausspülen von Wunden mit Kamillentee gut benutzt werden. Wichtig bei der Stallapotheke ist eine gewisse Ordnung und Sauberkeit. Im Ernstfall sollte man ohne große Sucherei die benötigten Medikamente oder Verbandstoffe schnell finden. Ein Genie findet sich zwar in jedem Chaos zurecht, aber wer weiß, ob er im entscheidenden Augenblick auch wirklich ein Genie ist?

Schermaschinen

Auch in der Einzelschafhaltung muß mindestens einmal im Jahr dem Schaf die Wolle abgeschoren werden. Hierzu gibt es zwei Arten von elektrisch betriebenen Schermaschinen und mehrere Sorten Handscheren.

Elektrische Hängemaschinen

Es handelt sich hierbei um einen Elektromotor, der die Messer über eine biegsame Welle an dem separaten Griffstück antreibt. Der Motor wird an einem stabilen Punkt über dem Scherplatz befestigt. Im Grunde ist es die gleiche Konstruktion, wie sie jeder Friseur im Herrensalon zum Haareschneiden benutzt. Eingesetzt werden diese Maschinen bei der Schur von großen Herden an festen Scherplätzen.

Vorteil: robuste und zum Dauerbetrieb geeignete Maschine, vibrationsfreies und nicht aufgeheiztes Griffstück.

Nachteil: sehr teuer und nur für Fachkräfte geeignet.

Eine Schermaschine mit Elektromotor im Handgriff.

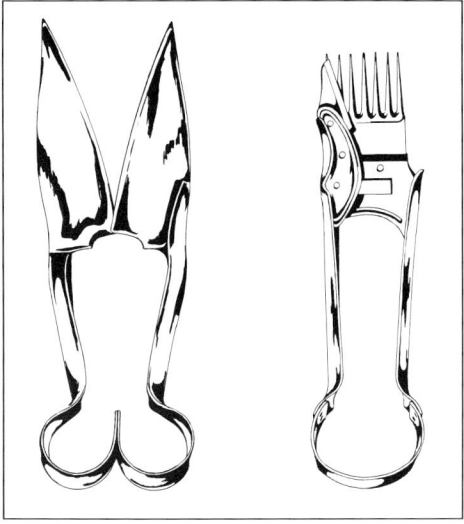

Handscheren für die Schafschur, die linke Schere ist heute noch am meisten vertreten.

Schermaschine mit Elektromotor im Handgriff

Bei diesen kompakten Maschinen sind der Antriebsmotor und der Antrieb im Handgriff integriert. Die Schermesser sind baugleich mit den Messern der Hängeschermaschine.

Vorteil: Ein verhältnismäßig preiswertes Elektrogerät. Mit Batteriebetrieb ist es arbeitsplatzungebunden und für den Einsatz in Koppel und Kleinbeständen absolut ausreichend.

Nachteil: Leichtes Vibrieren und Aufheizen der Maschine.

Bei allen Maschinen müssen die Schermesser auf einer Spezial-Schleifplatte nachgeschliffen werden. Sie benötigen zum einwandfreien Schnitt einen Hohlschliff. Das Nachschleifen der Messer auf einer Flächenschleifmaschine ist nicht möglich.

Handscheren

Die typischen Handscheren zur Schafschur, wie man sie auf alten Gemälden in Museen sieht, sind bis heute noch nicht durch technische Neuerungen abgelöst. Sie werden noch wie früher als Schmiedeteil hergestellt und fast von allen Schäfern zum Ausscheren vor der Lammzeit benutzt. In der Einzelschafhaltung werden die Schafe in verschiedenen Betrieben auch heute noch mit solchen Scheren komplett geschoren. Der Vorteil dieser Scheren ist, daß man sie selbst mit dem Sensenwetzstein nachschleifen kann und keine Steckdose benötigt. Ein direkter Nachteil ist bei diesen Scheren nicht zu erkennen, wenn man die Verletzungsgefahr durch die Scherenspitzen berücksichtigt. Es geht eben etwas langsamer, und der Scherer hat am nächsten Tag Muskelkater in der Hand.

Der Kauf des ersten Schafes

Wenn in vorgerückter Stunde am Stammtisch oder beim Züchterabend wieder einmal Geschichten erzählt werden, wie einem Anfänger ein klappriges, altersschwaches Schaf angedreht wurde, dann wird ein aufmerksamer Leser dieses Buches sicher nicht das Opfer gewesen sein. Vor dem Kauf des ersten Milchschafes holt man beim zuständigen Landesschafzuchtverband alle erreichbaren Informationen ein. Der Sachbearbeiter für Milchschafe kann Züchter benennen, die zur Zeit Milchschafe verkaufen. Die größere Auswahl hat man jedoch auf der in jedem Bundesland einmal im Jahr stattfindenden Auktion.

Der Auktionskatalog

Um auf einer Absatzveranstaltung gezielt ein Lamm zu ersteigern, muß man sich schon vorher mit dem Katalog beschäftigen. Die Kataloge verschicken die Landesschafzuchtverbände auf Anforderung etwa 14 Tage vor der Versteigerung.

Welches ist nun das richtige Lamm?

Milchschafe sind Hochleistungstiere. Es ist selbstverständlich, daß ein Führerscheinneuling keine Autorennen fährt, und genauso selbstverständlich sollte ein unerfahrener Schafhalter sich nicht mit

Lämmern aus allerhöchster Leistungszucht anfreunden. Der gute Durchschnitt ist wohl für den neuen Milchschafhalter das Beste. Gute Durchschnittsdaten sind zum Beispiel eine Milchleistung der Mutter von 400 kg bis 600 kg Milch in 225–250 Melktagen sowie ein Ablammergebnis von 200 %. Ablammergebnis von 200 % heißt: das Mutterschaf hat durchschnittlich pro Lammung zwei Lämmer geboren.

Die Auktion ...

Für jeden, der sich zum ersten Mal mit einem Katalog beschäftigt, sieht die Sache verwirrender aus, als sie ist. Man fängt einfach erst einmal vorne an und studiert die Verkaufs- und Geschäftsbedingungen. Diese Bedingungen sind bei

377	z.: W. Verheyen, Velbert	Stamm:	Index:

<table>
<tr><td>377</td><td colspan="2">z.: W. Verheyen, Velbert
Para</td><td>Stamm:</td><td>Index:
T. Index:</td></tr>
<tr><td>HB.-Nr.:</td><td colspan="2">L. Nr.: 7382 geb.: 20. 2. 84 D</td><td>EL. :</td><td></td></tr>
<tr><td rowspan="2">MS:
NMS:</td><td colspan="2">Tex 3949 D +</td><td colspan="2">Tasso 3838 Z +
NMS: 101/99/99   Index:</td></tr>
<tr><td colspan="2" style="text-align:right">Index: 115</td><td colspan="2">Leda 6839 Z *
F: 9/9/27/24
ML: 3-266-728, 1-62, 19-8, 67</td></tr>
<tr><td rowspan="2">ML:</td><td colspan="2" style="text-align:right">F: 2/2/4/4
Pira 7382 D +</td><td colspan="2">Orion 10112 Z
NMS: Index: 99</td></tr>
<tr><td colspan="2">1-114-205,8-14,76-7,17 EL + TL</td><td colspan="2">Petra 7182 Z +
F: 6/6/14/11
ML: 1-238-477, 0-27, 50-5, 77</td></tr>
</table>

den einzelnen Landesverbänden unterschiedlich, da nicht überall ein Versicherungsschutz für die ersteigerten Tiere besteht. Dementsprechend sind auch die unterschiedlichen Aufschläge, die den Steigpreisen hinzugerechnet werden müssen.

Wichtig ist dann die Erklärung für die verwendeten Abkürzungen. Ein direktes Auswendiglernen ist nicht nötig, weil sich die Abkürzungen durch den logischen Aufbau in kurzer Zeit einprägen.

Als Beispiel ist in einem Auktionskatalog unter der Nummer 377 zu lesen:

Züchter W. Verheyen, Velbert
Herdbuchnummer – keine Eintragung

Das Lamm heißt Para mit der Lammnummer 7382, geboren am 20. 2. 84 als Drilling. Stamm, Eigenleistung, Index und Teilindex haben keine Eintragung, weil diese Daten bei Mutterlämmern nicht ermittelt werden.

Darunter stehen die Daten des Vaters:

Der Bock heißt Tex mit der Herdbuchnummer 3949, wurde als Drilling geboren und auf einer Landesschau prämiert. Eigenleistung und Nachkommenprüfung wurde nicht durchgeführt und somit auch keine Eintragung.

Index: 115 Punkte. Die Indexpunktzahl ist nur innerhalb eines Jahrganges und des gleichen Verbandsgebietes vergleichbar. Sie errechnet sich aus mehreren Einzelfaktoren wie Gewichtszunahme des Bocklammes, Milchleistung der Mutter und Ablammjahresdurchschnitt des Verbandsgebietes.

Als nächstes die Mutter Pira mit der Herbuchnummer 7382, als Drilling geboren und auf einer Landesschafschau prämiert. Die Fruchtbarkeit besagt: in 2 Jahren hat sie 2 mal gelammt, 4 Lämmer geboren und davon 4 aufgezogen. Ihre Milchleistung wurde einmal kontrolliert, in 114 Tagen wurden 205,8 kg Milch gemolken mit 14,76 kg Fett, das sind 7,17 %.

Danach kommen die Abkürzungen EL + TL. EL = Erstlingsleistung, d. h., die Milchleistung wurde in der ersten Laktation durchgeführt. TL steht für Teilleistung. Bei einer Teilleistung wurde die Kontrolle nach der angegebenen Zeit abgebrochen. In dem Beispiel nach 114 Tagen. Gründe für eine Kontrollunterbrechung sind Krankheit oder Tod des Mutterschafes. Das im Katalog-Beispiel genannte Mutterschaf hatte das offenstehende Tor des Zier- und Nutzgartens entdeckt und einen Nachmittag lang Zeit, alles, was dort wuchs, zu probieren. Die anschließende Magenverstimmung mit Pansenstillstand bewirkte, daß die Milchleistung innerhalb von 12 Stunden auf Null sank. Die Kontrolle mußte abgebrochen werden.

Vaters Vater heißt Tasso mit der Herdbuchnummer 3838. Er war Zwilling und auf einer Landesschau prämiert. Als zusätzliche Daten stehen dann: »NMS 101/ 99/99«. Die Abkürzung bedeutet Nachkommen-Mastleistungsprüfung auf Station. Aus dem Eintrag ist zu erkennen, daß von dem Bock Tasso 8 Söhne zur Leistungsprüfung in einer Mastprüfanstalt eigenleistungsgeprüft wurden. Die Leistungszahlen 101/99/99 besagen:

101 = 1 % höhere Tageszunahme

99 = 1 % mehr Nährstoffverbrauch, bzw. schlechtere Futterverwertung

99 = 1 % schlechter in der Schlachtkörperbewertung.

Vaters Mutter heißt Leda, sie hat die Herdbuchnummer 6839, ist Zwilling und wurde auf einer DLG-Schau prämiert. Ihre Fruchtbarkeit betrug in 9 Jahren = 9 Lammungen mit 27 geborenen und 24 aufgezogenen Lämmern. Die Milchleistung wurde in einem 3jährigen Durchschnitt mit 266 Kontrolltagen ermittelt. Sie betrug 728,1 kg Milch, 62,19 kg Fett = 8,67 %.

Nun ist der Katalog verständlich geworden, nun gilt es, zum eigentlichen Problem zurückzufinden: Welches Lamm ist für den Beginn der Schafhaltung geeignet?

Im Katalog ist die Milchleistung des Mutterschafes übersichtlich und gut erkennbar. In einer Liste werden nun die Lämmer eingetragen, deren Mütter den Milchleistungsvorstellungen entsprechen. Die Milchleistung der Großmütter sollte ebenfalls befriedigen.

Als nächstes ist das Ablamm- und Aufzuchtergebnis der Mutter zu beachten. Aus der Differenz zwischen geborenen und aufgezogenen Lämmern ist zu erkennen, wie viele Lämmer den 42. Lebenstag nicht erreicht haben. Pech in der Ablammzeit hat schon jeder Schafhalter gehabt, aber alles muß in Grenzen bleiben. 10 % Verlust als Stalldurchschnitt kann man akzeptieren, aber bei 20 % und mehr sollte man den Grund erfragen. Liegt es an der Unfähigkeit des Schafhalters? Hat er seuchenhaftes Verlammen, oder sind außergewöhnliche Ursachen Schuld an den hohen Verlusten? In jedem Fall sollte man skeptisch sein und lieber ein anderes Lamm bevorzugen.

Mit dieser Liste werden auf der Absatzveranstaltung die Lämmer ganz in Ruhe betrachtet und verglichen. Die Liste beginnt mit Sicherheit bald zu schrumpfen, denn Unterschiede der Lämmer sind schnell zu erkennen. Sympathie und Antipathie sind auch mit im Spiel.

Vor der Auktion werden die Lämmer von Preisrichtern auf rassetypische Merk-

Vor den Auktionen werden die Lammböcke prämiert.

male wie Wüchsigkeit, Fundament, Bewollung und äußere Erscheinung bewertet und gerichtet.

Die Reihenfolge wird veröffentlicht.

Nun vergleicht man die eigene, interne Bewertung mit dem Urteil der Experten und paßt sich etwas an. Die Reihenfolge, nach der die Lämmer versteigert werden, ist fast auf jeder Auktion anders. Die einen gehen nach geraden oder ungeraden Katalognummern, die anderen streng numerisch, oder es wird in der Reihenfolge der Prämierung angeboten. Auf jeden Fall muß man sich vorher danach erkundigen. Hat man sich nun noch eine Preisobergrenze gesetzt, kann man gelassen sein erstes Gebot geben.

Was aber, wenn man außerhalb der Auktionszeiten ein Lamm kaufen will?

Mancher unerfahrene Anfänger läßt sich unter Umständen ein halb verhungertes Schaf unter dem Deckmantel des Mitleids und in der Meinung, es aufpäppeln zu können, verkaufen. Ein solches Tier gehört nicht in einen Stall, denn Schafe sind auch in der Hobbyhaltung Nutztiere. Es klingt hart, aber nicht einwandfreie Schafe sollen weder gekauft noch verkauft werden, sie gehören nicht in den Handel, sondern zum Metzger.

Die Mitgliedschaft in einem Schafzuchtverband ist sehr hilfreich. Entweder ist ein Mitarbeiter des Verbandes beim Kauf behilflich, oder er macht den Anfänger mit einem in der Nähe wohnenden Züchter bekannt, der außer beim Schafkauf auch weiterhin bei speziellen Fragen behilflich ist.

Der Versicherungsschutz

Jedes Hobby, und sei es noch so harmlos, erlebt irgendwann einmal einen sogenannten schwarzen Freitag. An diesem Tag wird zum Beispiel Nachbars Kind vom Deckbock gestoßen, oder die Schafe brechen aus und verursachen einen Schaden. Je nach Umfang des Schadens kann die wirtschaftliche Existenz des Schafhalters in Frage gestellt werden.

Laut Bürgerlichem Gesetzbuch haftet jeder Tierhalter für den Schaden, den seine oder unter seiner Obhut stehenden Tiere anrichten (BGB § 833 Satz 1). Ausgenommen von dieser Haftung sind Tierhalter, deren Tiere zum Beruf oder Erwerb gehören (BGB § 833 Satz 2).

Haftungsfragen können sehr kompliziert sein und sind ohne Rechtsbeistand im Schadensfalle kaum durchzustehen. Bei vielen Versicherungsgesellschaften ist die Hobbytierhaltung in der privaten Haftpflichtversicherung eingeschlossen. In manchen Versicherungsbestimmungen wird sogar von einer bestimmten Anzahl von Muttertieren mit deren Nachzucht gesprochen, ohne sich dabei auf die Tierart festzulegen. In jedem Fall sollte sich der zukünftige Schafhalter bei seiner Versicherungsgesellschaft informieren, ob ein Versicherungsschutz besteht, und sich diesen auch schriftlich bestätigen lassen oder eine ausreichende Haftpflichtversicherung abschließen.

Die ersten Tage nach dem Schafkauf

In den ersten Tagen in einer fremden Umgebung fühlt sich ein Schaf wahrscheinlich genauso unsicher wie ein neuer Schafhalter mit seinen ersten Tieren. Beide, die Schafe und der neue Besitzer, müssen sich erst aneinander gewöhnen. Selbst zahme Lämmer sind am Anfang in einem neuen Stall und bei fremden Personen skeptisch und scheu.

Zur Eingewöhnung sollten die Schafe die ersten zwei bis drei Tage im Stall gehalten werden, damit sie erkennen, wo es Futter und Wasser gibt. Der Schafhalter sollte sich möglichst oft und längere Zeit innerhalb des Stalles bei den Tieren aufhalten, damit die Schafe die Scheu verlieren. Diese Eingewöhnungsphase ist bei Milchschafen sehr wichtig, damit sie später, wenn sie gemolken werden, freiwillig in den Stall kommen und nicht erst nach Cowboyart eingefangen werden müssen.

Mit Futter als Belohnung ist bei Schafen viel zu erreichen. Getrocknete Brotscheiben in der Jackentasche, von denen das Schaf ab und zu etwas bekommt, können dabei sehr hilfreich sein. Alle Leckereien, die die Tiere als Belohnung bekommen, müssen im Futterwert berücksichtigt werden und sollen die Tagesration nicht erhöhen. Eine große Erleichterung im Umgang mit Schafen ist, wenn die Tiere einen Namen haben und auch kommen, wenn man sie damit ruft. Es muß früh genug damit angefangen werden, und bei jedem Kontakt durch Füttern oder Streicheln soll man diesen Namen immer wieder nennen, dann klappt es eigentlich ganz schnell.

Wichtig bei der Schafhaltung ist, daß immer wiederkehrende Arbeiten, wie Füttern oder Melken, jedesmal die gleiche Reihenfolge haben, dann lernt das Tier schnell, wie es sich zu verhalten hat.

Nach einer kurzen Eingewöhnungszeit im Stall müssen die Schafe auf die Weide. Sie haben sich dabei wieder an etwas Neues und Unbekanntes zu gewöhnen. Am besten nimmt sich der Schafhalter die Zeit und geht einfach einmal mit seiner kleinen Herde über die Weide und beobachtet, ob die Schafe den eventuell vorhandenen Elektrozaun kennen und akzeptieren.

In jedem Fall müssen die Tiere einige Zeit beobachtet werden, um sicher zu sein, daß die Schafe die Weide annehmen und den Zaun respektieren.

Die Altersbestimmung bei Schafen

Das Alter eines Schafes wird am Zahnbild der Schneidezähne bestimmt. Bis zum Alter von vier Jahren ist die Bestimmung einigermaßen genau, weil die Milchschneidezähne in diesem Zeitraum nach einem festen Zeitplan ausfallen und durch die zweiten bleibenden Schneidezähne ersetzt werden. Nach dieser Zeit ist eine Altersbestimmung nur durch Abschätzen des Verschleißgrades der Schneidezähne möglich, was eine große Sachkenntnis voraussetzt. Die Unterscheidung zwischen Milchzähnen und Schneidezähnen sollte ein Anfänger an einem Schaf üben, bei dem das Alter durch Zuchtunterlagen feststeht. Wenn bei der Altersbestimmung von »annähernd genau« die Rede ist, so muß bedacht werden, daß der Zeitraum des Zahnwechsels je nach Frühreife rassebedingt unterschiedlich ist und daß er selbst innerhalb einer Rasse um 2 bis 3 Monate variieren kann.

Das Gebiß des Schafes

Das Gebiß des Schafes besteht aus 8 Schneidezähnen und 12 hinteren Bakkenzähnen. Insgesamt hat also das vollständige Gebiß des Schafes 32 Zähne. Alle 8 Schneidezähne sind beim Schaf nur im Unterkiefer. Im Oberkiefer hat das Schaf vorne als Gegendruckstück für die Schneidezähne eine Hornplatte, die als Dental- oder Kauplatte bezeichnet wird. Bei Verletzungen durch äußere Einflüsse oder Lippengrind besitzt diese Hornplatte die Fähigkeit zur vollständigen Ausheilung. Außerdem ist in dieser Hornplatte, dem Radius des Unterkiefers angepaßt, eine rillenförmige Vertiefung, in die bei einem korrekten Zahnstand die Spitzen der Schneidezähne genau hineinpassen. Die Paßform ist so genau, daß das Schaf mit dieser »Klemmvorrichtung« selbst dünnste einzelne Grashalme ausreißen kann. Bei Verkürzung des Oberkiefers bezeichnet man Schafe mit dem Gebißfehler als Überbeißer und bei Verkürzung des Unterkiefers als Unterbeißer. Bei beiden Gebißanomalien passen die Schneidezähne nicht in die Rille der Kauplatte, und die Funktion der Schneidezähne ist wie bei einer verbogenen Kneifzange unwirksam. Beide Gebißfehler verursachen dem Schaf erhebliche Schwierigkeiten bei der normalen Nahrungsaufnahme während des Weidegangs und sind hochgradig vererblich. Mutterschafe und Böcke, die diese Mißbildung vererben, gehören nicht in die Zucht und müssen auf jeden Fall mit der gesamten Nachzucht geschlachtet werden.

Die Schneidezähne sind beim Schaf erst als Milchzähne vorhanden und wer-

Zahnbildung (1–4) und Zahnwechsel (5–8) beim Schaf.

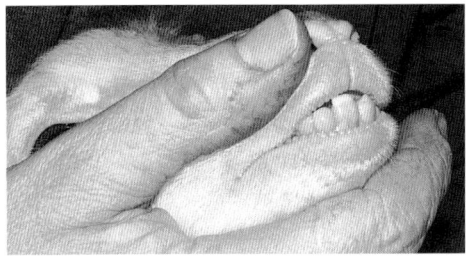 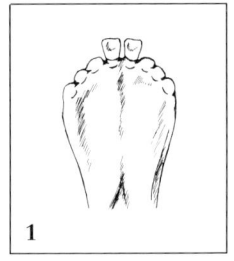 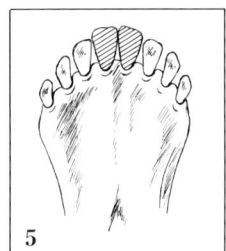

Bis 8. Tag: die mittleren Schneidezähne erscheinen.   15.–18. Monat

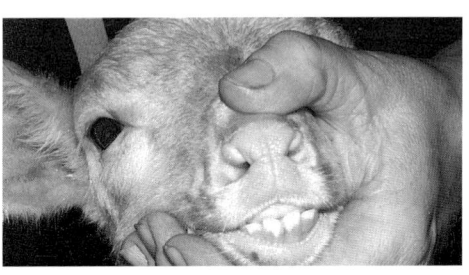 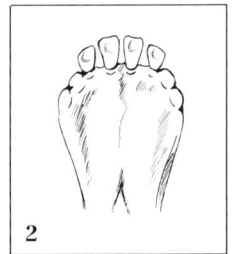 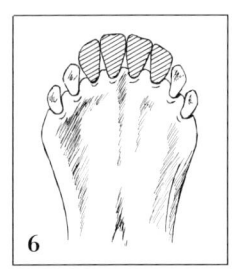

8.–14. Tag: zweite Schneidezähne (innere Mittelzähne).   20.–25. Monat

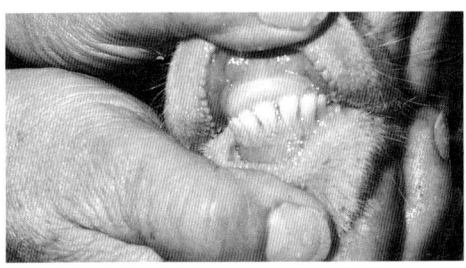 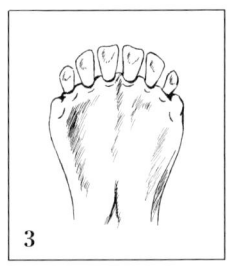 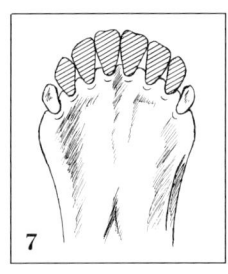

10.–21. Tag: dritte Schneidezähne (äußere Mittelzähne).   27.–35. Monat

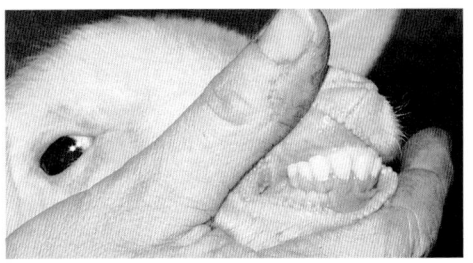 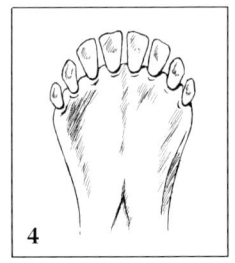 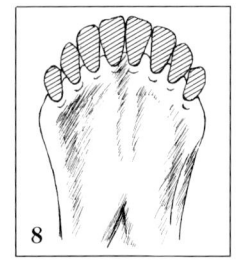

Bis 28. Tag: Eckschneidezähne erscheinen.   36.–45. Monat

den innerhalb von maximal vier Jahren durch die zweiten dauernden Schneidezähne gewechselt. Die Ersatzschneidezähne sind im Vergleich zu den Milchzähnen wesentlich größer und haben eine schaufelähnliche, ovale Form.

Die Bezeichnung der Schneidezähne erfolgt von der Mitte aus:

Zange, innere Mittelzähne, äußere Mittelzähne und Eckschneidezähne. Die 12 Prämolaren, also die vorderen Backenzähne, sind gleichmäßig rechts und links, sowie im Ober- und Unterkiefer verteilt. Auch sie kommen zuerst als Milchzähne und wechseln innerhalb von drei Monaten zu den dauerhaften zweiten Backenzähnen. Die 12 Molaren, das sind die hinteren Backenzähne, sind symmetrisch in Ober- und Unterkiefer angeordnet. Sie erscheinen beim Schaf zwischen dem 3. und 18. Monat sofort als bleibende Zähne. Bei den hinteren Backenzähnen findet kein Wechsel statt.

Zeitplan für die Zahnbildung

Bis 8. Tag: Die mittleren Schneidezähne (Zange) im Unterkiefer und die mittleren der drei vorderen Backenzähne (P3) in Ober- und Unterkiefer sind entweder schon bei der Geburt vorhanden oder kommen bis zum 8. Tag (1).
8.–14. Tag: Die ersten der vorderen Backenzähne (P2) im Ober- und Unterkiefer und die zweiten Schneidezähne (innere Mittelzähne) erscheinen als Milchzähne (2).
10.–21. Tag: Als äußere Mittelzähne erscheinen die dritten Schneidezähne (3).
21.–28. Tag: Die letzten der vorderen Backenzähne (P4) und die Eckschneidezähne kommen zum Durchbruch (4).

Das vier Wochen alte Lamm hat also alle 8 Schneidezähne und die 12 vorderen Backenzähne. Das komplette Milchgebiß ist vorhanden.
3. Monat: Der erste hintere Backenzahn (M1) wird sichtbar.
9. Monat: Der zweite hintere Backenzahn (M2) erscheint.
15.–18. Monat: Die mittleren Schneidezähne (Zange) wechseln (5).
18. Monat: Der dritte hintere Backenzahn (M3) bricht durch, und mit diesen bleibenden Backenzähnen ist das Gebiß komplett. Das Schaf hat jetzt 32 Zähne.
20.–25. Monat: Wechsel der inneren Milchzähne (zweite Schneidezähne) (6).
24.–27. Monat: in diesem Zeitabschnitt wechseln alle 12 vorderen Backenzähne.
27.–35. Monat: Wechsel äußerer Mittelzahn (dritter Schneidezahn) (7).
36.–45. Monat: Wechsel der Eckschneidezähne (8).

Spätestens im 4. Lebensjahr hat das Schaf alle 32 bleibenden Zähne.

Fütterung

Das Milchschaf gehört zur Gruppe der Wiederkäuer. In seiner Ernährung ist es weder anspruchslos noch ein Allesfresser. Es verlangt eine artgerechte Futtergrundlage. Futter für Wiederkäuer sind Pflanzen als Früchte, Blätter oder Knollen. In frischem Zustand als Gras, Klee oder Rüben, getrocknet als Heu und Getreide, konserviert als Silage. Die Futtermenge und die Futterqualität ermöglichen es erst, die vom Milchschaf geforderten Leistungen zu erbringen. »Wo nix reinkommt, kommt nix raus.« Dieses alte Sprichwort sollte in Holz geschnitzt in jedem Milchschafstall hängen.

Beim Vergleich der Leistungen des Deutschen Milchschafes mit anderen Schafrassen ist eindeutig festzustellen, daß die hohe Milchleistung, das enorme Körpergewicht und die große Fruchtbarkeit nur bei allerbester Futtergrundlage erreicht werden können.

In den Hauptvegetationsmonaten ist auf besten Weiden unter optimalen Voraussetzungen dieser Bedarf zu decken. In den meisten Fällen der Milchschafhaltung und besonders bei der Winterfütterung muß ein ausgewogenes Zusatzfutter angeboten werden.

Milchschafe in kleinen Beständen werden nicht unter streng wirtschaftlichen Gesichtspunkten gehalten. Eine Kostenrechnung auf Pfennig pro Stärkeeinheit ist bei dieser Größenordnung nicht erforderlich. Die Gestaltung der Fütterung kann deshalb unter rein gesundheitlichen und zweckmäßigen Gesichtspunkten erfolgen.

Grundlagen der Fütterung

Die Schafe als Wiederkäuer nehmen nur pflanzliches Futter auf. Die einzelnen Futterbestandteile werden in den Mägen des Tieres aufgeschlossen und umgearbeitet. Bei der Fütterung des Milchschafes mit einer eigenen Futtermischung muß die Zusammensetzung des Futters den Bedürfnissen des Schafes angepaßt werden. Ein vier Monate altes Lamm mit 40 kg Körpergewicht hat einen ganz anderen Futterbedarf als ein 90 kg schweres Mutterschaf, das jeden Tag auch noch 4 Liter Milch erzeugt. Für die Erstellung eines Futterplanes oder einer Futtermischung sind ohne Berücksichtigung der Mineralstoffe und Spurenelemente vier Faktoren zu berücksichtigen:

1. Trockensubstanz oder Trockenmasse (TS oder TM)
2. Rohfaser (RF)
3. Stärkeeinheit (StE)
4. Rohprotein oder verdauliches Eiweiß (vRp)

Trockensubstanz

Die Trockensubstanz oder Trockenmasse (TM) ist der wasserfreie Anteil des Futters. Bei lagerfähigem Trockenfutter wie Heu, Getreide, Mehl oder industriellem Fertigfutter liegt der Trockensubstanzanteil immer bei mindestens 86 %. Das heißt, in 1 kg Heu oder Getreide können noch bis zu 140 g Wasser enthalten sein. Bei höherem Wasseranteil ist das Futter nicht lagerfähig, wird muffig und somit unbrauchbar.

Saftfutter wie Gras, Rüben oder Kohl haben einen Trockensubstanzanteil von 10–25 %. 1 kg Gras hat durchschnittlich 200 g Trockenmasse. Schafmilch oder Milchaustauscher für Lämmer haben einen Trockensubstanzanteil von 12–15 %. Aus allen Futtermitteln läßt sich der Anteil der Trockenmasse ermitteln. Das Aufnahmevermögen des Schafes an Trockenmasse ist begrenzt, es steht im Verhältnis zum Körpergewicht. Beim Milchschaf ist der Sättigungsgrad bei 30 g Trockenmasse pro 1 kg Körpergewicht erreicht. Die Bezeichnung Trokkenmasse ist also lediglich eine Mengenbezeichnung, sie sagt nichts aus über die Futterqualität und ihre Bestandteile.

Rohfaser

Wiederkäuer brauchen zur mechanischen Anregung der Pansenmotorik ein rohfaser- und strukturreiches Futter. Bei Lämmern, die bis zum Schlachtgewicht ausschließlich mit Milch ernährt werden, wird der Pansen nicht ausgebildet. Es ist also sehr wichtig, daß Lämmer schon ab dem 5. Lebenstag rohfaserreiches Futter wie Heu oder gequetschten Hafer aufnehmen können, damit sich der Verdauungsapparat entwickeln kann.

Stärkeeinheit

Die Stärkeeinheit ist eine Futtermeßzahl, die besagt, wieviel Energie das Tier aus dem Futter gewinnen kann.

Neue wissenschaftliche Untersuchungen ergaben, daß diese Angabe für das Milchbildungsvermögen nicht alle Faktoren berücksichtigt. Es wurden neue Werte ermittelt, die aber nur geringfügig von den StE abweichen. Die neue Bezeichnung heißt Nettoenergielaktation NEL, gemessen in Megajoule.

Die Unterschiede zwischen den beiden Bewertungen werden auch durch den positiven Einfluß des Rohfaseranteils bei der Milchbildung hervorgerufen. Da in allen Futterwerttabellen die StE mit aufgeführt werden, und der Unterschied beider Energieangaben sehr gering ist, sind sie auch weiterhin als Berechnungsgrundlage einsetzbar.

Verdauliches Eiweiß

Der Anteil an verdaulichem Eiweiß in der Stärkeeinheit ist ein weiterer wichtiger Faktor bei der Futterwertberechnung. Im Gegensatz zu Stärke, die im Tier zu Fett umgewandelt wird, kann der Körper eine Eiweißüberversorgung nicht speichern. Aus Eiweiß entsteht Fleisch und Milch. Ein ausgewachsenes Milchschaf, das nicht gemolken wird, hat nur einen geringen Eiweißbedarf, da es ja weder zusätzliches Fleisch bilden kann, noch zur Milchgewinnung Eiweiß benötigt. Ganz anders sieht der Eiweißbedarf bei einem Jährling aus, der Drillinge säugt. Da Schafe bis zum Alter von drei Jahren wachsen, steht der Jährling noch voll in seiner Wachstums- und Fleischbildungsphase mit erhöhtem Eiweißbedarf, dazu kommt der Bedarf zur Milchbildung.

Stärke ist also der Energieträger, sie ist in der Umwandlung als Fett speicherfähig. Eiweiß erzeugt, vereinfacht dargestellt, Milch und Fleisch. Eiweiß ist nicht speicherfähig, einen Überschuß muß der Körper in Fett umwandeln.

Um jedem Schaf in jeder Situation die richtige Futtermenge in der entsprechenden Zusammensetzung anbieten zu können, müßte eigentlich eine Einzelfütterung durchgeführt werden. In großen Schafhaltungen werden bei der Stallfütterung Gruppen von Schafen mit gleichem Futterbedarf zusammengestellt. Hier werden dann tatsächlich die einzelnen Gruppen aus physiologischer und ökonomischer Sicht unterschiedlich gefüttert. Auch im Kleinbetrieb sollte man sich den unterschiedlichen Anforderungen anpassen. Eine zu großzügige Verabreichung von Maximalfutter an alle Milchschafe kann zu krankhafter Überfettung und zu Nierenschäden führen.

Futterbedarf

Erhaltungsfutter ist die Futtermenge, die ein Tier braucht, um den momentanen Zustand zu erhalten. Bei der Fütterung mit Erhaltungsfutter kann das Schaf weder wachsen noch eine andere Leistung erbringen. Jede zusätzliche Leistung, wie Wachstum, Fleischbildung, Milch und Wollproduktion, Trächtigkeit, Decken und selbst die Erzeugung der Körperwärme im Winter sind zusätzliche Leistungen und müssen mit Futter ausgeglichen werden.

Um für die Milchschafe eine Futtermischung zu erstellen, benötigt man eine Futterwerttabelle und den Nährstoffbedarf. Futterwerttabellen werden von den Landesschafzuchtverbänden angeboten. Den Tabellen kann man den genauen Futterwert entnehmen. Bei der Eiweißangabe wird Rohprotein in einigen Tabellen ohne Berücksichtigung der Verdaulichkeit angegeben. Hier muß mit dem Verdaulichkeitsfaktor umgerechnet werden, der ebenfalls angegeben ist.

An einigen Beispielen soll die Rationsberechnung gezeigt werden. Dazu wurden aus der DLG-Futterwerttabelle fünf Futtermittel ausgesucht, die in einem Milchschafstall wohl am gebräuchlichsten sind:

1. Hafer, Sojaschrot und Trockenschnitzel als Kraftfutter. Als Kraftfutter gilt jedes Futter für Wiederkäuer, das in 1 kg Futtermittel über 500 StE hat.

Oben: Die Klauenpflege beginnt mit einer gründlichen Reinigung der Klaue. Mitte: Die saubere Klaue läßt erkennen, was abzuschneiden ist. Mit einer Rosenschere wird grob vorgearbeitet. Unten: Ein spitzes, scharfes Messer ist für die Feinarbeiten erforderlich. Rechts: Die gesunde Klauenhälfte nach dem Schneiden.

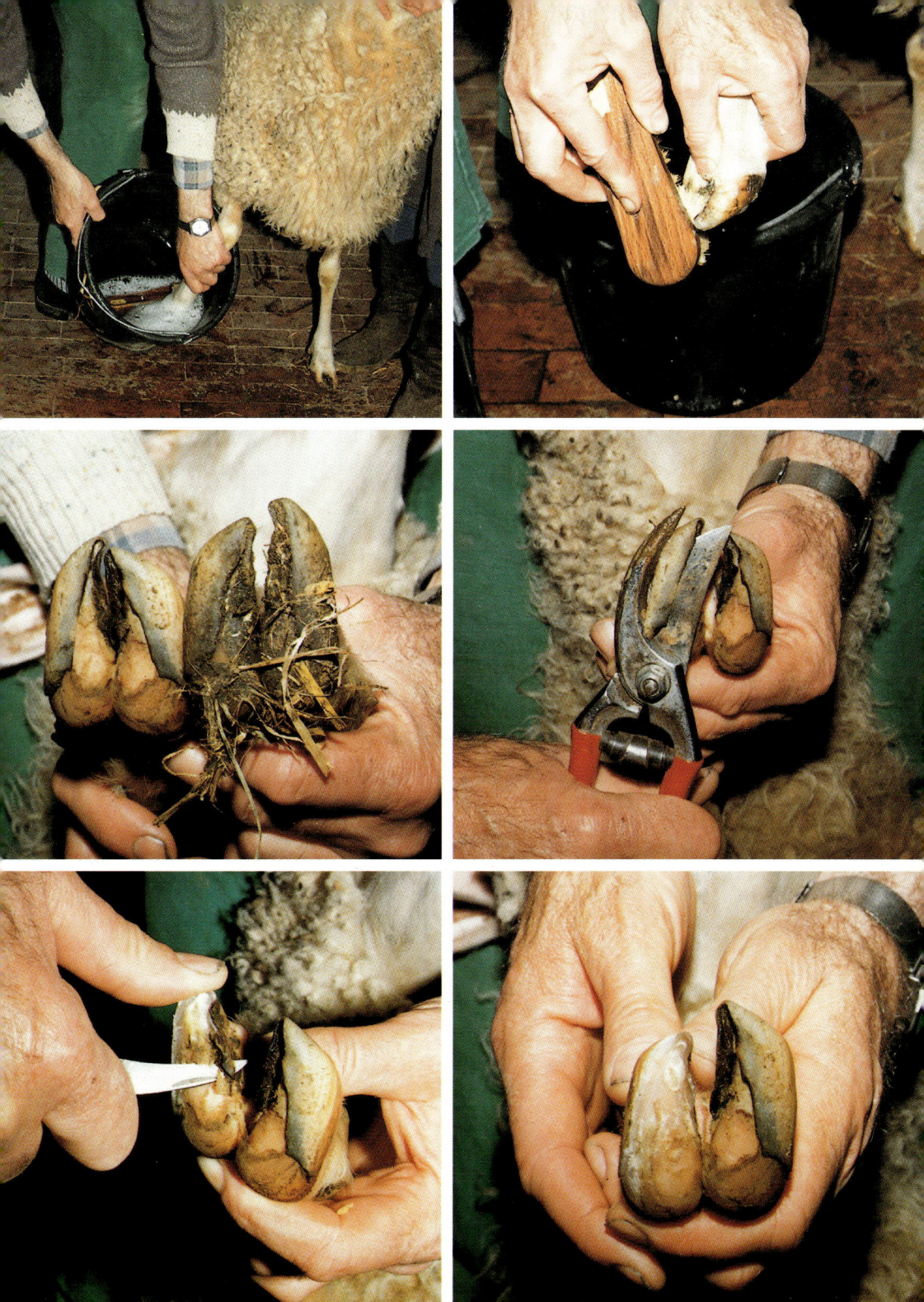

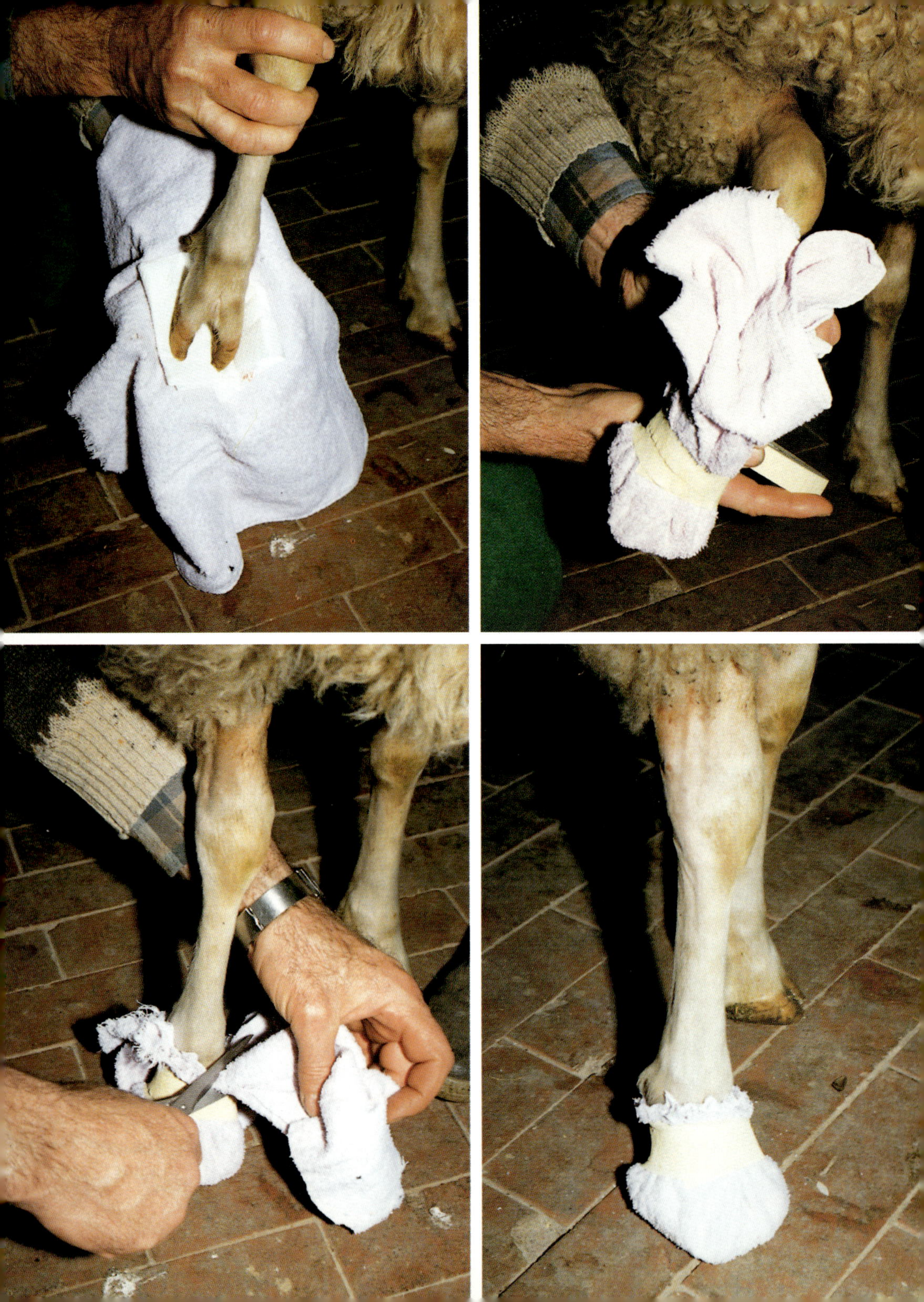

2. Gutes und weniger gutes Heu.
Der Nährstoffunterschied bei Heu wird hauptsächlich durch den Schnittzeitpunkt bestimmt. Je früher im Jahr der erste Schnitt erfolgt, umso gehaltvoller ist das Heu. Beim Kauf von Heu ist am Wachstumsstadium die Qualität zu erkennen. Gräser, die erst nach der Blüte geschnitten wurden, ergeben ein minderwertiges Heu, was bis zu 30% Energieverlust im Vergleich zur Spitzenqualität haben kann (vgl. folgende Tabelle).

Nährstoffgehalt von fünf wichtigen Futtermitteln

Futtermittel	In 1 kg Futtermittel		
	TM g	vRp g	StE
Gutes Heu, 1. Schnitt	870	56	336
weniger gutes Heu, 1. Schnitt	870	33	286
Hafer	886	92	645
Soja	880	420	704
Trockenschnitzel	900	48	610

Leistung ist nicht umsonst. Für jede Leistung, die das Milchschaf erbringt, fordert es eine Gegenleistung in Form von Nährstoffen.
Auch die Erhaltung der momentanen körperlichen Verfassung ist eine Leistung und muß durch Nährstoffe ausgeglichen werden. Für die Berechnung des Futterbedarfs von Milchschafen ist die folgende Tabelle hilfreich.

Der Nährstoffbedarf des Milchschafes

Leistung	Bedarf pro Tag		
Erhaltung je kg Körpergewicht	1 g	vRp	10 StE
tägliche Gewichtszunahme in der Wachstumsphase je g	0,4 g	vRp	2 StE
Milcherzeugung je kg	100 g	vRp	330 StE
Trächtigkeit 1. bis 3. Monat	10 g	vRp	100 StE
Trächtigkeit 4. bis 5. Monat	50 g	vRp	300 StE
Deckbock in der Deckzeit	200 g	vRp	1100 StE

Mit dieser Tabelle ist es möglich, für jeden speziellen Einzelfall eine Bedarfsrechnung aufzustellen, die bei der Winterfütterung im Stall den Gesamtnährstoffbedarf des Schafes pro Tag berücksichtigt.

Einfacher Klauenverband, der ca. 24 Stunden hält. Die Umwicklung mit Klebeband ist lose und unterhalb der Afterklaue; sie darf die Blutzirkulation nicht beeinträchtigen. Als Einlage eignet sich Küchen- oder Toilettenpapier.

Fünf Beispiele für Futterrationen

1. Ration für ein trächtiges Mutterschaf

Der Nährstoffbedarf für ein ausgewachsenes Schaf mit 80 kg Körpergewicht und im 4. Monat tragend beträgt:

Leistung	Bedarf	gv RP	StE
Erhaltung 80 kg Körpergewicht	80 × 1 g vRp =	80	
	80 ×10 StE =		800
+ Trächtigkeit 4. und 5. Monat		50	300
		130	1100

Das Futteraufnahmevermögen (vgl. Seite 69) bei 80 kg Körpergewicht beträgt:

$$80 \times 30 \text{ g TM} = 2400 \text{ g TM}$$

Fütterungsvorschlag

1 kg Heu + 0,5 kg Hafer + 0,5 kg Trockenschnitzel. Nach der Futterwerttabelle enthält das Futter folgenden Nährwert:

1,0 kg Heu =	870 g TM	56 g vRp	336 StE
0,5 kg Hafer =	443 g TM	46 g vRp	323 StE
0,8 kg Schnitzel =	560 g TM	38 g vRp in	488 StE
	$\boxed{1873 \text{ g TM}}$	$\boxed{140 \text{ g vRp}}$	$\boxed{1147 \text{ StE}}$

Mit dieser Futterration ist der Nährstoffbedarf dieses Schafes gedeckt. Um einen Sättigungsgrad zu erreichen, muß das Schaf noch 0,5 kg Stroh fressen.

2. Ration für ein Milchschaf mit guter Milchleistung

Ein Milchschaf mit 90 kg Körpergewicht wird täglich zweimal gemolken. Die Milchleistung pro Tag ist 4 kg. Der Nährstoffbedarf dieses Schafes errechnet sich wie folgt:

Leistung	Bedarf	gv RP	StE
Erhaltung 90 kg Körpergewicht	90 × 1 g vRp =	90	
	90 × 10 StE =		900
4 kg Milch	4 × 100 g vRp =	400	
	4 × 330 StE =		1320
		490	2220

Das Futteraufnahmevermögen des Milchschafes bei 90 kg Körpergewicht beträgt:

$$90 \times 30 \text{ g TM} = 2700 \text{ g TM}$$

Fütterungsvorschlag

0,5 kg Heu + 2,0 kg Hafer + 0,5 kg Sojaschrot. Umgerechnet nach der Futterwerttabelle hat diese Futterzusammenstellung folgenden Nährwert:

0,5 kg Heu	=	435 g TM	28 g vRp	168 StE
2,0 kg Hafer	=	1772 g TM	184 g vRp	1290 StE
0,5 kg Soja	=	440 g TM	210 g vRp	351 StE

$$\boxed{2647 \text{ g TM}} \quad \boxed{422 \text{ g vRp}} \quad \boxed{1809 \text{ StE}}$$

Mit dieser Futterration wird bei der vorhandenen Trockenmasse der Sättigungsgrad erreicht, jedoch ist bei der Eiweiß- und Energieversorgung ein Defizit. Um die Milchleistung trotzdem zu erbringen, muß das Schaf Körpersubstanz abbauen.

3. Ration für einen Altbock

In kleineren Milchbeständen wird gelegentlich über den Winter ein Altbock gehalten. Bedingt durch die Saisonalität dieser Rasse hat der Bock in dieser Zeit Ruhepause. Es wird keine Leistung von ihm verlangt. Das Gewicht des Altbockes beträgt 100 kg. Der Nährstoffbedarf beträgt:

Leistung	Bedarf		gv RP	StE
Erhaltung 100 kg Körpergewicht	100× 1 g vRp	=	100	
	100×10 StE	=		1000
			100	1000

Der Sättigungsgrad bei 100 kg Körpergewicht liegt bei:

100×30 g = 3000 g TM

Fütterungsvorschlag

3,5 kg weniger gutes Heu. Der Nährwert beträgt:

3,5 kg Heu = $\boxed{3045 \text{ g TM}}$ $\boxed{115 \text{ g vRp}}$ $\boxed{1001 \text{ StE}}$

Der Altbock kann mit diesem Futter gesund den Winter überstehen.

4. Ration für einen Jungbock

Ein Jungbock, 1 Jahr alt, mit 90 kg Körpergewicht soll über den Winter keine Wachstumsstörungen haben. Eine tägliche Gewichtszunahme von 130 g muß bei der Futterration berücksichtigt werden. Das Futteraufnahmevermögen beträgt bei 90 kg Körpergewicht:

90×30 g = 2700 g TM

Leistung	Bedarf		gv RP	StE
Erhaltung 90 kg Körpergewicht	90× 1 g vRp	=	90	
	90×10 StE	=		900
+ 130 g tägliche Zunahme	130× 0,4 g vRp	=	52	
	130× 2 StE	=		260
			142	1160

Fütterungsvorschlag

1 kg Hafer + 2 kg weniger gutes Heu. Diese Ration beinhaltet:

1 kg Hafer	=	886 g TM	92 g vRp	645 StE
2 kg Heu	=	1740 g TM	66 g vRp	572 StE

$$\boxed{2626 \text{ g TM}} \quad \boxed{158 \text{ g vRp}} \quad \boxed{1217 \text{ StE}}$$

Der Bedarf ist mit dieser Futterzusammenstellung ausgeglichen. Der Jungbock muß im Gegensatz zum Altbock, bedingt durch das geringere Futteraufnahmevermögen ein hochwertigeres Futter erhalten, um die Leistung (Fleischbildung und Wachstum) erbringen zu können.

5. Ration für einen Jährling mit Sauglamm

Ein Jährling ist 14 Monate alt, wiegt 60 kg und hat ein Lamm saugend (= 2 kg Milch). Das Futteraufnahmevermögen beträgt bei 60 kg Körpergewicht:

$$60 \times 30 \text{ g TM} = 1800 \text{ g TM}$$

Leistung	Bedarf			gv RP	StE
Erhaltung 60 kg Körpergewicht	60×	1 g vRp	=	60	
	60×	10 StE	=		600
+ 100 g tägliche Zunahme	100×	0,4 g vRp	=	40	
	100×	2 StE	=		200
+ 2 kg Milch	2×100	g vRp	=	200	
	2×330	StE	=		660
				300	1460

Fütterungsvorschlag

0,7 kg gutes Heu + 1 kg Hafer + 0,5 kg Sojaschrot. Der Nährwert beträgt:

0,7 kg Heu	=	600 g TM	40 g vRp	234 StE
1,0 kg Hafer	=	886 g TM	92 g vRp	645 StE
0,5 kg Soja	=	440 g TM	210 g vRp	351 StE

$$\boxed{1926 \text{ g TM}} \quad \boxed{342 \text{ g vRp}} \quad \boxed{1230 \text{ StE}}$$

Diese Futterration ist annähernd ausgeglichen. Das Beispiel zeigt, wie schwierig es ist, für ein im Wachstum befindliches und säugendes Schaf eine Futtermischung zusammenzustellen, die in verhältnismäßig wenig Trockenmasse noch genügend Energie beinhaltet.

Diese Beispiele zeigen, daß eine separate Fütterung nach Futterbedarf des Schafes nicht zu vermeiden ist. Würden alle fünf in dem Beispiel aufgeführten Schafe in einem Stall stehen, wäre folgender Arbeitsablauf vorzusehen: Fütterung zweimal täglich.

Beide Böcke haben aus Sicherheitsgründen ohnehin ihre eigene Bucht und können separat gefüttert werden. Das hochtragende Schaf muß von den Müttern mit Lämmern getrennt werden, damit die Lämmer nicht an fremde Euter können. Eine Einzelfütterung kann auch hier durchgeführt werden. Die abgelammten Schafe erhalten das Grundfutter gemeinsam und werden auf dem Melkstand leistungsbezogen zusätzlich gefüttert. Heu ist zwar in den Beispielen portioniert aufgeführt, kann aber zur freien Aufnahme verfüttert werden. Heu ist wegen seines hohen Rohfaseranteils bei diesen Futtervorschlägen ein unverzichtbares Strukturfutter und sollte Milchschafen ganzjährig, also auch in der Weidezeit, angeboten werden.

Futterumstellung

Um Gesundheits- oder Wachstumsstörungen zu vermeiden, darf beim Schaf ein Futterwechsel nur langsam vorgenommen werden. Futterwechsel ist zum Beispiel der Übergang vom Fertigfutter zur eigenen Getreidemischung. Hier sollte mindestens bei gleichem Eiweiß-Stärkeverhältnis eine dreitägige Übergangszeit eingeplant werden, in der man über ein verändertes Mischungsverhältnis zum neuen Futtermittel findet.

Die Futterumstellung unmittelbar nach dem Lammen von hochtragend auf 4 kg Milchleistung darf auch nur schrittweise mit kleinen Zusatzportionen über einen Zeitraum von mindestens 4 Tagen erfolgen. Am krassesten und gefährlichsten ist der Wandel von der Winterstallfütterung auf den Weidegang oder umgekehrt. Wer hier nicht sorgfältig eine langsame Umstellung schafft, muß mit größeren Verlusten rechnen. Schafe, die auch im Winter auf die Weide können, haben hier keine Probleme, da sie ja automatisch mit der langsam zunehmenden Vegetation an das eiweißreiche, junge Gras gewöhnt werden. Bei reiner Stallfütterung im Winter, mit Kraftfutter und Heu, dürfen die Schafe höchstens für eine Stunde nach vorheriger Stallfütterung, also im satten Zustand, auf die frische Weide. Der Umstellungszeitraum zum vollen Weidegang sollte nicht unter einer Woche liegen. Am zweiten Weidetag muß aus der Kraftfutterration der Eiweißträger um etwa 10 % abgebaut werden, und der Weidegang kann nach der Stallfütterung auf etwa 1,5 Stunden ausgeweitet werden. Je länger also die Weidezeit ist, desto weniger eiweißreiches Kraftfutter darf vorher im Stall gefüttert werden. Heu sollte in jedem Fall immer zur freien Aufnahme angeboten werden.

Die Zusatzfütterung bei Weidegang

Es klingt schon fast paradox, aber Milchschafe benötigen trotz bester Weide unter bestimmten Bedingungen ein hochwertiges und schmackhaftes Zusatzfutter. Dieses Zusatzfutter dient als Lockfutter, um die Schafe auf den Melkstand zu

Auf dem Melkstand bekommen die Schafe das Zusatz- oder Lockfutter.

locken. Nur ein Schaf, das freiwillig ohne Druck oder Zwang auf den Melkstand geht, läßt sich auch problemlos ausmelken. In den Monaten des Frühsommers, wo also die Weide am üppigsten und nährstoffreichsten ist, kann man mit Sicherheit davon ausgehen, daß die Futterversorgung und der Sättigungsgrad des Schafes erreicht ist. Das Lockfutter muß dann eiweißarm sein. Hier sind das Auge und die Erfahrung des Schafhalters gefordert, denn eine Berechnungsgrundlage über die im Laufe des Tages gefressene Grasmenge liegt nicht vor. Mit nachlassender Vegetation im Herbst oder bei Dürrezeiten im Sommer ist eine Zusatzfütterung zur Erbringung der Milchleistung nicht zu umgehen, die mengenmäßig dem Weidefutter nur nach Gefühl angepaßt werden kann.

Mineralstoffe und Vitamine

Neben den Nahrungsstoffen benötigt der Organismus auch die Mineralstoffe als Grundnährstoff. Abgeleitet aus dem Mengenbedarf unterscheidet man zwischen Massenelementen und Spurenelementen. Zu den Massenelementen zählen: Kalzium (Ca), Phosphor (P), Kalium (K), Natrium (Na), Magnesium (Mg), Chlor (Cl) und Schwefel (S).

Spurenelemente sind zum Beispiel Eisen (Fe), Mangan (Mn), Zink (Zn), Kobalt (Co), Jod (J), Molybdän (Mo) und Kupfer (Cu).

Kupfer zählt mit zu den wichtigsten Spurenelementen, die das Schaf benötigt, wirkt aber als Überdosis tödlich. Im Gegensatz zur Überversorgung ist eine Mangelerscheinung nur sehr selten.

Beim Kauf von Mineralfutter, Salzlecksteinen und Fertigfutter muß auf die Verwendung für Schafe hingewiesen werden. Der Hersteller bezeichnet diese Produkte meistens als kupferfrei. Fertigfutter für Rinder sind sehr oft in der Zusammensetzung mit dem Schaffutter identisch, wobei der Erzeuger jedoch nur beim Schaffutter die Kupferfreiheit garantiert.

Die Mineralstoffe insgesamt, als Mengen- oder Spurenelement, haben wichtige Aufgaben und Funktionen im Organismus. Sie sind am Bau des Skeletts, der Zähne und des Gewebes beteiligt. Sie erhalten in gelöster Form in einem feststehenden Mischungsverhältnis die fein abgestimmten Druckverhältnisse des Blutes aufrecht und sind an der chemischen Umsetzung im Organismus, dem Stoffwechsel, maßgeblich beteiligt.

Die Vitamine sind aktive Ergänzungsstoffe, die steuernd und regulierend den Stoffwechsel beeinflussen. Es sind organische Substanzen, die als hochmolekulare Eiweißstoffe, also als Enzyme, in den chemischen Prozeß eingreifen. Nicht alle Vitamine nimmt der Organismus in ihrer endgültigen Form auf, so daß manche erst aus den Vorstufen, den Provitaminen, vom Körper selbst gebildet werden. Mineralstoffe und Vitamine gehören also mit zu den wichtigsten Bausteinen des Organismus. Wissenschaftliche Untersuchungen haben den Bedarf an Grundnährstoffen und Ergänzungsstoffen herausgefunden, und die Größenordnung festgelegt. Es stellte sich heraus, daß je nach Leistung, Geschlecht und Wachstumsstadium eine unterschiedliche Mindestversorgung erforderlich ist.

Die Bedarfsdeckung der Schafe mit Mineralstoffen und Vitaminen wird durch die unterschiedlichen Gehalte in den Futtermitteln erschwert. Um eine Unterversorgung und damit verbundene Mangelerkrankungen zu vermeiden, ist der Schafhalter auf eine sogenannte Sicherungsfütterung angewiesen. Den Schafen wird vitaminisiertes Mineralfutter in Form einer Leckschale für Schafe zur freien Aufnahme angeboten. Die Schafe erkennen selbst ihren Bedarf und können je nach Grundfuttertyp selbständig ausgleichen. Die industriell hergestellten Ergänzungsstoffe, die bei der Fertigung der Leckschalen den Mineralstoffen zugesetzt werden, sind zwar in der Regel besser verwertbar und umsetzbar als die natürlich vorkommenden Vitamine, aber auch sie unterliegen der Alterung. Es hat sich als zweckmäßig herausgestellt, im Winter, wenn der Vitamingehalt im Heu durch Alterung stark herabgesetzt ist, dieses durch eine frische vitaminisierte Mineralstoffschale auszugleichen. Beim Kauf dieser Leckschale muß das Verfallsdatum berücksichtigt werden.

Salzlecksteine

Das Schaf als Pflanzenfresser hat in Folge seines kochsalzarmen Futters einen erhöhten Salzbedarf. Zusätzlich zu den Mineralstoffleckschalen müssen den Schafen im Stall und auf der Weide Salzlecksteine ohne Kupfer angeboten werden.

Eine Salzüberversorgung ist bei Schafen sehr selten. Sie kann jedoch hervorgerufen werden durch Trinkwasser mit Salzzusatz zur Vermeidung des Gefrierens und durch Heueinlagerung mit Kochsalz zum Feuchtigkeitsentzug.

Fertigfutter

Der Landhandel, die Futtermittelhändler und die landwirtschaftlichen Bezugs- und Absatzgenossenschaften bieten für fast jede Tierart ein spezielles Fertigfutter an. Wie schon im Abschnitt Mineralstoffe erwähnt, sind manche Futtermittel, zum Beispiel Rinder- und Schaffutter, in der Zusammensetzung gleich. Obwohl bei diesen fast gleichen Futtermitteln oft ein erheblicher Preisunterschied vorliegt, sollte man wegen des möglichen hohen Kupfergehaltes bei Rinderfutter das Risiko einer Kupfervergiftung ausschalten und nur Schaffutter verwenden, bei dem der Hersteller Kupferfreiheit garantiert. Einige Hersteller unterscheiden zwischen Lämmeraufzucht-, Lämmermast- und Schaffutter. Es handelt sich hierbei um unterschiedliche Proteinanteile, die im Einzelfall zu berücksichtigen sind. Fertigfutter ersetzt kein Heu. Heu gehört grundsätzlich bei Wiederkäuern zu jeder Fütterung.

Küchenabfälle als Futtermittel

Der Begriff Küchenabfall in Zusammenhang mit der Schaffütterung muß stark eingegrenzt werden. Essensreste, gekochte Speisen, verschimmelte und verdorbene Lebensmittel sind kein Schaffutter. Unbehandelte, rohe Abfälle aus der Zubereitung von Salat, Gemüse und Kartoffeln sind jedoch als Delikatesse für die Schafe zu betrachten. Schalen von Südfrüchten wie Bananen und Apfelsinen fressen die Schafe mit Vorliebe, sollten aber wegen eventueller chemischer Behandlungen nicht verfüttert werden. Brot ist in getrocknetem Zustand als Kraftfutter dem Getreide gleichzusetzen und muß bei Verfütterung größerer Mengen nach Futterwert und Gewicht eingeteilt werden. Grundsätzlich kann man sagen, daß alle Gartenerzeugnisse einschließlich Gurken, Zwiebeln und Paprika von den Schafen nicht verschmäht werden, was sie beim ersten unkontrollierten Hausgartenbesuch beweisen.

Pflegemaßnahmen

Bei allen Tieren, die der Mensch aus ihrem natürlichen Lebensraum geholt hat, deren Leistung er nach seinen wirtschaftlichen Interessen verschiebt, verändert und ausnutzt, ist er auch verpflichtet, die veränderte Lebensweise durch entsprechende Pflegemaßnahmen auszugleichen.

Klauenpflege

Klauenpflege gehört mit zu den wichtigsten Pflegearbeiten des Schafhalters. (Klauenpflege s. Farbtafel Seite 71/72).

Bei ungepflegten Klauen kann die gefürchtete Klauenkrankheit, die Moderhinke auftreten. Bei dieser Krankheit können die Schafe mit dem erkrankten Fuß vor Schmerzen nicht mehr auftreten. Sie liegen auf den Knien oder können sich überhaupt nicht mehr fortbewegen. Sie bieten insgesamt ein erbärmliches Bild. Beim Anblick solcher Schafe fragt sich immer, ist der Schafhalter faul, kann er keine Klauen schneiden oder hat ihm Besuch diese ansteckende Krankheit eingeschleppt?

In der freien Natur regelt sich alles ganz einfach. Die von den Menschen herausgezüchteten und durch angepaßtes Futter erzielten Leistungen sind nicht vorhanden. Das Wachstum des Klauen-

horns ist dadurch geringer. Durch den häufigen Standortwechsel zur Futteraufnahme laufen die Schafe mehr, und das Klauenhorn nutzt sich ab. Wildschafe, die durch Klauenverletzungen den Anschluß an die Herde verlieren, werden leichte Beute für Raubtiere. Die Natur regelt das alles konsequent, wenn auch manchmal recht grausam.

Klauenpflege...

Die Klauen des Schafes bestehen jeweils aus einem Klauenpaar, das durch den Klauenspalt geteilt ist. Man bezeichnet die Teile als innere und äußere Klauenhälfte. Bei der Geburt des Lammes ist jede Klauenhälfte ein absolut geschlossenes Körperteil, das an der Klauenspitze mit einem Weichhornwulst versehen ist. Die später als der innere und äußere Tragrand bezeichneten Hornschuhen-

Oben: Auch Lämmer erkranken an Moderhinke.

Mitte links: Die geschützte und geschlos-
sene Klaue eines neugeborenen Lammes.

Mitte rechts: Das Lamm ist drei Stunden alt
und der Sohlenbelag löst sich.

Unten links: Nach einem Tag ist die Klauenspitze ausgeprägt.

Unten rechts: In einer Woche ist der Tragrand entstanden.

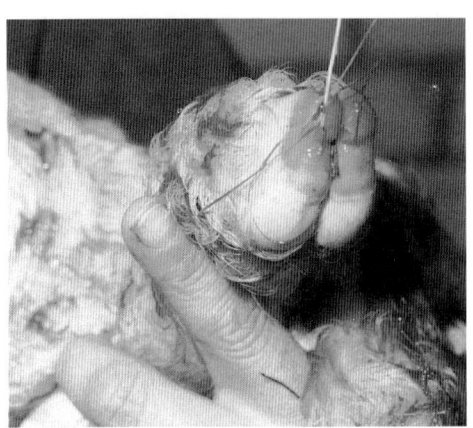

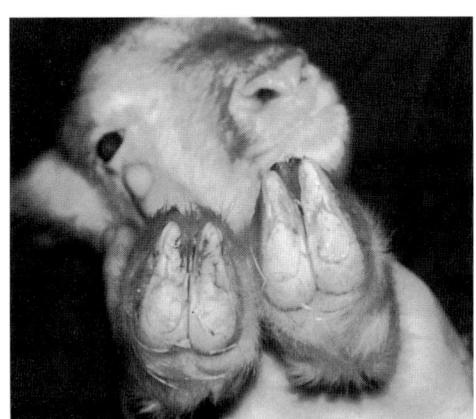

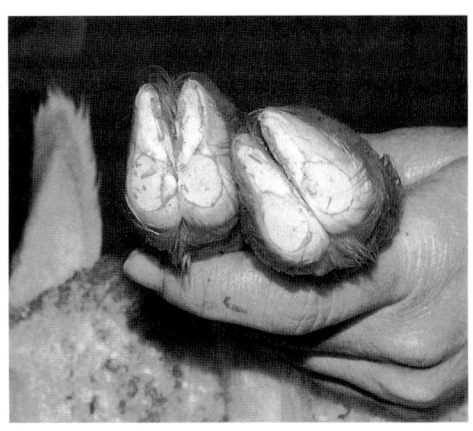

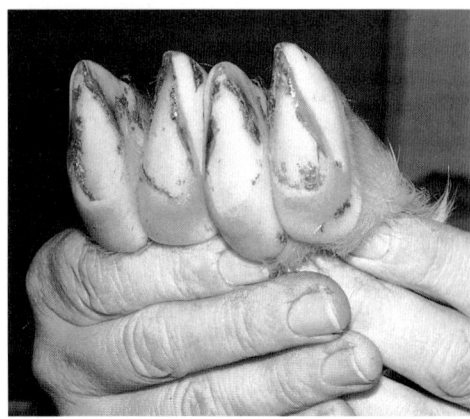

den sind bei der Geburt des Lammes unter der Sohle miteinander verbunden. Der runde Weichhornabschluß an der Klauenspitze schützt die Mutter während der Tragezeit vor inneren Verletzungen. Unmittelbar nach der Geburt beginnt das Lamm zu wachsen, auch die Klaue vergrößert ihr Volumen. Die Schutzhüllen werden zu klein und platzen ab. Eine Stunde nach der Geburt ist der Klauenschutz schon abgefallen. Nach etwa 2 Stunden löst sich der Sohlenbelag und reißt durch.

Die Verbindung zwischen äußerem und innerem Klauenhorn ist unterbrochen.

In den ersten Lebenswochen des Lammes wächst das Horn noch langsamer als die Klaue selbst. Es entstehen dadurch im Sohlenbereich zwischen dem Horn und der Klaue Spannungen, die zur Ablösung des Klauenhorns bis zum Tragrand führen. Wer sich die Klaue eines 6 Wochen alten Lammes anschaut, erkennt, daß der erste Korrekturschnitt schon fällig ist.

Hier unterscheidet sich arbeitsmäßig der Milchschafhalter vom Wanderschäfer oder vom Mastlammerzeuger. Der Wanderschäfer hat mit dem Klauenwachstum weniger Probleme, da sich das Klauenhorn auf der Straße abläuft. Ein zweimaliger Klauenschnitt pro Jahr ist bei der Wanderschafhaltung dennoch üblich. Der Mastlammerzeuger hat seine Lämmer in sechs Monaten schlachtreif. Auch hier beschränkt sich der Klauenschnitt auf Altschafe und Aufstockungslämmer. Der Milchschafhalter entscheidet erst später über die Zukunft seiner Lämmer. Er muß um Fehlstellungen der Beine zu vermeiden, spätestens nach zwei Monaten den Lämmern die Klauen zum ersten Mal schneiden. Obwohl manchmal lästig, sollte in einem gesunden Milchschafbetrieb der Klauenschnitt alle zwei bis drei Monate durchgeführt werden. Es kommt hier nicht auf ein paar Tage an, die Tragezeit bei den Muttertieren und die Deckzeit beim Bock müssen jedoch berücksichtigt werden. Das heißt, bei den Muttertieren sollte der Schnitt 2,5 Monate vor der Lammung und 14 Tage danach durchgeführt werden, um in den turnusmäßigen Rhythmus zu kommen. Beim Deckbock muß der Klauenschnitt vor Beginn der Deckzeit durchgeführt werden. Selbstverständlich ist bei den geringsten Anzeichen von anormalen Bewegungsabläufen die Klaue sofort auf etwaige Fremdkörper oder Verletzungen zu untersuchen und zu behandeln.

Klauenschneiden ist eine harte aber sehr wichtige Arbeit. Es sind viele Hilfsmittel auf dem Markt, die dem Schafhalter diese Arbeit erleichtern sollen. Es gibt gute Konstruktionen, vom Liegestuhl für Schafe angefangen bis zur seitlichen Kippe oder Rückwärtskippe. Alle diese Geräte sollen die Schafe in eine sitzende Position oder in Rückenlage bringen, um dem Schäfer das Klauenschneiden einfacher zu machen. Leider passen diese Hilfsmittel nicht zum Deutschen Milchschaf. Entweder sind die Geräte zu klein, oder die Milchschafe sind einfach zu groß. Man muß das Schaf in althergebrachter Weise auf den Steiß setzen und in dieser Position arbeiten (s. Abb. Seite 142). Jetzt zeigen sich wieder die Unterschiede zwischen dem zahmen Milchschaf im Kleinbetrieb und dem normalen Herden- oder Koppelschaf. Ein scheues

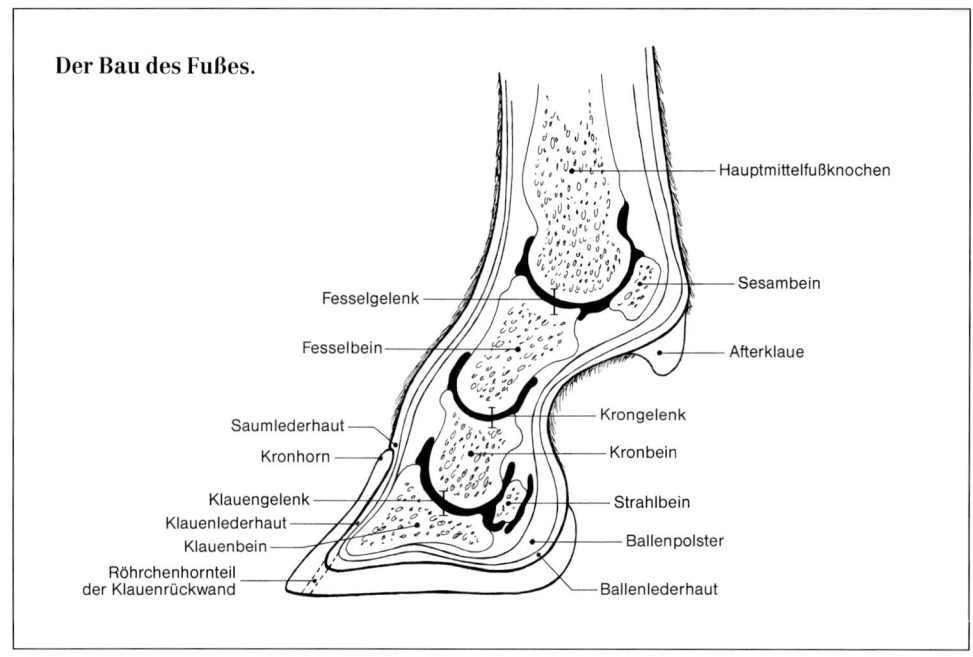

Der Bau des Fußes.

Hauptmittelfußknochen

Sesambein

Fesselgelenk

Fesselbein

Afterklaue

Saumlederhaut

Krongelenk

Kronhorn

Kronbein

Klauengelenk

Strahlbein

Klauenlederhaut

Klauenbein

Ballenpolster

Röhrchenhornteil
der Klauenrückwand

Ballenlederhaut

Herdenschaf sitzt beim Klauenschneiden fast bewegungslos nach dem Sprichwort »starr vor Angst«. Das zahme Milchschaf kommt, wenn es gerufen wird, dann allerdings, beim geringsten Versuch, es hinzusetzen, reagiert es blitzschnell. Es kennt inzwischen jeden Trick des Schafhalters und verlagert sein gesamtes Gewicht auf die Stelle, die er gerade anheben möchte. Hat er es doch überlistet und sitzt es endlich, dann geht meistens ein empörtes Getrampel los. Wer jetzt die stark in Bewegung geratenen 80 kg Körpergewicht halten und gleichzeitig Klauen schneiden will, muß sich schon eine gewisse Routine angeeignet haben. Besser geht es zu zweit. Wenn einer das sitzende Schaf hält, kann der andere sich besser auf die Klauen konzentrieren und diese schneiden.

Um das Schaf ohne technische Hilfsmittel hinzusetzen, kann man verschiedene Verfahren anwenden. Am gebräuchlichsten ist der Flankengriff. Hierbei wird das Schaf unter den Hals und in die Flanke gefaßt und über das Knie in die Steißlage gebracht. Bei einer anderen Methode zieht man dem Schaf ein Hinterbein unter dem Bauch weg, so daß es auf die Keule gedreht werden kann.

Es hängt jeweils von der Arbeitskraft und dem Gewicht des Schafes ab, zu welcher Methode man sich entscheidet.

Zum Klauenschneiden benötigt man diverse Hilfsmittel:

1. ein scharfes und spitzes Messer. Es soll sicher in der Hand liegen, um eigene Verletzungsgefahren auszuschließen. Die

Messerspitze benötigt man, um eventuell eingetretene Steinchen oder Dornen zu entfernen.

2. eine Schere. Am besten eine Rosenschere mit runder Schneide.

3. ein Desinfektionsmittel als Spray oder Tauchflüssigkeit, das bei Verletzungen eingesetzt werden kann.

Der Arbeitsplatz zum Klauenschneiden soll außerhalb des Stalles auf einer glatten Unterlage sein, damit man später die abgeschnittenen Klauenreste zur schadlosen Beseitigung komplett auffegen kann.

Der Schafhalter, der zum ersten Mal einem Schaf die Klauen schneidet, beginnt am besten mit einer gründlichen Reinigung der Zehen und Sohlen mit Wasser, Seife und Bürste. Bei den weißen Klauen des Deutschen Milchschafs kann man dann genau erkennen, wie weit das überstehende Horn abgeschnitten werden kann. An den Außenrändern und der Spitze kann man gut mit der Schere arbeiten. Für den Feinschnitt am Ballen und am Zwischenklauspalt benutzt man das Messer. Wichtig ist, daß jeder Schnitt in einem Zug zu Ende geführt wird, weil das Horn sonst am Ansatzpunkt der Schnittunterbrechung einreißt und sich dort Bakterien ansiedeln können (s. Farbtafel Seite 71).

Diese einfache Pflegemaßnahme ist jedem Schafhalter zumutbar und erspart ihm im Extremfall die arbeitsaufwendige Behandlung der durch Moderhinke erkrankten Klauen. Trotz bester Klauenpflege kann es vorkommen, daß ein Schaf plötzlich lahmt. In solchen Fällen muß man sofort eingreifen und den Schaden beheben. Es gibt so typische stallspezifische Klauenfeinde, wie einge-

tretene Glasaschenteile auf Betrieben, die mit diesem Material ihre Wege befestigt haben, oder Verletzungen durch Nägel und Glassplitter. Hier sollte man den Schafen den Zugang zu der Gefahrenstelle versperren. Die häufigste Ursache lahmer Schafe bei den kleinen Koppelschafhaltern ist wohl eingetrocknetes Erdreich im Zwischenklauenspalt an den Ballen. Hier genügt meist die sofortige Entfernung des Fremdkörpers. Bei Schafen, die schon einige Tage damit herumlaufen mußten, haben sich im Ballenbereich Scheuerwunden gebildet, die mit einem Desinfektionsspray behandelt werden müssen. Jede, auch die kleinste Verletzung im Klauenbereich ermöglicht das Eindringen von Bakterien, die als Verursacher von Entzündungen zur Lahmheit der Schafe führen.

Schwieriger wird es bei abgebrochenen Dornen oder Distelspitzen. In diesem Fall ist eine Behandlung der Klaue ohne vorherige gründliche Reinigung nur Glücksache. Man muß genau hinschauen und suchen. Oftmals ist die Verletzung schon einige Tage alt und der Einstich des Fremdkörpers wieder geschlossen. Durch Abtasten der Klauensohle oder Abklopfen mit dem Messerrücken muß man sich an die Verletzung herantasten. Oft ist auch nur ein gelber Schimmer zu erahnen, der auf eine Entzündung hindeutet. Bei solchen Gelegenheiten müssen Dorn oder Splitter mit der Messerspitze entfernt werden. Die bei solchen Eingriffen entstehenden, meist nur kleinen Wunden desinfiziert man und läßt sie ohne Verband heilen. Eine tägliche Nachkontrolle ist jedoch notwendig.

Trockene Einstreu ist immer die Voraussetzung für ein gesundes Stallklima.

Bei Klauenverletzung ist sie die wichtigste passive Heilmethode.

Moderhinke ist eine hochgradig ansteckende, bakterielle Klauenerkrankung. Das Nekrose-Bakterium, als Verursacher dieser Krankheit, dringt durch kleine Wunden oder Verletzungen in die Klaue ein. Es findet in schlechtgepflegten Klauen bei Körpertemperatur unter Luftabschluß die besten Lebensbedingungen. Es zersetzt die Lederhaut und hinterläßt eine übel stinkende und schmierige Masse. Im Extremfall kann die Zersetzung bis zu den Sehnen fortschreiten. Eine Heilung ist möglich, jedoch sehr arbeitsaufwendig.

Um den Krankheitsausbruch einzugrenzen, ist das befallene Schaf von den übrigen Tieren zu trennen. Alle Teile, die mit erkrankten Klauen in Berührung gekommen sind, wie Werkzeug, Kleidung, Schuhe und Stroh, können dieses Bakterium weiter verteilen. Eine gründliche Desinfektion nach allen Arbeiten an erkrankten Schafen ist unbedingt erforderlich. Die Behandlung der Klauen erfolgt immer außerhalb des Stalles auf einer glatten, gut zu reinigenden Unterlage. Alle Abfallstoffe, wie abgeschnittenes Klauenhorn oder Verbandsreste sind zu verbrennen. Wenn diese Hygieneregeln eingehalten werden, ist es möglich, weitere Ansteckungen zu vermeiden.

Die Behandlung der an Moderhinke erkrankten Klauen setzt einige Routine im Umgang mit dem Messer voraus. Alle angelösten und sichtbar befallenen Klauenteile müssen unter Vermeidung von Blutungen abgeschnitten werden. Da es sich um eine bakterielle Erkrankung handelt, muß man die Klauen mit antibiotischer Salbe oder Spray behandeln. Eine Penicillinversorgung durch den Tierarzt unterstützt den Heilungsprozeß. Eine mehrmalige Nachbehandlung im Abstand von 2 bis 3 Tagen ist erforderlich. Ätzende Mittel haben sich als wirkungslos erwiesen. Sie erhöhen lediglich die Schmerzen.

Der Klauenverband

Bei größeren offenen Wunden, wie sie beim Eintreten von Glassplittern entstehen, muß ein Wundverband, oder ein Druckverband angelegt werden. Eine einfache Methode hat sich als zweckmäßig erwiesen. An Material benötigt man Haushalts-Küchenpapierrollen, ein Stofftuch in Taschentuchgröße und Klebe- oder Isolierband. Das Tuch legt man auf die flache Hand, darauf kommt das auf 10 x 10 cm gefaltete Haushaltspapiertuch, auf dem eventuell eine Antibiotikasalbe, wie Eutersalbe, aufgetragen wird. Damit umfaßt man von unten die zu verbindende Klaue und umwickelt diesen Verband zwischen Kronen- und Fesselgelenk mit dem Klebeband. Alles überstehende Verbandsmaterial wird abgeschnitten. Die Haltbarkeit dieses Verbandes beträgt zwei Tage. Bei Verwendung als Druckverband muß die Klaue mit viel Mull oder Watte aufgepolstert werden (s. Farbtafel Seite 72).

Vorbeugende Behandlung gegen Ektoparasiten

In großen Betrieben, ob in Herden- oder in Koppelschafhaltungen, werden alle Schafe jedes Jahr gebadet. Selbst Schafherden, die keinerlei Befall mit Außenparasiten zeigen, werden vorbeugend behandelt. Der günstigste Badetermin ist 3 bis 4 Wochen nach der Schur, weil dann die Wolle wieder nachgewachsen ist und den Wirkstoff als Badezusatz festhält.

Bei Schafbeständen unter 10 Tieren wird die jährliche Außenparasitenbehandlung nur sehr selten im Bade- oder Tauchverfahren durchgeführt. Es muß für die Badebehandlung unverhältnismäßig viel Badeflüssigkeit mit dem Wirkstoff angesetzt werden, was erstens unnötig teuer ist und zweitens bei der Entsorgung Probleme mit sich bringen kann. Gut bewährt hat sich dagegen das Aufbringen des Wirkstoffes durch Besprühen des Schafes mit einer Gartenspritze. Man kann aber auch einfach die Schafe mit einem Schwamm behandeln. Um eine richtige Wirkung zu erzielen, muß darauf geachtet werden, daß auch wirklich alle Stellen benetzt werden. Die Wartezeiten sind streng einzuhalten. In beiden Fällen ist die Menge der Behandlungsflüssigkeit gut abzuschätzen, so daß nur ein geringer Rest übrig bleibt, der dann zur Fliegenbekämpfung im Stall verwendet werden kann.

Fieber messen

Die Körpertemperatur bei gesunden Schafen beträgt 38,5 °C. Die Temperatur bei Lämmern liegt bei 38,5−40,0 °C. Gemessen wird mit einem normalen Fieberthermometer im Mastdarm. Will man bei einem krankheitsverdächtigen Schaf oder Lamm die Temperatur messen, sollten vorher einige vergleichbare gesunde Schafe kontrolliert werden. Je nach Klima, Fütterung oder Wetterlage kann die Körpertemperatur an der unteren Grenze (38,5 °C) liegen oder das Obermaß (39,5 °C) erreichen. Um bei diesen Kontrollmessungen keine Krankheitskeime zu übertragen, muß das Thermometer jeweils sterilisiert werden. Hat ein Schaf kalte Ohren, ist dies immer ein Anlaß die Körpertemperatur konkret festzustellen.

Kotuntersuchung

Alle 6 Wochen ist eine Kotuntersuchung zu empfehlen. Bei wenigen Schafen in der Koppelschafhaltung sollte keine Mischprobe, sondern Einzelproben zur Untersuchung eingesammelt werden. Bei Mischproben wird der gesammelte Kot in einem Behälter transportiert und nur eine Untersuchung durchgeführt. Bei der Einzelprobe wird für jedes Schaf der Kot separat verpackt und untersucht. Das Einsammeln und Verpacken des Schafkotes ist mit Einmal-Plastikhandschuhen eine einfache Sache. Nach dem Entnehmen oder Aufsammeln des Kotes zieht man den Handschuh beim Abstreifen einfach auf links und knotet ihn zu. Mit einem Filzschreiber kann die Nummer oder der Name des Schafes auf den Handschuh geschrieben werden. Die Bezeichnungen werden von dem Untersuchungsinstitut auf der Auswertung vermerkt. Die Probe soll aus frischem Kot bestehen und mindestens 5 cm^3 enthalten, das ist ungefähr Wallnußgröße. Sie muß nicht unbedingt direkt aus dem Darm entnommen werden, sie kann auch frisch aufgesammelt sein. Wer ein wenig Zeit hat, kann nach dem Austrieb oder nach der Mittagsruhe seine Proben einsammeln, weil die Schafe dann regelmäßig koten.

Zuerst stellt man die Vorderbeine, dann die Hinterbeine auf die Waage. Addiert man die abgelesenen Gewichte, ergibt sich das Gesamtgewicht.

Lämmer kann man zum Wiegen auf den Arm nehmen.

Das Wiegen der Schafe

Das Gewicht der Schafe und Lämmer darf auch in der Hobbyschafhaltung keine unbekannte Größe sein. Ein regelmäßiges Wiegen gibt Aufschluß über den Gesundheitszustand der Schafe und den Entwicklungsstand der Lämmer. Zur ausgewogenen Fütterung und zur richtigen Medikamentendosierung muß das Gewicht der Tiere ermittelt werden. In der Tierproduktion gehört ein richtiges Wiegen zur Routinearbeit. Die Produktionsstätten sind darauf eingerichtet, daß im Bedarfsfall der Triebweg einfach über die Waage führt. Für kleinere Bestände

lohnt sich die Anschaffung einer Viehwaage nicht. Die Haushaltspersonenwaage erfüllt auch im Stall ihren Dienst, wenn man sie auf einen festen und geraden Untergrund stellt. Muß im Stroh gewogen werden, muß unter die Waage ein Brett, eine Schaltafel oder eine Steinplatte gelegt werden, weil sonst alles zu wackelig und ungenau wird. Lämmer nimmt man auf den Arm und wiegt sich selbst mit dem Lamm. Altschafe stellt man einfach erst mit den Vorderbeinen auf die Waage und stellt das Gewicht fest und dann mit den Hinterbeinen. Werden

Oben: Im Sommer wird der Mittagsschlaf an einem schattigen Ort genossen. Unten: Mit farbigen Halsbändern können die Zuschauer auf Schauen die Familienzugehörigkeit erkennen.

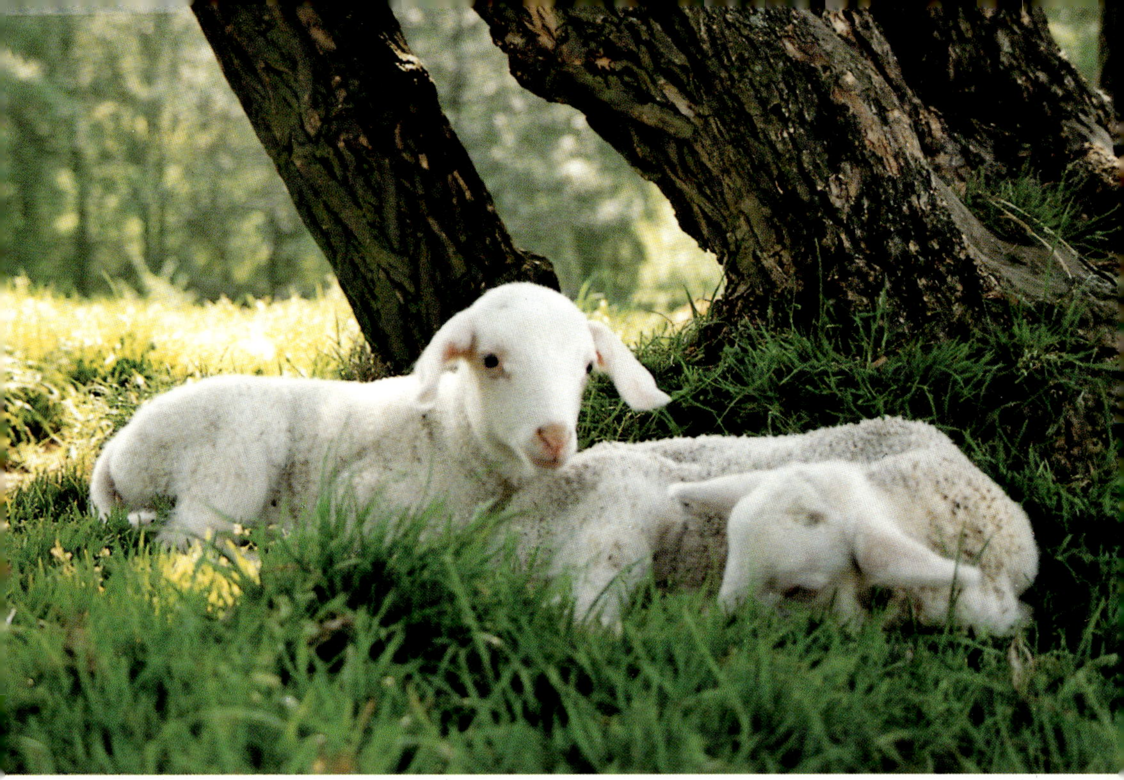

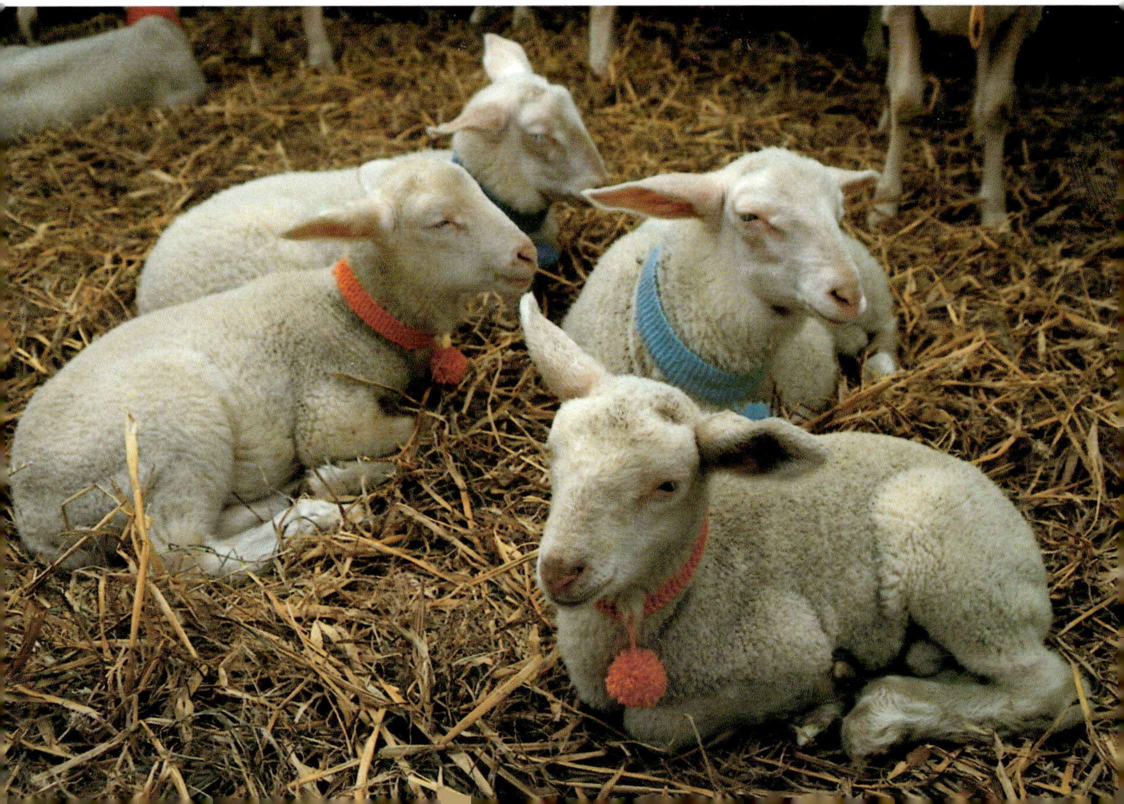

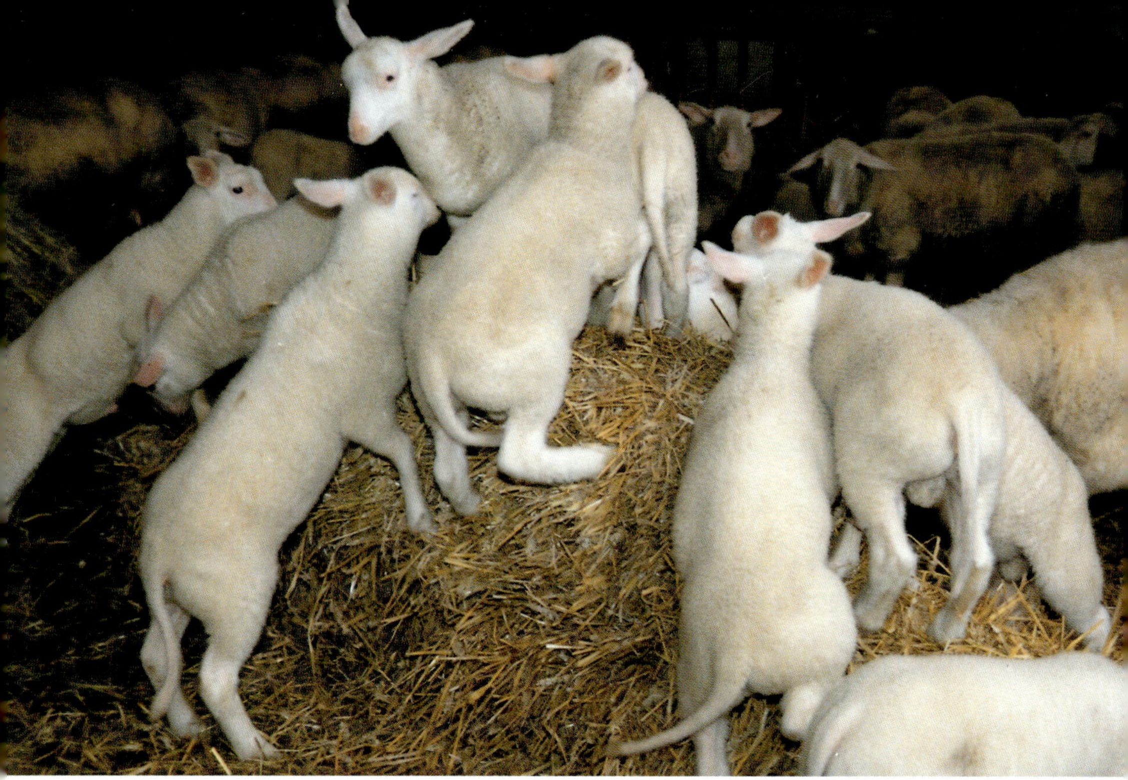
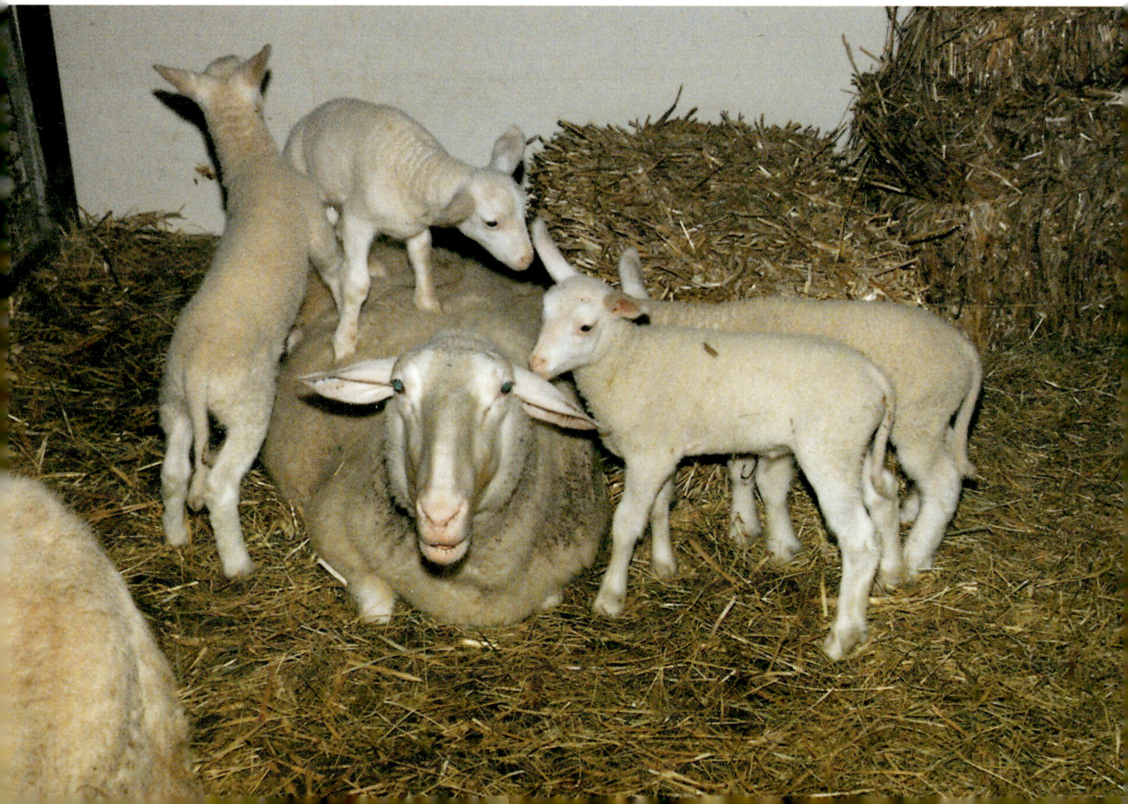

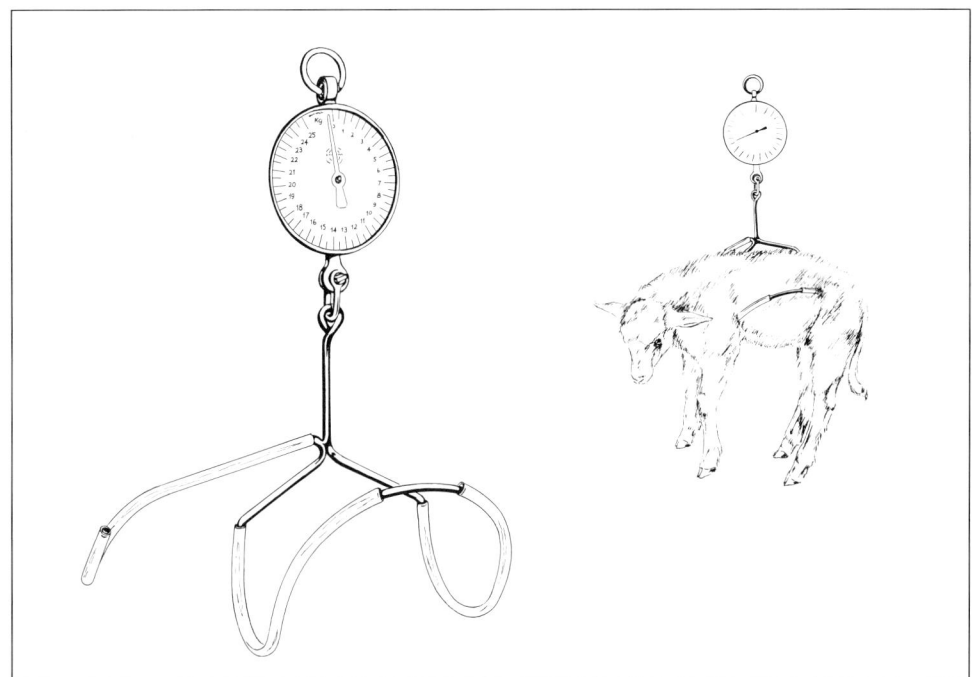

Praktische, einfache Hängewaage zum Wiegen von Lämmern.

beide abgelesenen Gewichte addiert, erhält man das tatsächliche Körpergewicht. Um auf diese Art einigermaßen genaue Gewichtsangaben zu erzielen, muß die Arbeitsfläche befestigt und gerade sein. Die so ermittelten Gewichte dürfen nicht zur Berechnung des Verkaufspreises der Schafe benutzt werden, da Waagen für den Handel dem Eichgesetz unterliegen.

Oben: Lämmer möchten spielen. Ein Strohballen sorgt dann für Unterhaltung.
Unten: Mütter sind ihren Kindern gegenüber immer duldsam und belastbar.

Vermehrung und Zucht

Die Brunst

Milchschafe gehören zu den Schafrassen mit saisonaler Brunst, die im Herbst beginnt, einen Zyklus von 14 bis 23 Tagen hat und bis zum Frühjahr anhält, wenn das Milchschaf nicht vorher gedeckt und tragend wird. Die erste Brunst bei Milchschafen ist vom 6. Lebensmonat an möglich. Ausgelöst wird die Brunst durch die veränderte Futtergrundlage im Spätsommer, hauptsächlich jedoch durch die veränderte Tageslichtdauer. In gewissen Grenzen läßt sich der Brunstzeitraum durch Futterwechsel und Beeinflussung der Beleuchtung manipulieren, was jedoch in der Milchschafhaltung ohne Bedeutung ist. Die Brunstdauer wird mit 12 bis 36 Stunden angegeben. Äußeres Zeichen der Brünstigkeit ist beim Milchschaf die geschwollene und gerötete Scheide. Auch das Verhalten des Milchschafes während der Brunst ist verändert. Es wird wesentlich zutraulicher als es normalerweise ist, es buhlt regelrecht um Streicheleinheiten vom Betreuer und macht durch leichtes Stoßen auf sich aufmerksam. Das ständige Wedeln mit dem Schwanz ist meistens auch ein sicheres Zeichen der Brünstigkeit, wobei jedoch zu berücksichtigen ist, daß zahme Schafe auch mit dem Schwanz wedeln, wenn sie gestreichelt werden.

Hochzeit...

Der Zeitpunkt des Deckens

Im Kleinbetrieb mit wenigen Schafen ist in den seltensten Fällen immer ein Deckbock bei den Muttertieren. Hier muß der Schafhalter im Herbst zur Brunstzeit seine Schafe beobachten und kontrollieren, wann ein Schaf heiß ist. Der Schafhalter bestimmt also, wann das Muttertier gedeckt wird. Der theoretisch günstigste Zeitpunkt ist 6 bis 12 Stunden nach Einsetzen der Hitze. In der Praxis wird dieser Zeitpunkt nie genau ermittelt und genutzt werden können, weil

1. der Beginn der Hitze nur vom Bock oder vom Tierarzt erkannt werden kann und

2. der normale kleine Schafhalter ja auch noch berufstätig ist.

In vielen Ställen hat sich folgendes System mit hohem Ablammergebnis als erfolgreich durchgesetzt: Wird bei der morgendlichen Stallarbeit ein heißes Schaf erkannt, wird das Muttertier am Abend des gleichen Tages zum Deckbock gebracht und gedeckt. Es kann anschließend sofort wieder in den eigenen Stall zurück. Erkennt man erst abends die Brunst, so wird das Schaf noch am gleichen Abend gedeckt. In diesem Falle sollte man sich mit dem Halter des Deckbockes absprechen und den spätest möglichen Zeitpunkt nutzen. Ist das Schaf am nächsten Abend noch heiß, sollte man zum Nachdecken nochmals zum Deckbock gehen. Ein Schaf läßt sich während der gesamten Brunstzeit von 12 bis 36 Stunden decken, gleichgültig ob der Bock beim ersten Deckakt befruchtet hat oder nicht.

Wo decken?

Gekörte Milchschafböcke werden im Privatbesitz, in Bockhaltungsringen und auf öffentlichen Deckstationen gehalten.

Privatleute, die einen gekörten Milchschafbock haben, sind zwar nicht verpflichtet, ihren eigenen Bock für Fremddeckungen bereit zu halten, aber gegen ein entsprechendes Deckgeld gestatten sie es meistens, wenn andere Schafhalter mit gepflegten Mutterschafen zu ihnen kommen. Man sollte dies immer früh genug absprechen.

Bockhaltungsringe oder öffentliche Deckstationen stehen jedem Schafhalter zur Verfügung, vorausgesetzt, das Mutterschaf ist in einem normalen Pflegezustand. Wo ein gekörter Milchschafbock steht, ist bei der zuständigen Schafzuchtorganisation zu erfahren. Es empfiehlt sich immer, sich früh genug zu erkundigen, damit man vor der Deckzeit einmal nachschaut, wie der Bock aussieht und wie er gehalten wird. Wem die Bockhaltung oder der Pflegezustand nicht zusagt, fährt besser zu einem anderen Deckbock.

Welcher Bock?

Im Tierzuchtgesetz vom 20. 4. 1976 heißt es unter § 3 Absatz 1: »Ein männliches Tier darf zum Decken nur verwendet werden, wenn es gekört ist.« Weiter heißt es in § 24 Absatz 1: »Ordnungswidrig handelt, wer vorsätzlich oder fahrlässig ein nicht gekörtes Tier zum Decken verwendet.« In der Bußgeldvorschrift des gleichen Gesetzes heißt es weiter: »Die Ordnungswidrigkeit kann mit einer Geldbuße bis zu zehntausend DM geahndet werden.«

Wir wären ja nicht in Deutschland, wenn wir nicht für alles ein Gesetz fänden, und es klingt komisch, aber dieses Tierzuchtgesetz ist auch für den Milchschafhalter, der nur ein paar Muttertiere hat, bindend.

Läßt man aber zunächst bei der Auswahl eines Deckbocks das Tierzuchtgesetz unberücksichtigt und legt eigene Maßstäbe zugrunde, kommt man sicher zu folgender Überlegung: »Meine Schafe sind mein Hobby, an dem ich mich in der Freizeit erfreuen möchte. Meine Schafe sollen gut aussehen, rassetypisch sein und keine Erbkrankheiten haben. Wenn meine Schafe lammen, soll die Nachzucht kein Zufallsprodukt, sondern reinrassig sein.« Wer unter diesem Blickwinkel seinen Milchschafbestand aufbauen will, trifft vernünftigerweise nur unter gekörten Zuchtböcken die Auswahl der Vatertiere.

In der heutigen motorisierten Zeit hat man immer die Möglichkeit, unter mehreren gekörten Böcken den richtigen für die eigenen Schafe auszusuchen. Je nachdem, ob der Milchschafhalter Wert auf Fleisch, Milch oder Wolle legt, kann er die Leistungsdaten aus der Körbescheinigung ersehen und vergleichen. Der wichtigste Faktor sollte in der Hobby-Schafhaltung immer der äußere Eindruck bleiben, denn bei Schafen, die dem Halter nicht gefallen, vergeht schnell die Lust, und die notwendige Pflege wird vernachlässigt.

Ein weiterer Punkt, der bei der Auswahl des Deckbockes mit berücksichtigt werden muß, ist die Frage, inwieweit zwischen dem Deckbock und den eigenen Muttertieren Verwandtschaft besteht. Haben beide Tiere gemeinsame Vorfahren und werden miteinander gepaart, dann spricht man von Inzucht. Je enger dieses verwandtschaftliche Verhältnis ist, desto größer ist die Gefahr von Inzuchtschäden. Als Inzuchtschaden ist sehr schnell zu beobachten, daß bei der Lammung der Nachzucht die Vitalität fehlt. Außerdem sind Inzucht-Tiere anfälliger für Krankheiten, zeigen Fruchtbarkeitsstörungen, und das Ablammergebnis ist geringer. Durch mehrfache Inzucht werden die Nachkommen immer kleiner und sind im Extremfall unfruchtbar. Andererseits kann man durch gezielte Inzucht, durch die Verdoppelung einiger Genträger, das Produkt »Nachzucht« auch positiv beeinflussen. Die

züchterischen Möglichkeiten der Inzucht sollten jedoch nur von Experten genutzt werden, weil erstens in den meisten Fällen mehr Schaden als Vorteile zu verzeichnen sind, und zweitens ein sehr ausführliches Wissen über das als Ahne mehrfach vorkommende Tier vorhanden sein muß.

Der Begriff Inzucht sagt jedoch noch nichts über die Häufigkeit und die Enge der Verwandtschaft der Mehrfachahnen aus. Um sich die sehr komplizierte mathematische Gleichung zur Errechnung des Inzucht-Koeffizienten zu ersparen, kann man die Verwandtschaftsnähe mit Hilfe des Ahnenverlustkoeffizienten berechnen. Hiernach wird einfach prozentual ausgedrückt, wieviele der möglichen Vorfahren als Genträger noch vorhanden sind.

Die Formel lautet:

$$\frac{\text{vorhandene Ahnen}}{\text{mögliche Ahnen}} \times 100 = X\%$$

Ein Beispiel, wie es leider oft praktiziert wird, sieht so aus:

Ein Lammbock aus der eigenen Nachzucht wird aus Bequemlichkeit als Deckbock im eigenen Bestand eingesetzt. Er deckt Mutter, Geschwister und Halbgeschwister. Bei der Paarung Mutter-Sohn errechnet sich der Ahnenverlustkoeffizient wie folgt:

Bei drei Generationen ist die Anzahl der möglichen Ahnen 14. Tatsächlich sind bei einer Paarung von Mutter und Sohn aber nur 11 Ahnen vorhanden.

$$11 : 14 \times 100 = 78,5\%$$

Bei der Vollgeschwisterpaarung ist der Ahnenverlustkoeffizient noch größer;

hier sind nur 8 von den möglichen 14 Ahnen vorhanden. Das Ergebnis ist

$$8 : 14 \times 100 = 57\,\%.$$

Die bei der Geschwisterpaarung fehlenden 43 % tatsächlicher Vorfahren sind wichtige Genträger, die bei der Vererbung von Einzelfaktoren fehlen. Es treten als Vererber manche Ahnen mehrfach auf, die also erblich bedingte Faktoren positiv oder negativ mehrfach festigen. So wie durch solche Paarungen besonders schöne Schafe entstehen können, können aber auch gleichzeitig unerwünschte Eigenschaften, wie die Anlage zu Euterentzündung oder Zahnfehler erblich gefestigt werden.

In der Schafzucht sollte jeder Schafhalter aus Vorsicht bei der Bockauswahl darauf achten, daß bis zur 3. Generation der Bock-Vorfahren keine Ahnen seiner Mutterschafe vorhanden sind.

Der Bock lacht.

Der Deckakt

Der eigentliche Deckakt dauert nur Sekunden. Wird dem Deckbock ein brünstiges Schaf zugeführt, dann wird er es zunächst meist beriechen. Dann hebt er den weit nach vorn gestreckten Kopf und zieht die Oberlippe hoch, er lacht. Danach springt er auf, führt nach einigen suchenden Bewegungen den Penis ein und ejakuliert nach einem einzigen Stoß. Das alles vollzieht sich in so kurzer Zeit, daß ein Schafhalter, der zum ersten Mal ein Schaf decken läßt, die eigentliche Befruchtung gar nicht erkennt und von der Unfähigkeit des Bockes überzeugt ist.

Der Penis des Schafbockes hat an seiner Spitze einen etwa 2 cm langen Harnröhrenfortsatz, mit dem das Sperma während der Ejakulation in der Scheide verteilt wird. Diese Besonderheit bei Schafböcken wurde schon von vielen Neulingen in der Schafzucht als krankhafte Veränderung betrachtet.

Ist der Bock in der Herde, dann bahnt sich in der Brunstzeit ein regelrechtes Liebesleben an. Das brünstige Schaf und der Deckbock sind dann ständig zusammen und schmusen miteinander. Es ist oft nicht zu erkennen, wer den anderen mehr umwirbt. Wirbt der Bock um das Schaf oder zeigt das Schaf seine Bereitschaft? Sind mehrere Mutterschafe zur gleichen Zeit heiß, dann buhlen alle gleichzeitig ohne Rangkämpfe um den Bock. In dieser Zeit hat der Bock wenig Lust, in Ruhe zu weiden. Er muß dann täglich separat mit Kraftfutter gefüttert werden.

Der eigene Bock ist der Stolz des Stalles.

Das Umbocken

Es gibt immer wieder Situationen, bei denen trotz vollzogenen Deckaktes das Schaf nicht tragend wird. In diesem Falle wiederholt sich die Hitze nach 16 bis 19 Tagen; man nennt dies Umbocken. Es ist also sehr wichtig, daß Aufzeichnungen über die Deckdaten der einzelnen Schafe gemacht werden, damit man den Zeitpunkt, zu dem ein Umbocken möglich ist, kennt und die Schafe in dieser Zeit genau beobachten kann. Gründe für ein Umbocken gibt es viele. Wenn man einmal die primitivsten Voraussetzungen als selbstverständlich ansieht, das heißt, wenn nur saubere und parasitenfreie Schafe zum Bock gebracht werden, dann können noch Hormonstörungen oder

Unfruchtbarkeit des Bockes für das Mißlingen des Deckens verantwortlich sein. Beides ist jedoch sehr selten. Die häufigste Ursache des Umbockens ist, daß der Schafhalter den günstigsten Zeitpunkt verpaßt hat. Bocken mehrere Schafe um und wird ein verpaßter Decktermin ausgeschlossen, sollte man zu einem anderen Deckbock gehen.

Der eigene Bock

Die Frage, ob sich die Haltung eines eigenen Deckbockes im Kleinbetrieb lohnt, kann nicht generell und eindeutig für jeden speziellen Fall beantwortet werden. In abgelegenen Gebieten, oder wenn keine Transportmöglichkeiten vorhanden sind, ist ein eigener Zuchtbock auch schon bei fünf Mutterschafen empfehlenswerter als bei einem Schafhalter mit 15 Tieren, der neben einer Deckstation seinen Stall hat. Die Nutzungsmöglichkeit der öffentlichen Deckstation hat immer den Vorteil, daß dort

1. gekörte und erbgesunde Zuchtböcke bereitgehalten werden und
2. der Verantwortliche der Deckstation stets bedacht ist, daß jedes Jahr zur Vermeidung von Inzucht ein neuer blutsfremder Bock eingesetzt wird.

Entschließt man sich zum eigenen Deckbock, dann sollte man außer dem Vorteil der Bequemlichkeit in der Deckzeit auch die Nachteile bedenken.

Der Milchschafbock unterscheidet sich in seinem Wesen und in seiner Reaktion sehr stark von seinen männlichen Artgenossen anderer Rassen. Wenn man einmal von wenigen Ausnahmen absieht, kann man verallgemeinernd sagen, daß alte Milchschafböcke aggressiv sind und nur von Kennern gehalten werden können. Herdenschafböcke sind defensiv und ruhiger.

Der Milchschafbock mit wenigen Schafen auf einer Koppel wird sich meistens zwischen den Mutterschafen und einer eventuellen Gefahr aufhalten. Der Milchschafbock versucht, seine Schafe zu beschützen. Sucht man aber den Deckbock in einer Wanderschafherde, dann findet man ihn meistens im Mittelpunkt der Herde. Diese unterschiedliche Verhaltensweise ist mit der unterschiedlichen Aufzucht der Jungböcke zu erklären. Die Produzenten von körfähigen Milchschafböcken sind die Milchschafherdbuchbetriebe. Die durchschnittliche Betriebs-

größe beträgt 3 bis 4 Mutterschafe. Es sind also fast alle Hobbyschafhalter. In diesen Betrieben werden die Jungtiere sehr sorgfältig und mit viel menschlichem Kontakt aufgezogen. Diese Schafe und Böcke haben keinerlei Scheu vor dem Menschen und sind sehr zutraulich. Mit Beginn der Geschlechtsreife beginnt bei Böcken auch der Kampf um die Rangordnung. Der Mensch wird vom Bock als Konkurrent betrachtet und in das Gerangel um den ersten Platz miteinbezogen. Eine Auseinandersetzung mit einem ausgewachsenen Bock sollte jeder vermeiden.

Die Aufzucht in Großbetrieben ist dagegen nicht so individuell. Hier sind die Jungtiere in größeren Gruppen zusammen und behalten ihre normale Scheu. Geht man also zu einer Gruppe von Herdenschafen, halten diese einschließlich Bock eine bestimmte Fluchtdistanz ein. Bei einer Milchschafgruppe würde mit Sicherheit der Bock auf die sich nähernde Person zugehen, um sie zu vertreiben. Trotz dieser Eigenheiten des Milchschafbockes kann, wie bereits gesagt, auch für wenige Mutterschafe der eigene Deckbock sinnvoll sein. Es gibt zwei Möglichkeiten der Anschaffung:

1. Ein Jungbock

Auf der Absatzveranstaltung eines Schafzuchtverbandes wird ein Lammbock ersteigert. Die Versteigerungen sind für Milchschafböcke immer im Herbst, also kurz vor der Deckzeit. Der Jungbock kann einfach mit den Mutterschafen zusammen auf der Weide sein. Im Allgemeinen sind die Böcke im Alter von 5 bis 7 Monaten noch nicht aggressiv, so daß sich der Schafhalter bedenkenlos und frei auf der Weide bewegen kann. Nach der Deckzeit wird der Bock geschlachtet. Rechnet man jetzt die Erlöse aus Fleisch, Fell und ersparten Wegen zur Deckstation gegen die Anschaffung des Bockes auf, dann sind die anteiligen Kosten pro gedecktem Mutterschaf auch im Kleinbetrieb noch vertretbar.

2. Ein Altbock

Nach der Deckzeit erwirbt man von einer Deckstation oder einem anderen Bockhalter zum Schlachtpreis einen Altbock. Der Bock ist zwar in der Anschaffung sehr preiswert, muß dafür aber einige Monate, nämlich bis zur nächsten Decksaison, gehalten und gepflegt werden. Der Vorteil bei Altböcken ist die vorhandene Nachzucht. Man kann also erkennen, wie der Bock vererbt. Der Nachteil eines Altbockes ist nur seine eventuelle Aggressivität. Nach der nächsten Deckzeit sollte auch der Altbock geschlachtet werden.

Haltung des Deckbockes

Auch bei der Haltung des Deckbockes gibt es unterschiedliche Möglichkeiten, die ihre Vor- und Nachteile haben. Ein Milchschafbock kann getüdert werden. Tüdern heißt, der Bock wird an einer etwa 3 m langen Kette an einem Eisenpfahl auf der Weide festgemacht. Diese Haltungsform setzt voraus, daß der Bock ständig unter Beobachtung steht, weil ein Verheddern mit der Kette nicht ausgeschlossen werden kann. Außerdem muß der Bock täglich einen anderen Weideplatz bekommen und mit frischem Wasser versorgt werden. Ähnlich ist die Haltung auf der Bockweide. Auch hier ist der Bock von den Mutterschafen ge-

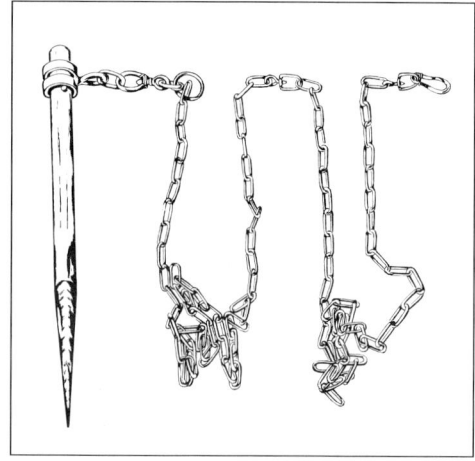

Tüder, bestehend aus dem Tüderpfahl mit Wirbeln nach dem 2. Glied, in der Mitte, und am Ende vor einem Sicherheitshaken.

trennt, und muß separat betreut werden. In beiden Fällen wird der Bock am Halter den heißen Mutterschafen zugeführt und nach dem Deckakt wieder getrennt untergebracht. Je nach Temperament des Bockes hat sich dabei schon manche stabil aussehende Stalltür in handliches Feuerholz umgewandelt.

Eine andere Möglichkeit ist, daß der Bock einfach mit den Mutterschafen zusammen ist. Hierbei wird mit Sicherheit jedes brünstige Schaf bei der ersten Hitze gedeckt. Diese Haltungsform ist zwar der natürlichen Lebensart der Schafe am ähnlichsten, bedarf aber wegen der Unberechenbarkeit eines Schafbockes einiger Vorsichtsmaßnahmen. Ein Milchschafbock ist weder ein wildes Raubtier, noch ein spanischer Arenastier, und trotzdem wird irgendwann auch der liebste Bock einmal stoßen. Dieses Risiko kann man ausschalten, wenn der Bock grundsätzlich, bevor eine Stallarbeit beginnt, mit einer Kette festgemacht wird. Wird ein Altbock an der Leine geführt, dann muß immer eine Hand den Kopf des Bockes hochhalten, denn sobald der Bock in der Lage ist, den Kopf zu senken, kann er auch ohne Anlauf nach vorne stoßen, oder seitlich mit dem Kopf schlagen. Diese meist harmlos aussehenden Rangeleien können für die betreffende Person schmerzhafte Folgen haben. Muß man im Stall oder auf der Weide auf den Bock zugehen und hat nur wenige Meter (maximal 3 m) Distanz, dann kann man zügig und bestimmt auf ihn zugehen und ihn am Halfter festhalten. Besteht eine größere Entfernung zum Bock, dann sollte man ein Mutterschaf ans Halfter nehmen und mit ihm zum Bock gehen. Das Mutterschaf muß dann wie ein Schutzschild zwischen Bock und Person gehen. Der Bock ist immer Kavalier, er wird ein ihm zugeführtes Mutterschaf sicher nicht stoßen.

Hochtragende Schafe benötigen mehr Platz an der Raufe.

Die Trächtigkeit

Die Tragezeit bei Schafen beträgt je nach Rasse 143 bis 150 Tage. Milchschafe lammen durchschnittlich nach 145 Tagen, wobei Einlinge später und Mehrlinge früher geboren werden. Die Trächtigkeitsdauer ist von vielen Faktoren abhängig, so daß der Ablammzeitpunkt eines Schafes nicht durch die vorjährige Tragezeit bestimmt werden kann. Zu Beginn der Tragezeit sind Milchschafe auf der Weide und werden noch regelmäßig gemolken. Durch dieses Futterangebot und das Zusatzfutter beim Melken ist die Energieversorgung ausreichend. In den beiden letzten Monaten der Trächtigkeit werden drei Viertel des Geburtsgewichts eines Lammes gebildet. Da in dieser Zeit die Schafe trocken stehen, also kein Zusatzfutter für die Milchproduktion bekommen, muß die Leistung (Tragezeit) auch besonders bei der Futterbedarfsberechnung mitberücksichtigt werden. Während der gesamten Tragezeit sollen möglichst alle Streßsituationen vermieden werden und Futterumstellungen noch behutsamer als sonst erfolgen. Im 4. und 5. Monat der Tragezeit sollten weder die Schafschur noch der Klauenschnitt durchgeführt werden. Im Notfall ist zwar alles möglich, aber wenn durch Unachtsamkeit oder Übereifer ungeborene Lämmer absterben, ist dies ein ärgerlicher Verlust.

Die Geburt

Das Lammen verläuft bei den Schafen normalerweise problemlos. Der überwiegende Teil der Lämmer wird ohne

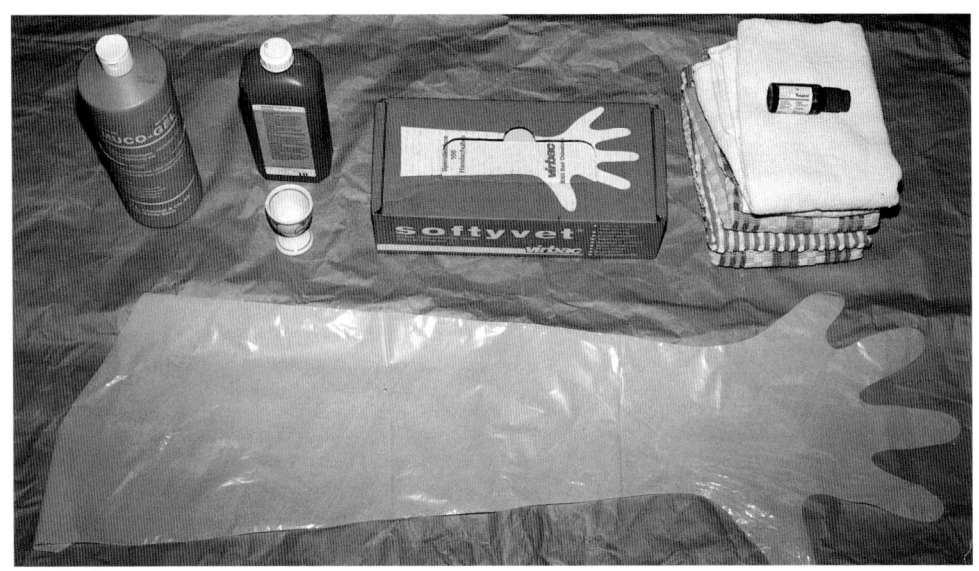

Hilfsmittel bei der Lammung: Handschuhe, Gleitmittel, Desinfektionsmittel, Kreislaufmittel, Tücher.

fremde Hilfe und ohne Komplikationen geboren. Durch falsches Pflichtgefühl des Schafhalters wird oft bei der Geburt zu früh eingegriffen, oder bei Unkenntnis die erforderliche Hilfeleistung unterlassen. Vorsorglich sollte sich jeder Schafhalter, auch der Anfänger, der zum ersten Mal eine Geburt erlebt, einige Hilfsmittel bei einem Tierarzt oder in der Apotheke besorgen: lange Einweg-Plastikhandschuhe, Gleitmittel, Desinfektionsmittel zur Nabeldesinfektion und ein atmungsanregendes Kreislaufmittel, zum Beispiel Respirot. Wichtig ist natürlich auch, daß man sich früh genug informiert, welcher Tierarzt oder erfahrene Schafhalter im Notfall zu erreichen ist. Unmittelbar vor dem Lammen wird das Mutterschaf unruhig und sondert sich ab. Herdenschafe oder Schafe, die in der Gruppe ablammen wollen, muß man

dann absolut ungestört lassen. Zahme und ältere Milchschafe erwarten spätestens jetzt, daß man sie in die Ablammbox bringt und sich um sie kümmert. Die Tiere verhalten sich wirklich sehr unterschiedlich; fremde Schafe sollte man lieber in Ruhe lassen, anstatt sie mit Gewalt abzutrennen.

Das Scharren mit den Vorderbeinen kündigt die ersten Wehen an. Mit zunehmender Wehenhäufigkeit wird die Fruchtblase ausgetrieben. Der ausgetretene Teil der Fruchtblase mit seiner Fruchtwasserfüllung soll den Geburtsweg dehnen, öffnen und schlüpfrig machen. Es kann bis zu drei Stunden dauern, bis die Fruchtblase platzt, und auch dann lassen sich einige Mutterschafe Zeit, bis sie mit der eigentlichen Austreibungsphase beginnen. Bei der Geburt erscheinen vom Lamm im Normalfall als

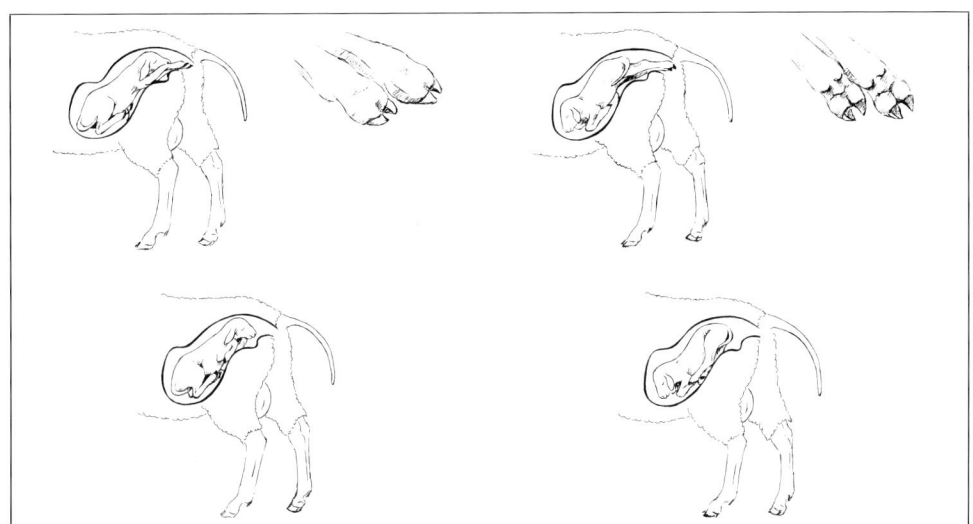

Geburtslagen beim Schaf:

Oben: Vorderendlage, zu erkennen an den zuerst erscheinenden Klauen und
Hinterendlage: erscheinende Klauen mit der Sohle nach oben.
Unten: Vorderendlage mit untergeschlagenen Vorderbeinen und
Hinterendlage mit untergeschlagenen Hinterbeinen.

erstes die beiden Vorderbeine mit der daraufliegenden Nase. Sind diese Körperteile erkennbar, kann man sicher sein, daß die Geburt ohne Hilfe vonstatten gehen wird. Eine schon fast als Normalfall anzusehende Fehllage ist die sogenannte Hinterendlage. Hierbei wird das Lamm mit den Hinterbeinen voran ausgetrieben. Bei dieser Geburtslage muß unter Umständen sehr rasch eingegriffen werden und zwar meistens bei Mutterschafen, die das erste Mal lammen, oder wenn das Lamm sehr schwer ist. In solchen Fällen kann es passieren, daß das Mutterschaf, nachdem es den Körper des Lammes herausgepreßt hat, eine Wehenpause einlegt, obwohl der Kopf des Lammes noch im Geburtsweg ist. In einem solchen Fall muß das Lamm

an den Hinterbeinen nach unten, in Richtung Euter, herausgezogen werden.
Begründung: Die Atmung des Lammes wird durch den sogenannten Geburtsschock ausgelöst. Als Geburtsschock empfindet das Lamm den nachlassenden Druck auf den gesamten Körper und die stark abgefallene Umgebungstemperatur. Bei der unterbrochenen Hinterendlagengeburt würde der Reflex zur Atmung einsetzen, obwohl Nase und Maul des Lammes noch im Geburtsschleim bzw. Fruchtwasser sind. Das Lamm müßte zwangsläufig versaufen.

Ist die Fruchtblase geplatzt und die Geburt trotz starker Wehen nicht weitergegangen, muß nach etwa einer Stunde nach einer Begründung gesucht werden. Hierzu führt man langsam und vorsichtig unter Verwendung von viel Gleitmittel die mit einem Einweghandschuh geschützte Hand in die Scheide ein und versucht zu erkennen, welche Störung vorliegt. Ist man unsicher oder unschlüssig, muß diese Arbeit sofort abgebrochen werden und ein erfahrener Schafhalter oder der Tierarzt verständigt werden. Beide sind bestimmt bereit, dem Neuling für solche Ausnahmesituationen die nötigen Handgriffe zu zeigen.

Bei Milchschafen sind Drillingsgeburten, bedingt durch die hohe Fruchtbarkeit dieser Schafrasse, häufiger als Einlingsgeburten.

Zu jedem Lamm gehört eine Fruchtblase, eine Nachgeburtsblase und die Nachgeburt. Bei einem Mutterschaf, das drei Lämmer werfen will, können die verschiedenen Blasen einen Neuling ganz schön durcheinander bringen. Die Fruchtblase kann außerdem während des Austreibens platzen. Sie ist dann nur noch als dünner Schleimfaden sichtbar. Es ist nicht möglich, eine genaue Reihenfolge des Geburtsablaufes aufzuzählen, da die Natur eine enorme Variationsmöglichkeit hat. Im allgemeinen kann jedoch davon ausgegangen werden, daß mit dem Abgang der Nachgeburten, 2 bis 12 Stunden nach der Geburt des letzten Lammes, der Geburtsvorgang abgeschlossen ist. In jedem Fall muß die Anzahl der Nachgeburten kontrolliert und aus dem Stall entfernt werden. Während der Lammung ist die wichtigste Aufgabe des Schafhalters die Versorgung der Lämmer. Jahreszeitlich bedingt können Stalltemperaturen im Extremfall von minus 20 °C herrschen, und dann kommt es auf jede Minute an.

Lämmer, die bei so niedrigen Temperaturen geboren werden und dann sich selbst oder einem erschöpften Mutterschaf allein überlassen werden, erfrieren in kürzester Zeit. Hier muß man eingreifen und das Lamm schnell trockenreiben. Es genügt nicht, mit einer Handvoll Stroh dem Neugeborenen über den Rükken zu streicheln, sondern es muß wirklich, am besten mit sauberen Frottierhandtüchern, abgetrocknet werden. Das Mutterschaf kann dabei dem Lamm den Kopf lecken. Bei Mehrlingsgeburten können die Lämmer sehr schnell hintereinander kommen, ohne daß das Mutterschaf zwischendurch aufsteht. Um Lämmerverluste zu vermeiden, soll auch hier der Mensch eingreifen und die Lämmer dem Mutterschaf vorlegen, damit die Mutter sie trocken lecken kann.

Bei Ablammungen mit Temperaturen unter 10 °C muß sichergestellt sein, daß die Lämmer innerhalb der ersten Stunde mit Muttermilch versorgt werden. Manche Mutterschafe lassen ihre Lämmer erst saufen, wenn die Geburt abgeschlossen ist. In solchen Fällen würde das Erstgeborene erst nach mehreren Stunden die erste Milch bekommen. Um hier erst gar keine Probleme entstehen zu lassen, kann man etwas Biestmilch, etwa 50 ml, abmelken und dem Lamm mit der Flasche verabreichen. Bei der Geburt von schweren Lämmern, oder wenn die Auspreßphase sehr lange dauert, kann es vorkommen, daß ein Lamm lebend geboren wird, aber nicht atmet. Manche Schäfer übergießen das Lamm dann mit kaltem Wasser, um den Geburtsschock zu simulieren. Bei Frosttemperaturen ist diese Methode nicht unbedingt zu empfehlen. Hier benutzt man ein atmungsanregendes Medikament, z. B. Respirot.

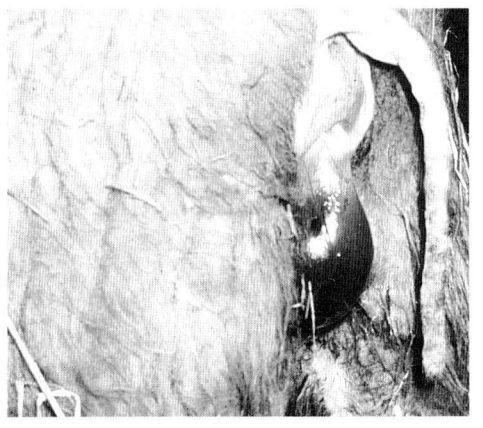

Oben: Das erste Lamm wird geboren.
Beginn der Lammung: die Klauen
erscheinen, dann folgt der Kopf.

Mitte: Das zweite Lamm ist geboren und
wird von der Mutter versorgt. Bald danach
hat das erstgeborene Lamm das Euter
gefunden.

Unten: Der hochgezogene Rücken und die
eingefallenen Flanken sind ein sicheres
Zeichen für Hunger.

Die häufigsten Ursachen der Lämmersterblichkeit sind:

1. Versaufen im Geburtsschleim. Dies ist durch den Schafhalter, wie schon beschrieben, zu vermeiden.
2. Verenden durch Unterkühlung, bedingt durch ungenügende Nahrungsaufnahme.

In den ersten Stunden nach der Lammung verliert das feuchte Lamm schnell an Körperwärme. Die eigene Wärmeproduktion kann nur bei zugeführter Energie (Milch) in Gang gesetzt werden. Bei einer Körpertemperatur des Lammes unter 37 °C besteht akute Lebensgefahr. Ein solches Lamm sollte an einem warmen Ort trockengerieben und mit Kolostralmilch versorgt werden, um das Energiedefizit auszugleichen. Auch einige Tage alte Lämmer können noch an Unterkühlung verenden. Auch hier ist wieder mangelhafte Ernährung verantwortlich. Eingefallene Flanken und hochgezogener Rücken eines Lammes sind immer ein Warnzeichen. Solche Lämmer haben Hunger und sind dadurch unterkühlt, was mit der Temperaturmessung nachweisbar ist.

Die Kolostralmilch des Mutterschafes gibt dem neugeborenen Lamm die größten Überlebenschancen. Diese Biestmilch ist energiereich und sorgt durch die leicht abführende Wirkung zum schnelleren Abgang des Darmpechs. Außerdem nimmt das Lamm mit dem Kolostral Antikörper, Abwehrstoffe gegen stallspezifische Krankheiten auf, die bis zum Aufbau des eigenen Immunsystems wirksam sind. Da die Kolostralmilch in ihrer gesamten Wertigkeit durch nichts zu ersetzen ist, sollte für den Notfall (verenden des Mutterschafes während der Lammung, oder nach der Lammung keine Euterbildung) Biestmilch abgemolken und zur Lagerung eingefroren werden. Ist bei einer Lammung keine Kolostralmilch verfügbar, kann, wie bei Säuglingen, 38 °C warmer, durchpassierter Hafer- oder Gerstenschleim verabreicht werden. Ein Vitaminpräparat für Lämmer, das von den Fertigfutterfirmen angeboten wird, kann mit Traubenzucker angereichert werden und gleicht das Nahrungsdefizit aus. In solchen Notfällen ist ein schnell verabreichter Ersatzstoff nach der Lammung wirksamer und zweckmäßiger, als wenn man erst lange herumfährt, um von anderen Schafhaltern eingefrorene Biestmilch zu holen. Die Euterkontrolle und das Abmelken der ersten Strahlen gehört mit zur Geburtshilfe und wird vor den ersten Saugversuchen des Lammes durchgeführt. Erst wenn man sich überzeugt hat, daß die Geburt abgeschlossen ist, das Euter in Ordnung und die Zitzen frei sind, wenn die Lämmer trocken sind und der Nabel desinfiziert ist, wenn die Lämmer die Zitzen finden und auch tatsächlich saufen, kann man das Mutterschaf mit Futter und frischem Wasser versorgen und die Ablammbucht neu einstreuen.

Nabeldesinfektion

Die Nabelschnur reißt bei der Geburt des Lammes meistens so ab, daß noch 3 bis 5 cm am Lamm verbleiben. Sie trocknet nach einigen Stunden ein und fällt nach 2 bis 3 Wochen ab. Abweichend von dieser Norm ist die zu lange Nabelschnur, die einfach mit einer sauberen Schere auf Zi-

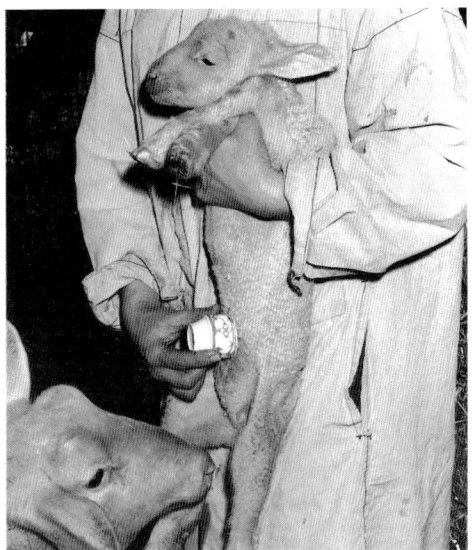

Links: Mit Desinfektionsmittel im Eierbecher kann der Nabel gut versorgt werden.

cher oder Schnapsglas. Hierbei wird zwar mehr Desinfektionsmittel verbraucht, aber man kann sicher sein, daß der komplette Nabel behandelt wurde.

Die Kennzeichnung des Lammes

In Herdbuchzuchten, wo für jedes Schaf ein lückenloser Abstammungsnachweis über mehrere Generationen vorliegt, ist es selbstverständlich, daß die Lämmer, bevor sie aus der Ablammbucht kommen, gekennzeichnet werden. Diese Kennzeichnung erfolgt durch Tätowierung oder durch Ohrenmarken und wird von den zuständigen Zuchtorganisationen überwacht. Lämmer bekommen ins linke Ohr die Herdbuchnummer der Mutter, die dem Mutterschaf von der Zuchtorganisation nach der Eintragung ins Herdbuch ins rechte Ohr tätowiert wurde.

Auch wer im kleinen Rahmen eine Schafhaltung betreibt, muß im eigenen Interesse Aufzeichnungen über Abstam-

garettenlänge abgeschnitten wird, und damit sie sich schneller verschließt, zwischen zwei Fingern ausgestrichen wird. Die zweite Möglichkeit ist der zu kurze Nabel. Hierbei kann es zu länger anhaltenden Blutungen kommen, die durch vorsichtiges Abbinden mit einem Zwirnfaden beendet werden. Immer ist der frische Nabel wie eine offene Wunde zu betrachten. Er bietet die beste Möglichkeit zum Eindringen von Krankheitskeimen. Nachdem das Mutterschaf dem neugeborenen Lamm das Nabelende abgeleckt hat, muß dieses desinfiziert werden. Ein Besprühen mit einem Desinfektionsspray gibt keinen vollwirksamen Schutz, da der Sprühstrahl nicht alle Stellen erfaßt. Eine einfache Methode ist das Eintauchen des Nabels in ein kleines Gefäß wie Eierbe-

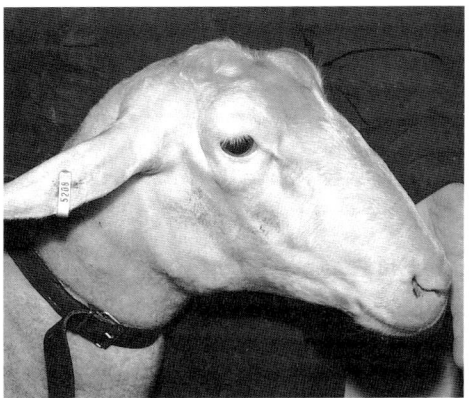

Oben: Kennzeichnung mit Ohrmarke.

mung, Leistungen, Krankheiten oder Parasitenbehandlungen durchführen können. Hier reicht eine Namensgebung der Schafe nicht aus, denn eine Aushilfskraft weiß nicht unbedingt, wer von den Schafen die Alma ist. Eine Numerierung möglichst mit Geburtsjahr ist auch im Kleinbetrieb hilfreich.

Als Kennzeichnung bei Schafen gibt es bei kurzfristiger Haltbarkeit der Zeichnung auswaschbare Farbe als Stift oder Spray, oder als dauerhafte Kennzeichnung Kerben, Ohrmarken oder Tätowierung. Kerben heißt in diesem Zusammenhang, daß in ein Ohr verschiedene Einschnitte und Löcher gestanzt werden. Dies ist die älteste Methode, Schafe zu markieren und fast nicht mehr gebräuchlich.

Ohrmarken sind in allen Variationen im Handel. Sie sind aus Messing, Aluminium oder Kunststoff in großer und kleiner Ausführung, geteilt oder geschlossen zu verwenden. Ohrmarken haben in der Koppelschafhaltung alle einen Nachteil, sie können sich nämlich im Zaundraht verfangen und das Ohr einreißen. Außerdem sind viele Ohrmarken für die kleinen Lämmerohren zu schwer und benötigen zum Einziehen ein Spezialwerkzeug.

Die Tätowierung ist die sicherste Kennzeichnung bei Schafen, die aber leider wegen der sehr hohen Werkzeugkosten nur in der Herdbuchzucht Anwendung findet.

In vielen Kleinbetrieben wird folgendes System mit Erfolg praktiziert: Die weiblichen und männlichen Lämmer bekommen bis zur Entscheidung über ihre Verwendung ein Halsband mit der Mutternummer umgebunden. Spätestens zum Weideaustrieb bekommen die weiblichen Lämmer, die den Bestand aufstokken sollen, trotz aller Nachteile eine Plastikohrmarke zur Identifizierung eingezogen. Männliche und weibliche Schlachtlämmer werden ohne Markierung gehalten. Außer für Herdbuchzuchten besteht für Schafe keine Kennzeichnungspflicht.

Die Lämmeraufzucht

Bei der Lämmeraufzucht spricht man im allgemeinen von Aufzucht mit normaler Säugezeit und von verkürzter Säugezeit. In Milchschafbeständen wird bei intensiver Milchwirtschaft auch die mutterlose Aufzucht praktiziert, oder abgewechselt zwischen 12 Stunden Säugezeit und 12 Stunden Melkzeit. Bei der normalen Säugezeit bleiben die Lämmer, bedingt durch die lange Laktationszeit, bis zur Erreichung des Schlachtgewichts als Sauglämmer bei der Mutter. Heu und Kraftfutter werden zusätzlich vom 10. Lebenstag an angeboten. Anschließend wird das Mutterschaf gemolken oder trockengestellt.

Die verkürzte Säugezeit wird in Herdenbetrieben angewandt, die eine dreimalige Lammung in zwei Jahren anstreben. Hierbei werden die Lämmer im Alter von 6 Wochen mit etwa 20 kg Körpergewicht von der Mutter getrennt und mit Heu, Kraftfutter und Weidegang ausgemästet. Die Mutterschafe werden trockengestellt und schnellstmöglich wieder

Drei Tage alte Lämmer können, wenn sie im Sommer geboren werden, mit auf die Weide.

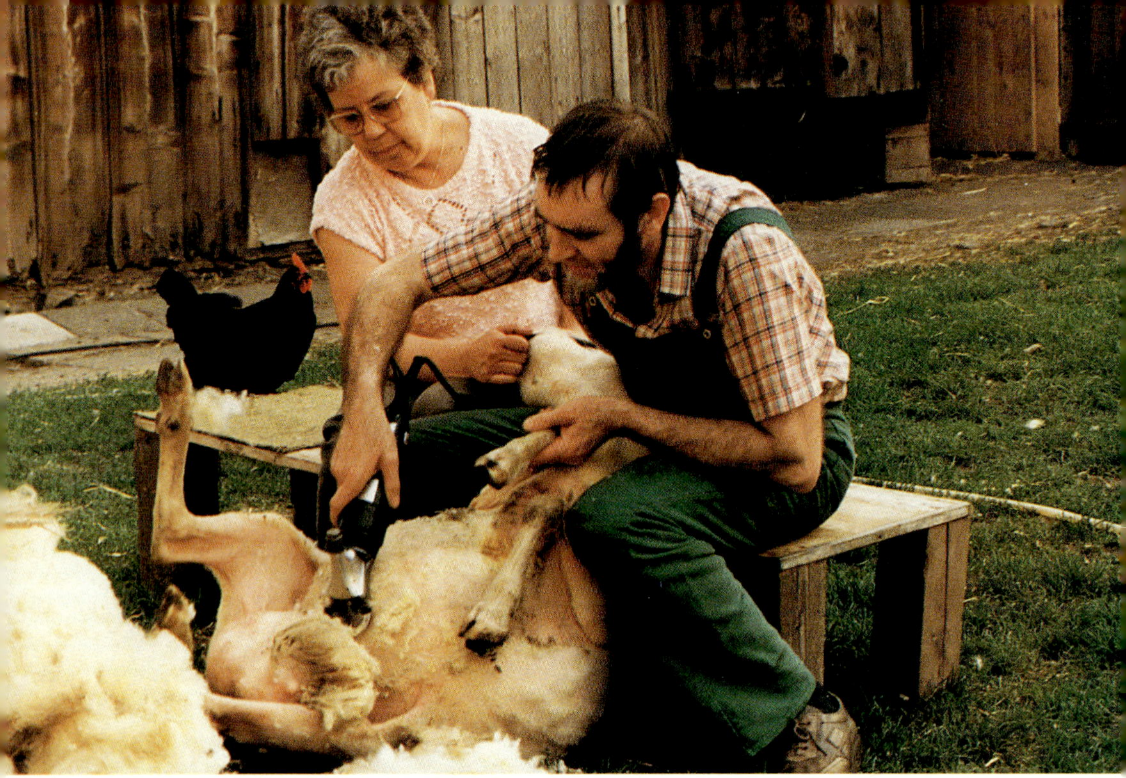

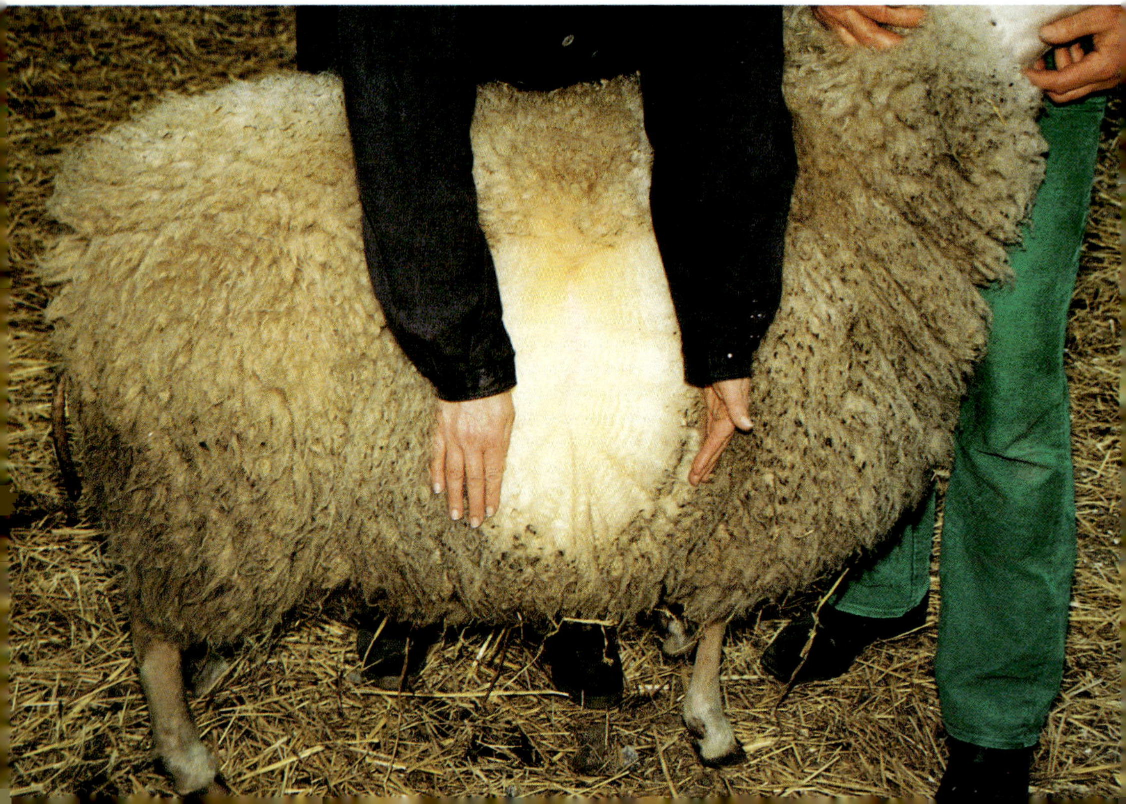

gedeckt. In Milchschafbetrieben wird diese Haltungsform gewählt, wenn die Mutterschafe nach dem Absetzen der Lämmer regelmäßig gemolken werden sollen. Die mutterlose Lämmeraufzucht ist die arbeitsintensivste Form der Lämmer- und Milcherzeugung. Die Lämmer werden am 3. Tag, nachdem eine ausreichende Biestmilchversorgung sichergestellt ist, von der Mutter getrennt und in einem separaten Warmstall mit automatischer Warmtränke großgezogen, auch hier werden Kraftfutter und Heu zusätzlich angeboten. Wegen des hohen Kapitaleinsatzes für automatische Warmtränken und Stallheizung kann diese Haltungsform für Kleinbetriebe nicht empfohlen werden. Eine gute Möglichkeit, auch schon frühzeitig die Mutterschafe zu melken, ist das Aussperren der Lämmer über Nacht. 3 Wochen alte Lämmer überstehen dieses System, ohne Schaden zu nehmen. Die Lämmer werden abends von der Mutter getrennt. Ihnen stehen bestes Heu, Kraftfutter und Wasser zur freien Aufnahme zur Verfügung, was jedoch täglich frisch angeboten werden muß. Eine Vorratsfütterung hat sich nicht bewährt.

Morgens bekommen die Lämmer Milchaustauscher über die Tränke oder Flasche bis zur Sättigung. Die Mutterschafe werden gemolken und kommen dann wieder zu ihren Lämmern. Zu Beginn dieser Haltungsform gibt es zwar

lautstarken Protest im Stall, aber nach drei Tagen haben sich alle daran gewöhnt. Interessant ist hierbei zu beobachten, daß die Lämmer, wenn sie merken, daß die Zeit zum Absperren kommt, nochmal eben schnell, aber dafür ganz gründlich ihren Müttern das Euter leer machen.

Die Lämmeraufzucht im Detail

Einzellämmer: Bei Einlingen, die erfreulicherweise nicht so häufig sind, kann es durch das Überangebot an Biestmilch zu leichten Durchfällen kommen. Bei einer Verknappung des Milchangebotes durch Abmelken behebt sich diese Störung innerhalb weniger Tage von selbst. Zu beobachten ist auch, daß ein Mutterschaf das Lamm nicht saufen läßt, wenn das Euter zu prall gefüllt ist. Im allgemeinen

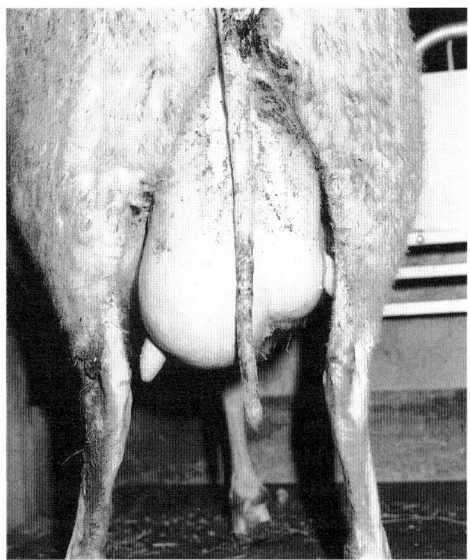

Oben: Auf der Scherbank sollte eigentlich das Schaf sitzen, aber ohne Streß geht alles besser.
Unten: Eine typische Milchschafwolle, die bei guter Haltung bis zur Schur weiß bleibt.

Bei Einlingen wird ein unkontrolliertes Euter meistens schief.

Zwillinge benutzen das Euter gleichmäßig.

ist in der Milchschafhaltung bei der Aufzucht von Einzellämmern nicht das Lamm, sondern das Mutterschaf stärker belastet. Die Milchleistung dieser Rasse ist so groß, daß ein Einzellamm die Milchmenge nicht bewältigen kann. Um Euterschäden zu vermeiden, muß das Mutterschaf im Extremfall morgens und abends abgemolken werden. Eine regelmäßige Euterkontrolle ist trotz abnehmender Milchleistung und steigendem Appetit des Lammes täglich erforderlich, weil manche Lämmer immer nur die gleiche Euterhälfte benutzen.

Zwillingslämmer: Die Aufzucht von Zwillingslämmern macht die wenigsten Schwierigkeiten. Im Normalfall läßt das Mutterschaf immer nur beide Lämmer gleichzeitig saufen, so daß das Euter auch gleichmäßig benutzt wird. Auch bei Zwillingslämmern darf die tägliche Euterkontrolle nicht vernachlässigt werden, denn jeder Unterschied der Euterhälften ist ein sicheres Zeichen für eine gestörte Nahrungsaufnahme eines Lammes oder nicht einwandfreier Milch. Beides muß kontrolliert werden und notfalls durch den Tierarzt behoben werden. Die oftmals als besonders gute Mütter bezeichneten Schafe, bei denen die Lämmer ständig saufen dürfen, haben immer zu wenig Milch, um ihre Nachzucht alleine satt zu bekommen. Nur hungrige Lämmer drängen immer zur Mutter, um zu saufen. Hier muß mit der Flasche oder der Tränke zusätzlich Milchaustauscher angeboten werden.

Drillinge und mehr: Es ist ein schöner Anblick und für den Züchter ein schöner Erfolg, wenn ein Mutterschaf Drillinge oder noch mehr Lämmer bekommt. Bei der Aufzucht entstehen hier aber arbeitstechnische oder zeitliche Probleme. In der ersten Woche können die Mutter und die Nachzucht noch zusammen bleiben, weil bei einem Gerangel um eine Zitze die körperliche Kraft der Lämmer noch nicht ausreicht, um das Mutterschaf an den Zitzen zu verletzen. Nach einer Woche sollte man, um jedes Risiko einer Euterverletzung auszuschalten, dem Mutterschaf nur noch zwei Lämmer zum Säugen lassen. Die übrigen müssen mit der Flasche oder Lammbar mit Milchaustauscher aufgezogen werden. Mechanische Euterverletzungen, die bei der Aufzucht von Drillingen beim Gerangel um die Zitze durch Beißen der Lämmer oder Einreißen des Striches passieren, heilen schlecht und sind später beim Melken hinderlich.

Bei Drillingen besteht die Gefahr der Euterverletzung. Man muß die Lämmer zusätzlich mit der Flasche versorgen.

Die eigene Nachzucht

Welches Lamm wird als Ersatz oder zum Aufstocken aus der eigenen Nachzucht behalten? Diese Frage wird von Schafhaltern mit wenigen Tieren leider allzuoft mit zuviel Gefühl beantwortet. Sehr häufig werden Lämmer zur Aufstockung gehalten, die besonders anhänglich sind. Dieses Verhalten der Lämmer beruht meist auf der Gegebenheit, daß es sich um Problemlämmer handelt, die von der Mutter nicht angenommen wurden oder zu lebensschwach waren, um alleine zu überleben. Es sind die typischen Flaschenlämmer. Natürlich ist es selbstverständlich, daß diese Lämmer mit allen zur Verfügung stehenden Möglichkeiten bis zum Schlachtgewicht großgezogen werden, aber der Schafhalter muß sehr kritisch und objektiv beurteilen, warum gerade dieses Lamm zum Problemlamm wurde. Liegt auch nur der geringste Verdacht eines erblich bedingten Schadens vor, so ist diese Nachzucht einschließlich aller Geschwister das schlechteste Ausgangsmaterial, um eine gesunde Milchschafhaltung aufzubauen. Gesundheit und Leistung sind die Faktoren, die als Auswahlkriterien heranzuziehen sind, wobei das Erscheinungsbild und auch die Sympathie in der Hobbyschafhaltung durchaus mitreden dürfen. Als gesund kann man ein Lamm bezeichnen, wenn es folgende Eigenschaften hat:

1. wenn es frei von Erbkrankheiten ist,
2. ohne medizinische Hilfe die ersten Wochen übersteht,
3. nach spätestens 12 Tagen Rauhfutter aufnimmt und wiederkaut,
4. eine normale Gewichtszunahme von

mindestens 250 g pro Tag bei ausreichender Fütterung aufweist,

5. einen normal proportionierten Körperbau mit korrektem Fundament hat.

Die gewünschte Leistung muß die Mutter bereits erbracht haben und zwar

1. hohe Fruchtbarkeit,
2. leichte Lammung,
3. gute Muttereigenschaften,
4. normale Milchleistung,
5. gut angesetztes, festes Euter mit normalen Strichen,
6. Milchschaftypische Wolle.

Das Erscheinungsbild sollte harmonisch sein und dem Milchschafstandard entsprechen (siehe dazu auch Rassebeschreibung und Leistungsmerkmale des Deutschen Milchschafes Seite 16).

Daß ein Lamm nicht alle diese Forderungen erfüllen kann, ist verständlich, deshalb muß jeder Schafhalter für seinen speziellen Stall und nach seinem Geschmack die einzelnen Faktoren bewerten und schwerpunktmäßig beurteilen, er darf jedoch bei der Gesundheit des Lammes keinerlei Kompromisse eingehen.

Die Milch

Milch ist die erste Nahrung, die ein neugeborenes Lebewesen zu sich nimmt. Die Milch hat alle zum Leben notwendigen Stoffe in sich vereint. Sie zählt zu den ältesten Lebensmitteln und ist gleichzeitig auch eines der wichtigsten Nahrungsmittel. Unter der Bezeichnung Milch als Lebensmittel wird im deutschsprachigen Raum ausschließlich Kuhmilch verstanden. Die Milch anderer Tierarten muß in jedem Fall extra bezeichnet werden, wie Schafmilch, Ziegenmilch oder Stutenmilch. Der Sammelbegriff Lebensmittel wird unterteilt in Nahrungsmittel und Genußmittel. Es gibt keine festen Grenzen. Schafmilch ist eine Köstlichkeit. Man könnte sie als Genußmittel mit sehr hohem Nährwert bezeichnen.

Milchleistung

Zur Schafmilcherzeugung eignen sich grundsätzlich alle Schafrassen. Je nach Rasse und Futtergrundlage ist die Milchleistung aber sehr unterschiedlich. Bei den Milchschafrassen liegt die Jahresmilchleistung zwischen 80 kg bei den Korsischen Milchschafen und 1200 kg beim Deutschen Milchschaf, wobei es sich hier mit Sicherheit nicht um Durchschnittswerte handelt, sondern um einzelne Grenzwerte.

Wenn man die 80 kg Milchleistung des Korsischen Milchschafes als zu gering einstuft, sollte man jedoch bedenken, unter welch kargen Futtergrundlagen und extremen klimatischen Verhältnissen diese Leistung erbracht wird. Unser Deutsches Milchschaf würde wohl unter solchen Voraussetzungen kaum eine Überlebenschance haben.

Die Hauptländer der Erde, die Schafmilch produzieren, wie die Türkei, Frankreich und Griechenland, erzeugen ihre Schafmilch mit bodenständigen Milchschafrassen. Die Milchleistung liegt im Durchschnitt bei 120 kg in 200 Melktagen. Herden bis zu 1000 Schafe werden von drei Personen in zwei Stunden mit der Melkmaschine gemolken.

Hierzu braucht man Melkstände, auf denen 50 Schafe zur gleichen Zeit in Selbstfang-Halsrahmen zum Melken gehalten werden. Ein Melkdurchgang dauert etwa 6 Minuten.

Solche Großanlagen findet man in Frankreich und in Süditalien. In Griechenland und in der Türkei produziert man die Schafmilch in kleineren Herden mit etwa 100 Schafen, die überwiegend von Hand gemolken werden. Die Verarbeitung der Milch zu Käse wird häufig von den Schäfern selbst übernommen, weil die Transportwege zur Molkerei zu groß sind.

Zusammensetzung der Schafsmilch im Vergleich zur Milch anderer Tierarten

Milchlieferant	Trocken-substanz in %	Fett in %	Eiweiß in %	Casein in %	Lactose in %
Schaf	19,3	7,4	5,5	4,6	4,8
Ziege	13,2	4,5	2,9	2,5	4,1
Kuh	12,7	3,7	3,4	2,8	4,8
Stute	11,2	1,9	2,5	1,3	6,2

Quelle: E. Spreer, Technologie der Milchverarbeitung

Diese Zahlen sind Durchschnittswerte, die nach oben oder unten weiten Spielraum lassen. Beim Vergleich eines Landschafs, das den geringsten Trockensubstanzanteil in der Milch liefert, mit einer Jersey-Kuh ergibt sich folgendes Bild:

Vergleich Landschaf und Jersey-Kuh

Milchlieferant	Trockensubstanz %	Fett %	Eiweiß %
Jersey-Kuh	14,8	5,2	3,9
Landschaf	14,2	3,8	4,9

Quelle: H. Doener, Handbuch der Schafzucht

Trockenmasse und Fettgehalt der Schafmilch verschiedener Rassen – Ergebnisse aus verschiedenen Messungen

Schafrasse	Trockenmasse	Fett
Merino	14,25	3,8
Merino	15,29	3,3
Merino	15,60	5,2
Merino	17,66	7,41
Merino-Fleisch	18,93	6,93
Merino-Fleisch	19,29	7,90
Korsische Milchschafe	20,89	8,43
Holländische Milchschafe	17,1	6,7
Deutsche Milchschafe	18,72	7,29
Deutsche Milchschafe	17,51	6,58

Quelle: H. Doener, Handbuch der Schafzucht

Das Deutsche Milchschaf wird in Reinzucht nur in Kleinbetrieben zur Milcherzeugung gehalten. Die meisten Milchschafhalter haben weniger als 10 Muttertiere. Betriebe mit ein bis zwei Mutterschafen sind häufiger als solche mit mehr als 20 Milchschafen.

In Kleinbetrieben bei individueller Behandlung des Schafes, mit ständigem persönlichen Kontakt, wo immer irgendwelche Leckereien aus der Küche, wie Kartoffelschalen oder Brot, zusätzlich zum Futter angeboten werden, sind auch die hohen Milchleistungen von bis zu 1000 kg Milch durch amtliche Milchleistungskontrolleure nachgewiesen.

Die erbliche Anlage zu diesen hohen Milchleistungen ist zwar rassetypisch, kann aber in einer großen Herde kaum realisiert werden.

Der Eiweißgehalt der Schafmilch liegt immer wesentlich höher als der Eiweißgehalt anderer zur Milchwirtschaft genutzter Tierarten.

Zusammensetzung der Schafmilch einzelner Rassen.

Trockenmasse und Fettanteil der Schafmilch sind nicht nur rasseabhängig, sondern variieren selbst innerhalb einer Rasse. Die Tabelle auf Seite 114 unten verdeutlicht verschiedene Auswertungen im Mittel der Laktation nach Trockensubstanz und Fettgehalt.

Im Milchschafbestand des Autors ergaben Probeuntersuchungen im Rahmen der Milchleistungskontrollen Schwankungen zwischen 3,5 % Fett zu Beginn und 11 % Fett am Ende des Kontrollzeitraumes von 300 Tagen. Selbst in einem Gemelk kann pro Euterhälfte ein meßbarer Unterschied in Fett und Trockenmasse festgestellt werden. Um vergleichbares Zahlenmaterial zu erhalten, müßte die kontrollierte Milcherzeugung unter genau gleichen Voraussetzungen erfolgen, was leider nicht möglich ist.

Beeinflußbare Faktoren bei der Milcherzeugung

Die Milchleistung

Erblich bedingte Milchleistung.

Die erblich vorgegebene Milchleistung des Milchschafes ist ausschließlich durch gezielte Zuchtmaßnahmen zu erhalten oder zu erhöhen. Daher sollten nur Böcke eingesetzt werden, deren Mütter und Großmütter eine amtliche Milchleistungskontrolle mit mindestens durchschnittlicher Leistung erbracht haben.

Erzielte Milchleistung.

Die erzielte Milchleistung ist abhängig vom Gesundheitszustand des Schafes, der Witterung, dem Futter und der momentanen Situation. Nur ein gesundes Milchschaf, das auch frei ist von Innen- und Außenparasiten, ist in der Lage, seine mögliche Milchleistung zu erbringen. Jede gesundheitliche Störung ist sofort am verminderten Gemelk zu erkennen.

Die Witterung macht sich bei der Milchmenge indirekt stark bemerkbar, weil die Schafe bei Regen oder Hitze weniger weiden, und durch die geringere Futteraufnahme die Milchmenge beeinflußt wird. Bei Stallfütterung werden dem Schaf bei zu wenig Eiweißfutter wichtige Bausteine zur Milchproduktion vorenthalten, und die mögliche Leistung kann nicht erbracht werden. Als momentane Situation, die die Milchleistung kurzfristig oder ganz vermindern kann, zählen die Schur, das Baden, eine Wurmkur oder selbst das Hetzen eines Hundes. In jedem Falle wird hier eine Streßsituation erzeugt, die sich auf die Milchleistung negativ auswirkt. In Ausnahmefällen kann ein sensibles Schaf durch solch einen kurzzeitigen Streß seine Milchproduktion komplett einstellen.

Die Milchqualität

Die Qualität der Milch kann nach 4 Kriterien beurteilt und selbst kontrolliert werden: Geruch, Geschmack, Aussehen und bakteriologische Beschaffenheit müssen vom Milcherzeuger selbst geprüft werden und uneingeschränkt in Ordnung sein, bevor sie als Lebensmittel bezeichnet werden dürfen.

Geruch

Weil die Milch sehr schnell den Geruch der Umgebung annimmt, muß die gemolkene Milch umgehend aus dem Stall entfernt werden. Reinigt der Melker seine Hände mit einer stark parfümierten Seife und wird mit der Hand gemolken, so kann die Milch den Parfümgeruch annehmen. Auch verschiedene Futterarten wie Silage, Kohl oder Rüben verändern den Geruch, den Geschmack und die Verkäsbarkeit.

Geschmack

Geruch und Geschmack der Milch werden häufig durch den gleichen auslösenden Faktor negativ beeinflußt. Zusätzlich zu den geruchsbeeinflussenden Faktoren ändert sich der Milchgeschmack bei zu frühem Melken nach dem Ablammen, oder kurz vor der Trockenstellung. In beiden Fällen ist die Milch als Lebensmittel unbrauchbar.

Aussehen

Die Fettkügelchen der Schafmilch sind größer als in anderer Milch. Dadurch bilden sie eine größere lichtreflektierende Oberfläche und lassen die Schafmilch in einem leuchtenden Weiß oder Porzellanweiß erscheinen. Jede farbliche Veränderung ist anormal. Sogenannte Erdbeermilch ist durch Blutanteile rosa eingefärbte Milch und als Lebensmittel ungeeignet. Graue Milch entsteht beim Melken mit der Melkmaschine, wenn ein Zitzenbecher abgetreten wird und wie ein Staubsauger Staub und Schmutz in die Milchleitung saugt. Flockige Milch ist die höchste Alarmstufe und Aufforderung

zur sofortigen bakteriologischen Untersuchung durch das Tiergesundheitsamt oder durch einen Tierarzt zur Einleitung einer Behandlung des Schafes. Wässerige Milch zeigt die bevorstehende Trockenperiode des Schafes an. Auch diese Milch ist für den menschlichen Genuß ungeeignet.

Bakteriologische Beschaffenheit

Dem Milcherzeuger sind hier bei der Milchuntersuchung Grenzen gesetzt. Seine Möglichkeiten bestehen in der Benutzung von Indikatorpapier oder dem Schalmtest. Eine gute Methode ist die wöchentliche Milchkontrolle mit Indikatorpapier. Zusätzlich wird alle vier Wochen der Schalmtest durchgeführt. Um nicht andere Mitmenschen oder sich selbst durch den Genuß von verseuchter Schafmilch gesundheitlich zu gefährden, sollte unbedingt eine jährliche Blutuntersuchung des Schafes auf Brucellose durchgeführt werden.

Kontrolle der Milch mit dem Indikatorpapier

Indikatorpapier ist eine Art weißes Löschpapier, auf dem vier Felder chemisch behandelt und gelb gekennzeichnet sind. Einige Tropfen Milch genügen, um auf einem Kontrollfeld eine chemische Reaktion auszulösen. Ist die Milch in Ordnung, verfärbt sich das Gelb in Hellgrün. Hat sich aber durch eine beginnende Eutererkrankung der PH-Wert der Milch geändert, verändert sich der gelbe Farbton in ein kräftiges Grün. Dieses ist wohl der einzige Tatbestand, in dem das Signal Grün einen Alarm auslöst.

Die Kontrolle mit dem Schalmtest

Beim Schalmtest wird einer bestimmten Menge Milch in einer Testschale mit Maßangabe eine farbige chemische Flüssigkeit zugesetzt. Ist die Milch in Ordnung, wird beim Umrühren nur die Farbe verändert. Liegt eine Euterentzündung oder auch nur der Beginn einer solchen vor, dann wird die Milch schleimig und zieht Fäden.

Die Milchbildung

Das Schafeuter besteht aus zwei voneinander getrennten, unabhängigen Euterhälften. Jede Hälfte besteht aus dem milchbildenden Drüsengewebe, den Milchgängen und Kanälen der Zisterne und dem Strichkanal. Jede Hälfte und das gesamte Euter werden von einem elastischen Bindegewebe umschlossen und gehalten. Das Drüsengewebe besteht aus Drüsenläppchen und diese wiederum aus Drüsenbläschen. Diese Drüsenbläschen sind die Bausteine der Milchdrüse. Ihre Größe beträgt etwa 0,1 bis 0,2 mm. Im Inneren der Drüsenbläschen wird die Milch gebildet und durch die Korbmuskeln, die jedes einzelne Drüsenbläschen umgeben, herausgedrückt. Die Milch der einzelnen Drüsenbläschen gelangt über die feinverzweigten Milchkanälchen zu den Milchkanälen. Diese vereinigen sich zu den Milchgängen und führen die Milch in die Zisterne. Am unteren Teil der Zisterne ist die Zitze mit dem Strichkanal, die durch einen Schließmuskel am Ende verschlossen ist.

Des weiteren befinden sich im Euter ein stark ausgeprägtes Nervensystem und weitverzweigte Blutbahnen und Blutgefäße. Die Milch wird in den Milchbildungszellen gebildet. Die Nährstoffe werden dem Blut entnommen. Eine hohe Milchleistung erfordert eine intensive Durchblutung des Euters. Untersuchungen haben ergeben, daß zur Erzeugung von 1 l Milch etwa 500 l Blut das Euter durchströmen müssen. Wenn also ein Milchschaf 5 l Milch als Tagesleistung erzeugt, so müssen in dieser Zeit 2500 l Blut durch das Euter gepumpt werden. In den Milchbildungszellen werden nicht nur Milchinhaltsstoffe neu gebildet, sondern auch Teile aus dem Blut direkt übernommen. Hierdurch erklärt sich die Geruchs- und Geschmacksbeeinflussung der Milch, die vom Futter direkt über das Blut ausgelöst wird. Auch Medikamente können auf diesem Wege die Milch erreichen. Während der Laktation sind die Milchbildungszellen immer tätig. Es wird also ständig Milch gebildet und bis zum Saugen des Lammes oder bis zum Melken im Drüsengewebe und der Zisterne gespeichert. Die zunehmende, gespeicherte Milchmenge erhöht innerhalb des Euters den Druck, der dann das Signal zur langsameren Milchproduktion auslöst. Häufiges Melken, zum Beispiel 3- bis 4mal täglich, hält den inneren Euterdruck niedrig und animiert die Milchbildungszellen zu hoher Aktivität. Von der gesamten melkbaren Milchmenge befinden sich nur etwa 15 % in der Zisterne und dem Strichkanal. Die übrige Milch wird in den Drüsenbläschen gespeichert und von dem Schaf je nach Melkbereitschaft festgehalten oder abgegeben. Die Melkbereitschaft des Schafes wird hormonell gesteuert und durch äußere Reize ausgelöst. Beim sorgfältigen Anrüsten, das schon beim Reinigen des Euters beginnt, werden die Nerven im Euter und in der Zisterne gereizt, und über die Nervenbahnen wird die Hirnanhangdrüse zur Abgabe des Oxytocin-Hormons angeregt. Dieses Hormon gelangt über die Blutbahn zu den Korbmuskeln, die die Drüsenbläschen umspannen. Das Oxytocin bewirkt ein Zusammenziehen der Muskeln, wodurch die Milch ausgepreßt wird. Der Gegenspieler des Oxytocin-Hormons ist das Hormon Adrenalin aus dem Nebennierenmark. Es bewirkt ein Zusammenziehen der Blutgefäße im Euter, wodurch das Oxytocin nicht mehr zu den Korbzellen gelangen kann. Auslösende Reize zur Ausschüttung des Adrenalins sind Angst, Schmerzen, Schreck oder anormale Störungen des Melkvorganges.

Die Kolostralmilch

Die Biestmilch oder Kolostralmilch ist die Milch, die unmittelbar nach der Lammung gebildet wird. Sie unterscheidet sich von der normalen Schafmilch in Farbe, Geruch, Geschmack, im Aussehen und in der Konzentration beziehungsweise in ihrem Gehalt. Die einzige Aufgabe der Kolostralmilch ist, den neugeborenen Lämmern optimale Startbedingungen zu gewährleisten und deshalb ist sie genau auf diese Anforderungen abgestimmt. Bis auf wenige Spezialrezepte ist die Biestmilch für den menschlichen Verzehr ungeeignet. Die Zeitspanne, bis die Milch als Nahrungsmittel für den Menschen verwendet oder verkäst werden kann, ist sehr unterschiedlich. Sie liegt zwischen 8 Tagen und 4 Wochen. Die Übergangszeit wird von der Häufigkeit des Melkens, von der abgenommenen Milchmenge (Einlinge oder Mehrlingslämmer) und von dem Schaf selbst beeinflußt. Die Biestmilch ist nicht kochbar. Der hohe Eiweißgehalt flockt bei Erhitzung aus, und läßt die Milch gerinnen. Bevor man Milch zum Eigenverbrauch oder für eine Weiterverarbeitung nutzt, sollte man sich von der Kochfähigkeit und dem einwandfreien Geschmack überzeugen. Die Farbe der Biestmilch ist schwach bis stark gelb und kann sogar einen Stich ins Grünliche aufweisen.

Der Geruch der Kolostralmilch erinnert an heiße Trinkmilch. Wird ein säuerlicher Geruch festgestellt, muß die Milch unbedingt kontrolliert werden, da in diesem Fall eine Euterentzündung vermutet werden kann. Im Aussehen und in der Konsistenz gleicht die Biestmilch einer dicken Vanillesoße. Die Trockensubstanz liegt bei 30 bis 40 %.

Vergleich der Zusammensetzung von Kolostralmilch und Schafmilch

	Kolostralmilch	Milch
Eiweiß	10–25 %	5 – 7 %
Fett	8–15 %	4 –10 %
Milchzucker	3,5–6 %	2,5– 4,5 %

Quelle: Th. Hiepe, Schafkrankheiten

Zusätzlich zu den in der Milch enthaltenen Inhaltsstoffen hat die Kolostralmilch die sehr wichtigen Gamma-Globuline. Sie haben die Aufgabe, dem Lamm in den ersten Tagen bis zum Aufbau des eigenen Immunsystems eine verstärkte passive Abwehrkraft zu vermitteln. Welche Mengen Biestmilch vom Lamm zum Aufbau dieser Abwehrkräfte mindestens aufgenommen werden müssen, ist nicht bekannt. Die Fütterung von 200 ml hat sich jedoch als ausreichend erwiesen. Für Notfälle oder zur mutterlosen Lämmeraufzucht kann die Kolostralmilch in tiefgefrorenem Zustand aufbewahrt werden. Dazu werden von einem Muttertier vier einzelne Portionen von mindestens 50 ml am ersten Tag nach der Lammung im Abstand von etwa 2 Stunden abgemolken und sofort eingefroren. Diese Portionen werden gekennzeichnet und dem Lamm in der gleichen Reihenfolge gegeben.

Die erste Milch muß unmittelbar nach dem ersten Saufen der eigenen Lämmer abgemolken werden, weil sich die Kolostralmilch schon vom ersten Tag an langsam zur Normalmilch hin verändert.

Wer ist hier der Melker?

Das Melken

So unterschiedlich die Schafrassen, ihre Größe und Milchleistung sind, so vielfältig sind auch die Möglichkeiten des Milchentzuges. Man kann davon ausgehen, daß schon alle älteren Schafrassen zur Milchgewinnung gemolken wurden. Durch die unterschiedliche Milchleistung, Euterform und Größe der Schafe haben sich Melkpraktiken entwickelt, die man fast als abenteuerlich oder als Vergewaltigung bezeichnen kann. Im »Handbuch der Schafzucht« beschreibt der Autor ein altertümliches Melkverfahren aus Mecklenburg, wonach die Schafe am Kopf festgehalten wurden, dann mit gespreizten Beinen mit dem Hinterteil über einen Milchkübel gesetzt und von hinten gemolken wurden. Bei einer anderen alten mecklenburgischen Melkart wurden die Schafe auf das Hinterteil ge-

setzt und von einer Person, die dahinter stand, festgehalten. Der Melker konnte dann, vor dem Schaf kniend, in eine flache Schale melken. In südlichen Ländern, wo größere Herden von Hand gemolken werden, wird das Schaf an einem Hinterbein gefangen und zum Melkeimer gezogen. Der Melker hält mit der linken Hand das Schaf am Euter fest und melkt mit der rechten Hand die ersten Strahlen aus beiden Zitzen ab. Sobald er merkt, daß das Schaf die Milch abgibt, umspannt er mit beiden Händen das Euter am Ansatz und preßt die Milch aus beiden Euterhälften gleichzeitig aus. Diese Melkmethode erfordert große Kraft des Melkers und wird deshalb vorzugsweise von Männern angewandt. Zur Nachahmung sind diese Beispiele nicht gedacht.

Beim Deutschen Milchschaf sind diese Melkarten aus verschiedenen Gründen strikt abzulehnen:

Handmelken von der Seite ist die häufigste Form des Milchentzugs beim Deutschen Milchschaf.

1. Wird das Deutsche Milchschaf unter Gewalteinwirkung gemolken, läßt die Milchleistung rapide nach.
2. Beim Auspreßverfahren über einen längeren Zeitraum ist durch innere Euterverletzung einer Euterentzündung kaum auszuweichen.
3. Beim Handmelkverfahren von hinten sind Verunreinigungen der Milch durch herabfallende Schmutzteile vom Schwanz nicht auszuschließen. Es ist deshalb aus hygienischen Gründen abzulehnen.

Das Deutsche Milchschaf wird bis auf wenige Ausnahmen in kleinen Herden mit Bestandsgrößen von zwei bis zehn Muttertieren gehalten.

In dieser Größenordnung wird das Milchschaf ausschließlich von der Seite mit der Hand gemolken. Das Vollhand-Melkverfahren hat sich beim Deutschen Milchschaf als zweckmäßig erwiesen und wird fast überall angewandt. Bei dieser Melkart wird jeweils eine Zitze an ihrem Ansatz mit Daumen und Zeigefinger einer Hand umspannt und durch Daumendruck der Milchkanal zur Zisterne hin verschlossen. Danach wird durch Umfassen der Zitze mit den übrigen Fingern die Milch gefühlvoll ausgepreßt. Zitzenverletzungen durch die Fingernägel des Melkers sind unbedingt zu vermeiden. Der Rhythmus des Melkens muß ruhig und gleichmäßig sein. Das Schaf muß das Melken als angenehm empfinden, da ja durch hormonelle Steuerung erst der Milchfluß zustande kommt.

Anrüsten

Es spielt keine Rolle, ob die Schafe mit der Melkmaschine oder von Hand gemolken werden, verschiedene Arbeitsgänge wie das Anrüsten und das Nachmelken sind immer gleich.

Das Anrüsten ist eine der wichtigsten Vorbereitungen zum Melken. Das Anrüsten beginnt mit der Reinigung des Euters. Die Euterreinigung mit trockenem Einwegpapier ist unzureichend, weil kleine Schmutzteile nicht einwandfrei beseitigt werden. Der Vorteil dieser Einwegtücher ist zwar, daß man keine Keime von einem Euter auf das andere überträgt. Wenn man die gemolkene Schafmilch als Lebensmittel verwenden will, ist aber eine gründliche, feuchte Reinigung mit warmem Wasser, dem ein Pflegezusatz beigegeben wird, unverzichtbar. Die Reinigungsarbeit und das anschließende Abtrocknen des Euters sollten eine massierende Wirkung haben, um das Schaf auf das Melken einzustimmen. Nach dem Abtrocknen werden die ersten Milchstrahlen in den Vormelkbecher abgemolken. Die ersten Milchstrahlen haben durch Milchreste des vorangegangenen Melkens und durch nicht abzutrocknendes Reinigungswasser im Zitzenhohlraum an der Zitzenspitze den höchsten Keimgehalt. Sie dürfen weder in die Gesamtmilch gelangen, noch sind sie für Kontrollzwecke geeignet. Die nächsten abgemolkenen Milchstrahlen dienen der täglichen Kontrolle auf Beschaffenheit, Geruch und Aussehen.

Sollten sich irgendwelche Veränderungen herausstellen, muß eine Kontrolle mit Indikatorpapier oder ein Schalmtest erfolgen, um eine eventuelle Euterentzündung im Anfangsstadium zu erkennen und zu behandeln. Schafe, deren Milch wegen Euterentzündung nicht als Lebensmittel genutzt werden kann, müssen immer zum Schluß gemolken werden, um das Risiko der Infektion so gering wie möglich zu halten.

Das Hauptmelken kann nun von Hand oder mit der Maschine erfolgen. Wichtig ist jedoch, daß dieses zügig nach dem Anrüsten ausgeführt wird, um möglichst viel von der gesamt verfügbaren Milch in diesem Arbeitsgang zu gewinnen.

Nachmelken

Das Nachmelken ist erforderlich, um das Euter vollständig zu entleeren. Manche Schafe halten bis zu 30 % ihrer Milch während des Hauptmelkens fest. Die zuletzt gemolkene Milch ist die fettreichste

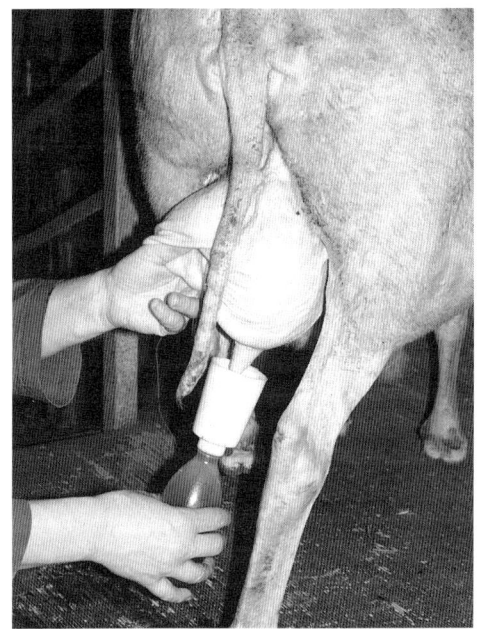

Zum Abschluß des Melkens werden die Zitzen in ein Dippmittel getaucht.

Milch und gehört mit in die Milchkanne. Beim Nachmelken, das immer von Hand ausgeführt wird, werden die Euterhälften nacheinander und nicht im Wechsel wie beim Hauptmelken entleert. Lämmer, die bei ihren Müttern saufen wollen, stoßen vorher mit der Nase mehrmals gegen das Euter, um den Milchfluß anzuregen. Ahmt man dieses Stoßen vorsichtig mit der Faust unters Euter nach, kann man relativ leicht auch die letzte Milch ausmelken. Zum Schluß werden die Zitzen in ein Dippmittel eingetaucht und nicht abgetrocknet. Das Dippmittel hat desinfizierende Wirkung. Die Flüssigkeit bildet mit dem letzten anhaftenden Tropfen an der Strichkanalöffnung einen hygienischen und elastischen Ver-

Melken mit der Melkmaschine.

schluß, der das Eindringen von Keimen in das Euter verhindert.

Maschinenmelken

Technisch gibt es beim Maschinenmelken keinerlei Probleme. Die Industrie ist auf die Herstellung modernster Schafmelkanlagen eingestellt und bietet Melkmaschinen mit allem erdenklichen Zubehör an. Großmelkanlagen für Schafe sind genau wie im Rinderstall auch mit elektronischer Datenerfassung und Datenverarbeitung ausgestattet. Man unterscheidet drei Gruppen von Melkanlagen:

Rohrmelkanlagen

Bei der Rohrmelkanlage wird die gemolkene Milch direkt über ein Rohrleitungssystem zum Tank geleitet. Milchfilter, Pumpen und Meßeinrichtungen sind im Rohrsystem eingebaut. Gereinigt wird eine solche Anlage durch Spülautomaten, die gleichzeitig auch die Melkzeuge in den Reinigungs- und Desinfektionskreislauf mit einbeziehen. Der Einsatz solch einer Anlage ist bei einer Tagesmilchmenge ab 100 l zu empfehlen.

Eimermelkanlagen

Bei der Eimermelkanlage gibt es zwei Möglichkeiten. Die Kompaktbauweise, oder der separate Melkeimer. Bei der Kompaktbauweise sind alle zur Melkanlage gehörenden Teile zusammen auf einen Transportkarren gebaut, der dann zu dem zu melkenden Schaf oder anschließend zur Milchentleerung und zur

Reinigung an die entsprechende Stelle gefahren wird. Zum Antrieb der Vakuumpumpe dient wahlweise ein Elektromotor oder ein Benzinmotor.

Vorteil: Diese Anlage ist nicht ortsgebunden und man kann sie bequem überall hinfahren.

Nachteil: Beim Melken hat man immer das störende Pumpengeräusch aus unmittelbarer Nähe.

Die Anlage mit separatem Melkeimer besteht aus Maschinensatz, Rohrverbindungen und Melkeimer mit Melkzeug und Pulsator. Der Maschinensatz als Vakuumpumpe, Antriebsmotor und Unterdruckkessel bildet ein Aggregat, das meist in einem separaten Raum zur Geräuschunterdrückung fest installiert ist. Die Rohrverbindungen zur Versorgung des Melkeimers am Melkstand und an der Stelle, wo die milchführenden Teile gespült werden, müssen ihrer Länge entsprechend groß dimensioniert sein. Der Melkeimer wird von fast allen Herstellern als Doppeleimer mit 20 l Fassungsvermögen angeboten. Doppeleimer heißt, daß an einem Melkeimer zwei Melkzeuge zum gleichzeitigen Melken von zwei Schafen angeschlossen werden können.

Vorteil: Es können Baugruppen verschiedener Hersteller eingesetzt werden. Einzelteile wie Maschinensatz, Rohrverbindungen und Melkeimer werden preiswert gebraucht angeboten oder können, weil sie baugleich sind, aus dem Kuhstall übernommen werden. Die Geräuschbelästigung durch den Maschineneinsatz am Melkplatz entfällt.

Nachteil: Mit dem Melkeimer kann nur da gemolken werden, wo auch ein Vakuumanschluß vorhanden ist.

Melkzeug und Pulsator

Melkzeuge und Pulsator werden jeweils auf die zu melkende Tierart abgestimmt. Der Pulsator bestimmt den Melkrhythmus und die Melkgeschwindigkeit. Bei wissenschaftlichen Untersuchungen an Hochschulen wurden mit Versuchsherden für den Pulsator zum Schafemelken folgende Meßwerte erarbeitet. Gemolken wird im Gleich- oder Wechseltakt, das heißt rechte und linke Zitze werden gleichzeitig oder abwechselnd entleert.

Pulszahl 120: Pro Minute werden die Zitzen 120 mal entleert.

Pulsverhältnis 50:50: Die Zeit eines Melkpulses wird zu gleichen Teilen aufgeteilt in Belastungszeit und Entlastungszeit.

Vakuum 40 kPa: Dies ist die Höhe des Unterdruckes, der zum einwandfreien Betreiben der Melkanlage erforderlich ist. Bei diesem Unterdruck ist ein einwandfreier Sitz der Zitzengummis noch gewährleistet.

Melkzeug mit Zitzengummi

Hier beginnen die eigentlichen Probleme des Milchschafhalters beim Maschinenmelken. Das Melkzeug ist zwar der geringste Kostenfaktor der gesamten Melkanlage, ihm muß aber besondere Aufmerksamkeit gewidmet werden. Die von der Industrie angebotenen Schafzitzenbecher und Gummis sind für die Süd- und Osteuropäischen Schafrassen entwickelt worden, die in großen Herden für die Schafmilcherzeugung gehalten werden. Diese Schafrassen haben verhältnismäßig kleine, aber einheitliche Zitzen. Beim Deutschen Milchschaf sind Euterform und Zitzengröße sehr unterschiedlich. Hier haben die Züchter noch einen großen Aufgabenbereich vor sich. Um alle Zitzengrößen mit dem gleichen Zitzengummi melken zu können, muß man Kompromisse schließen. Der Autor hat die besten Erfahrungen mit den größeren Ziegenmelkzeugen gemacht, und seit dieser Umstellung ist im Stall auch keine Euterentzündung wegen falscher Zitzengummis mehr vorgekommen.

Hand- oder Maschinenmelken?

Diese Frage muß für jeden Betrieb individuell entschieden werden. Ein deutlicher Zeitvorteil kann mit der Melkmaschine erst bei einer Bestandsgröße von zehn Muttertieren und mehr erarbeitet werden, da das Spülen einer Melkmaschine auch zeitaufwendig ist. In Kleinbeständen kann eine vorhandene Melkmaschine einen ungeübten Handmelker erheblich entlasten und ist im Bedarfsfall wie Urlaub oder Krankheit des Schafhalters nach kurzer Einarbeitung durch berufsfremde Aushilfen zu bedienen.

Einfluß des Hand- oder Maschinenmelkens auf die Milch
Beim Endprodukt Milch als Lebensmittel sind absolute Sauberkeit und eine hygienische Produktion Voraussetzung. Die Milch ist im Euter gesunder Schafe frei von Bakterien und Schmutz. Erst beim Melken kommen diese Fremdteile in die Milch. Staub, Wolle, Hautschuppen und Futterreste finden auch im saubersten Stall und beim sorgfältigsten Melken den Weg in die Milch. Die Schmutzteilchen sind zum Teil wasserlöslich und vermischen sich nach kurzer Zeit mit der Milch. Diese in der Milch gelösten Schmutzanteile sind nicht auszufiltern und machen die Milch als Lebensmittel unbrauchbar. Beim Handmelken ist durch die große Öffnung des Melkeimers die Möglichkeit der Milchverschmutzung sehr groß. Da aber nach jedem gemolkenen Schaf die Milch aus dem Melkeimer durch den Filter in die Milchkanne gegossen wird, ist das Risiko, daß die Gesamtmilch verdorben wird, gering.

Beim Maschinenmelken sind grobe Schmutzanteile in der Milch äußerst selten. Sollte aber ausgerechnet das letzte zu melkende Schaf einen Melkbecher abtreten, dann wirkt dieser wie ein Staubsauger und verunreinigt den gesamten Eimerinhalt zu einer nicht mehr für den menschlichen Verzehr geeigneten, grauen Flüssigkeit.

Milchtöpfe, Kannen und Geschirr

Bei der Auswahl des Geschirrs für die Milch und den Käse ist einige Sorgfalt nötig. Die Milch ist überaus empfindlich und nimmt sehr schnell jeden Eigengeruch eines Gefäßes an. Besonderen Wert sollte man auf eine gute Reinigungsfähigkeit des Milchgeschirrs legen. Ideal sind Aluminium, Glas- oder Edelstahlbehälter. Wichtig ist eine glatte Oberfläche und eine gewisse Hitzebeständigkeit des Materials. Milch ist ein nahezu vollkommenes Nahrungsmittel und bietet somit auch allen unerwünschten Bakterien und Pilzen besten Nährboden. Selbst in einer gut gespülten Aluminium-Milchkanne, die einige Tage verschlossen und unbenutzt gestanden hat, haben sich die Bakterien so vermehrt, daß man sie riechen kann. Die Kanne stinkt. Wird die gleiche

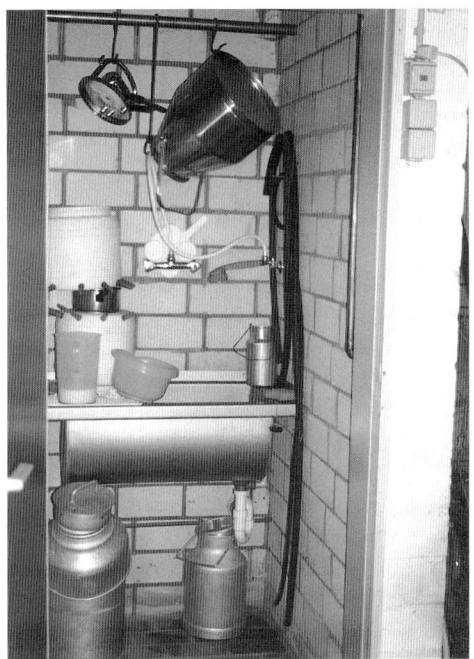

Ein kleiner Raum zur Reinigung und Aufbewahrung des Melkzeuges.

Kanne nach dem Spülen aber in einen Backofen bei 110 °C getrocknet, kann man sie ohne Sorge verschlossen aufbewahren. Diese Kanne ist steril. Um also die Milch nicht unkontrolliert mit Bakterien oder Pilzen zu impfen, empfiehlt sich immer eine Sterilisation aller Milch- und Käsegeräte.

Das Lebensmittelrecht

Das Lebensmittelrecht in Verbindung mit der Lebensmittelkennzeichnungsverordnung regelt fast alles. Die Herstellung von Lebensmitteln, die Lagerung, der Vertrieb und selbst die Strichstärke und Buchstabengröße der Auszeichnungsetiketten sind gesetzlich geregelt. Dazu kommt noch die Milch- und Käseverordnung. Bei der Regelung für Milch hat man die Schafmilch nicht berücksichtigt. Entweder hat der Gesetzgeber die Milchschafhalter für besonders verantwortungsbewußt gehalten, oder ihre Aktivitäten unterschätzt. Tatsache ist jedenfalls, daß Schafmilch amtlich nicht existent ist. Anders sieht es bei der Käseverordnung aus. Hier ist Käse aus Schafmilch integriert und geregelt. Es gibt weder zur Produktion noch zum Vertrieb irgendwelche Privilegien. Alle Verordnungen haben eines gemeinsam: Ihre Gültigkeit erstreckt sich nur auf den gewerblichen Bereich. Die private Käseproduktion ist unberührt, und auch das Stück Käse als Mitbringsel im Freundeskreis darf ohne Auszeichnungsetikett überreicht werden. Der Ausspruch einer Aufsichtsbehörde zu diesem Thema war: »Die private Frikadelle mit 50 % Brotanteil ist weiterhin erlaubt.«

Milchraum und Käseküche

Diese Räumlichkeiten benötigt nur der Profi, der den Käse zum Verkauf herstellt. Die Vorschriften, Anforderungen und Kontrollen sind bei Kleinkäsereien und großen Molkereien einheitlich. Dies ist verständlich, weil ja die Hygieneprobleme bei kleinen Milchmengen die gleichen sind, wie bei der Verarbeitung einer Tankwagenladung. Alle Vorschriften bezwecken, daß die Milch absolut sauber verarbeitet wird. Wenn der Milchschafhalter also die Hygiene verbessern will, beginnt er am besten bei der Euterpflege,

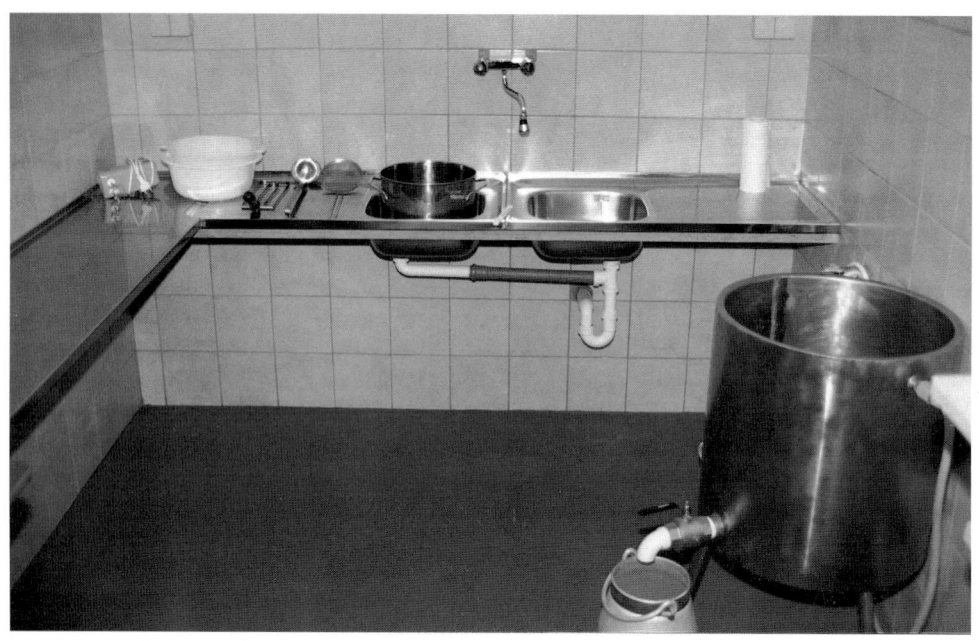

Dieser umgebaute Kellerraum ist eine gute Käseküche.

das heißt, vor dem Melken wird das Euter gereinigt. Immer ist der komplette Weg, den die Milch zurücklegt, Schritt für Schritt zu betrachten und zu beurteilen: wo kann die Milch durch Schmutz oder scharfe Gerüche verändert werden? Treten bei dieser Beurteilung Zweifel auf, sollte die Milch nicht zur Käseherstellung verwendet werden, denn es ist schade um die Arbeit, wenn nach drei Monaten Reifezeit der Käse nicht schmeckt und eine verunreinigte Milch dafür verantwortlich ist. Außerdem können einem solche Mißerfolge die Lust an der Käserei verleiden. Sollen also für die Milchlagerung oder Käseproduktion separate Räume erstellt oder eingerichtet werden, dann muß man das Handwerk der Käseherstellung erst einmal beherrschen und mit Erfolg ausgeübt haben. Nur mit diesem Kenntnisstand ist man in der Lage, Schwachstellen zu erkennen und durch Umgestaltung oder Veränderung der Räumlichkeiten auszuschalten. Eine komplette Käseküche, bestehend aus 4 bis 5 klimatisierten Räumen, die mit ihrer Einrichtung einer amtlichen Kontrolle genügen, dürfte wohl für die meisten Milchschafhalter ein Wunschtraum bleiben.

Käse

Zu einer kompletten Milchschafhaltung gehört es einfach, daß zumindest für den Eigenverbrauch Milchprodukte selbst hergestellt werden. In den Monaten August, September und Oktober sind die Frühjahrslämmer schon geschlachtet oder abgesetzt. Ein gutes Milchschaf muß zu dieser Jahreszeit noch gemolken werden und gibt etwa 1 bis 2 Liter Milch pro Tag. In den meisten Fällen kann diese Menge Frischmilch weder regelmäßig verkauft, noch für den Eigenbedarf verbraucht werden. Hier bietet sich die Verarbeitung der Milch zu Joghurt, Quark oder Schnittkäse geradezu an, zumal das Selbstgemachte doch immer wesentlich besser schmeckt als das fertig Gekaufte.

Käse, dieses für die meisten Verbraucher höchst geheimnisvolle Produkt, ist eigentlich nur durch Einwirkung von Bakterien veränderte und haltbar gemachte Milch. Die unterschiedlichen Käse-Sorten entstehen durch verschiedene Bakterienstämme und unterschiedliche Reifungstemperaturen und allenfalls durch Zugabe von Salz.

Die Käseproduktion für den Eigenbedarf kann in der normalen Haushaltsküche aufgenommen werden, da Sondervorschriften nur für gewerblich produzierten Käse, also für den Verkauf Gültigkeit haben.

Zutaten und Geräte zur Käseherstellung

Außer den normalen Haushaltsgeräten wie Töpfen, Kannen, Sieb und Thermometer sind zur Käseherstellung Milch, Lab und eine Starterkultur nötig.

Lab

Lab ist ein Enzym, das die Milch sofort gerinnen läßt. Es befindet sich im Magen der Säugetiere und wird überwiegend aus dem Labmagen der Kälber gewonnen. Synthetisches Lab besteht aus chemisch aufbereiteten Pflanzen- und Bakterienenzymen und ist genau wie Kälberlab zu verwenden. Lab wird als Pulver, flüssig oder in Tablettenform in Bioläden, Reformhäusern, Drogerien oder Käserei-Zubehörgeschäften verkauft.

Es wird in unterschiedlicher Stärke angeboten. Die Labstärke gibt an, wieviele Teile Milch von einem Teil Lab bei einer bestimmten Temperatur in einer festgelegten Zeit eingedickt werden. Die handelsüblichen Labstärken sind 1:10 000, 1:12 000 oder 1:100 000, das heißt, bei einer Labstärke von 1:10 000 werden 10 000 g = 10 Liter Milch von 1 g Lab bei 35 °C in 40 Minuten eingedickt. Diese Angabe bezieht sich ausschließlich auf Kuhmilch. Für Schafmilch kann man diese

Werte als Anhaltspunkt nehmen und muß sie notfalls um etwa 10 % nach oben korrigieren.

Die Stärke der Labtabletten ist so ausgelegt, daß eine Tablette ausreichend ist für 2–5 Liter Milch. Angenehmer ist die Arbeit mit Flüssiglab, weil es sich einfacher und genauer dosieren läßt.

Ohne Waage kann man eine geringe Menge folgendermaßen genau abmessen: Das Gewicht von Flüssiglab beträgt 1,14 g pro cm^3. Da die Menge für Schafmilch sowieso um etwa 10 % erhöht werden soll, rechnet man einfach 1 g = 1 cm^3. Mit einer kleinen Einwegspritze ist problemlos mit einem Teilstrich die Menge von 0,1 g zu dosieren. Noch einfacher ist es, die einmal ausprobierte Labmenge als Tropfen auszuzählen. Dabei ergeben sich für Schnittkäse 4 Tropfen Lab für 1 Liter Milch und für Quark 1 Tropfen für 4 Liter Milch. Je nach Säuerungsansatz und Startertemperatur muß man diese Werte anpassen. Schmeckt der Käse oder der Quark bitter, so wurde mit Sicherheit mit zuviel Lab gearbeitet. Verwendet man Flüssiglab oder Labpulver unbekannter Stärke, dann sollte in jedem Fall mit Kuhmilch eine Probe gemacht werden. Dazu setzt man 1 l Milch bei 30 °C mit einer selbst bestimmten Menge Lab an und kontrolliert die Gerinnungszeit. Die Labmenge muß dann so variiert werden, daß die Gerinnungszeit etwa 45 Minuten beträgt.

Starterkulturen

Starterkulturen, auch Säuerungskulturen genannt, sind unersetzliche Helfer bei der Käseherstellung. Mancher erinnert sich sicher noch an die Zeit, wo die Milch einfach in einer offenen Schale an einen warmen Ort gestellt wurde und sich daraus nach einiger Zeit Sauermilch und Dickmilch bildete. Die Dickmilch wurde dann einfach in ein Tuch gegossen und zum Abtropfen aufgehängt. Nach einem Tag war der Quark fertig. Dieses System funktioniert heute leider nicht mehr. In der Luft unserer Umwelt sind so viele fremde und für die Milch schädliche Keime vorhanden, daß wir uns auf den Zufall des Gelingens nicht verlassen können.

Die Säuerung der Milch hat gleichzeitig eine konservierende Aufgabe und muß sehr sorgfältig und gezielt eingeleitet werden. Milchsäurebakterien wandeln in einer Art Gärvorgang den natürlichen Milchzucker in Milchsäure um. Aus der großen Zahl der unterschiedlichsten Milchsäurebakterien hat man in den Molkereilaboratorien die geeignetsten herausgefunden und weitergezüchtet. Diese Säuerungskulturen sind auf Joghurt- oder Sauermilchbasis im gefriergetrockneten Zustand im Handel erhältlich.

Die Herstellung eines Säureweckers aus getrocknetem Joghurt oder aus Sauermilchkulturen setzt, wie bei allen Arbeiten in der Käserei, absolute Sauberkeit aller verwendeten Geräte voraus. Um sicher zu sein, daß in den selbst hergestellten Starterkulturen die gewünschten Bakterien auch in der Überzahl sind, muß die Ansatzmilch vorher keimfrei gemacht werden.

Im einzelnen sieht das so aus: Der Topf, in dem die Milch erhitzt werden soll, war vorher bei 100 °C im Backofen und ist damit steril. 1 Liter Milch wird unter ständigem Umrühren auf dem

Herd auf etwa 90 °C erhitzt. Benutzt man zum Umrühren das Milchthermometer, ist die vorhandene Temperatur immer erkennbar. Beim Erreichen der Temperatur von 90 °C wird der Topf vom Herd genommen und die Milch noch 1 Minute lang weiter gerührt. Hiermit wird die Überhitzung der Milch am Topfboden und dadurch hervorgerufene Geschmacksveränderung verhindert. Dann wird die Milch unter gelegentlichem Umrühren im Wasserbad auf die gewünschte Bebrütungstemperatur heruntergekühlt. Die Bebrütungstemperatur beträgt, wenn vom Hersteller des Trockenfermentes nichts anderes angegeben wird, für Joghurtferment 40−42 °C und für Sauermilch 24−28 °C. In diese erhitzte und dann heruntergekühlte Milch wird nun das Trockenferment sorgfältig untergerührt.

Sauermilch- und Joghurtansatz haben dann eine unterschiedliche Weiterverarbeitung:

Bei Sauermilch ist die Bebrütungstemperatur etwa 24 °C. Die Milch mit dem untergerührten Trockenferment wird abgedeckt, bei Zimmertemperatur 24 Stunden stehengelassen und kommt dann in den Kühlschrank. Damit ist das erste, selbsthergestellte Milchprodukt fertig. Die Sauermilch kann nun mit verschiedenen Früchten angereichert oder auch im naturbelassenen Zustand verzehrt werden. Auf jeden Fall ist sie aber das Ausgangsprodukt und zwar der Säurewecker für weitere Käsearten.

Im Joghurtansatz lieben die Bakterien eine höhere Temperatur. Ihre optimale Arbeitstemperatur liegt bei 40−42 °C. Um diese Temperatur einige Stunden zu gewährleisten, benötigt man entweder einen elektrisch beheizten Joghurtbereiter oder einen gut wärmeisolierten Behälter. Ein in Styropor eingepackter Topf ist genau so verwendbar wie eine Thermokanne. Nach etwa 8 Stunden ist der Schafmilchjoghurt fertig und muß in den Kühlschrank. Auch dieses Eigenprodukt kann genau wie die selbst hergestellte Sauermilch wieder als Ansatz an Stelle des Trockenfermentes eingesetzt werden. Bei dieser Überimpfung genügen 3 bis 4 Eßlöffel der fertigen Sauermilch pro Liter Ansatzmilch. Da im praktischen Betrieb in der Küche keine laborähnlich sterilen Voraussetzungen gegeben sind, mischen sich im Laufe der Zeit auch bei größter Sauberkeit Fremdkeime in diesen Ansatz, die bei jeder Neuimpfung übertragen werden. Aus diesem Grunde sollte nach zehnmaliger Überimpfung des Ansatzes wieder neu mit Trockenferment begonnen werden.

Eine andere und einfachere Art, einen funktionierenden Säurewecker einzusetzen, ist die Verwendung von gekaufter Dickmilch, Joghurt oder Buttermilch. Es muß allerdings wirklich frische Ware sein. Sie sollte bei der Verwendung noch mindestens zwei Wochen jünger als das aufgedruckte Verfalldatum sein. Die gekauften Sauermilchprodukte dürfen nicht nachträglich zur besseren Haltbarkeit wärmebehandelt sein. In diesem Fall wären die wichtigen Milchsäurebakterien mit den anderen in der Milch befindlichen Keimen abgestorben. Diese Produkte sind vom Hersteller zusätzlich gekennzeichnet als »hocherhitzt« oder »thermisiert«. Früchtejoghurt oder Sauermilchprodukte mit Dickungsmittel als Zusatz sind ebenfalls als Starterkultur unbrauchbar.

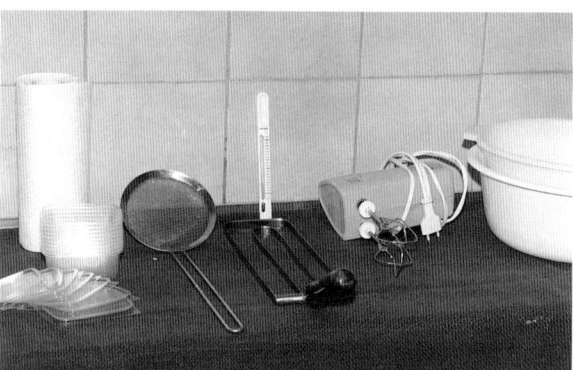

Oben: Geräte zur Käseherstellung aus dem Haushalt mit Milchthermometer und Bruchmesser.

Links: Doppelwandiger Milchtopf, der nach Bedarf mit warmem oder kaltem Wasser temperiert werden kann.

Küchengeräte

Zur eigentlichen Käseherstellung werden noch einige Küchengeräte benötigt:

Käsekessel. Der auf der Innenseite glatteste 5-Liter-Edelstahltopf des Haushalts wird für Milchprodukte reserviert. Diese Topfgröße paßt noch zum Sterilisieren in den Backofen, ist noch einigermaßen handlich, paßt in die Küchenspüle, wenn man diese zum Nachwärmen oder Abkühlen der Milch als Wasserbad benutzen will und ist ausreichend groß, um 4 Liter Milch zu verarbeiten.

Thermometer. Am besten geeignet ist ein Original-Milchthermometer. Es ist preiswert, und man kann mit diesem Thermometer gut die Milch umrühren und gleichzeitig die Temperatur messen. Im Notfall genügt auch der Einsatz eines Einkochthermometers. Es ist jedoch sehr empfindlich und schlecht ablesbar.

Pipette oder Einwegspritze. Um Flüssiglab zu dosieren, benutzt man eine Pipette oder eine kleine Einwegspritze (2 cm³). Diese Geräte bekommt man in der Apotheke.

Kelle, Schaumlöffel, Meßbecher und Sieb. Alle diese Geräte sind in einer Küche vorhanden. Man sollte nur darauf achten, daß diese Geräte mindestens spülmaschinenfest sind und nach Möglichkeit keine verschnörkelten Verzierungen oder versteckte Hohlräume besitzen. Wer Spaß an der Käseproduktion bekommen hat, wird sich sicher im Laufe der Zeit neue Geräte kaufen, die dann nur noch für die Milchverarbeitung benutzt werden, und dann auch im Backofen sterilisierbar sind.

Mit den bis hier beschriebenen Geräten sind Sauermilch, Joghurt und Quark herzustellen. Zusätzlich zur Grundausstattung werden zur Weichkäseherstellung die Käseformen benötigt. Insgesamt müssen die Käseformen 2 Liter Inhalt aufnehmen können, weil, begrenzt durch die Grundausstattung, mit 4 Litern Schafmilch begonnen wird. Original französische Frischkäseformen sind siebartig gelöcherte, kleine Kunststoffbecher. Sie können rund, oval oder eckig sein, und es gibt sie in den Größen von 125 g bis 1000 g. Für den Hausgebrauch genügen Kunststoffgefäße, die ähnlich wie ein Margarinebecher rund und leicht konisch sind. In diese Behälter werden mit einem Nagel möglichst viele, etwa 3 mm große Löcher gestochen oder gebohrt und zwar von innen nach außen, damit innen eine glatte Oberfläche entsteht und die Molke ablaufen kann. Mit der Käsepresse und einer stabilen Form zur Herstellung von Schnittkäse wird die Käseausrüstung komplett. Da Schnittkäse während des Formens gepreßt werden muß, ist hierfür eine Margarinedose nicht stabil genug. Kunststoffkäseformen für 500 g Käse, in der ohne Tücher gepreßt werden kann, gibt es zu kaufen; oder man bastelt selbst aus Keramik, Holz, Kunststoff oder Edelstahl einen

seitlich und am Boden gelochten Zylinder mit genau hineinpassendem Innenteil als Deckel und Preßstempel. In dieser Form muß aber mit einem Käsetuch gearbeitet werden. Das Käsetuch soll gerade so groß sein, daß eine gefüllte Form oben noch abzudecken ist. Zu große Tücher bilden Falten, die sich im fertigen Käse abzeichnen. Als Käsetuch eignen sich kochbare und flusenfreie Tücher; ideal sind Kinderwindeln.

Als Presse eignen sich alle Konstruktionen, die einen bestimmten Druck auf eine Käseform ausüben. Bei einem Käse von 500 g genügt ein Preßdruck von 2 kg, der mit einem Gewichtstein oder durch zwei übereinander gestellte Konservendosen von je 1 kg erzeugt wird.

Der eigene Quark

4 Liter Milch werden unter ständigem Umrühren auf 85 °C erhitzt und 1 Minute auf dieser Temperatur gehalten. Damit ist die Milch keimfrei. Danach wird die Milch im Wasserbad auf 25 °C herunter-

Handelsübliche Frischkäseformen.

Frischkäseformen aus Keramik.

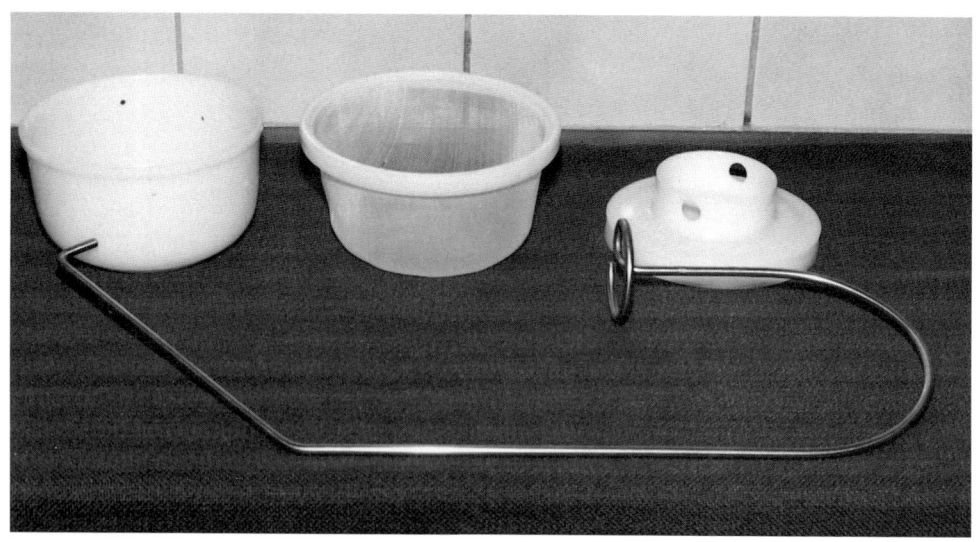

Schnittkäseform mit Preßbügel.

An den Bügel wird als variables Gewicht ein Eimer mit Wasser gehängt.

gekühlt. In diese 25 °C warme Milch werden 8 Eßlöffel Buttermilch oder Sauermilch mit einem Tropfen Lab oder einer halben Labtablette gut untergerührt. Abgedeckt, aber nicht luftdicht verschlossen, bleibt die Milch 12 bis 24 Stunden ruhig stehen. Die Milch darf auf gar keinen Fall auf einem Kühlschrank stehen, weil dieser bei Betrieb immer etwas vibriert. Bei Zimmertemperatur von etwa 22 °C ist die Milch nach 12 Stunden gesäuert und dick. Mit abnehmender Temperatur dauert dieser Vorgang entsprechend länger. Man muß zwischendurch einfach einmal probieren, wie es schmeckt.

Hat das Produkt die Konsistenz und den Geschmack von Dickmilch erreicht, ist der Zeitpunkt zum Schneiden gekommen. Die Gallerte, so wird die eingedickte Milch bezeichnet, wird nun mit einem Messer oder mit einem U-förmig gebogenen dünnen Draht geschnitten, so daß Würfel mit 1 cm Kantenlänge entstehen. Der entstandene Bruch, wie die geschnittene Gallerte genannt wird, muß etwa 5 Minuten ruhen. In dieser Zeit setzt sich in den Schnittstellen die Molke ab. Diese Molke besteht überwiegend aus Wasser und ist leicht grünlich, aber klar. Trübe und gelbliche Molke ist meistens ein Zeichen für zu hastiges Schneiden der Gallerte. Es haben sich dann kleine Kaseinteilchen von dem noch wenig festen Gel gelöst und schwimmen als Käsestaub in der Molke. Der Käsestaub ist aber nicht nur als Bestandsverlust zu betrachten, sondern er verstopft außerdem noch die Poren des Käsetuches und verhindert das Ablaufen der Molke. Um die Molke vom Quark zu trennen, wird der Bruch vorsichtig in ein mit einem Käsetuch ausgelegtes Sieb umgefüllt. Nach 10 bis 12 Stunden Abtropfzeit ist die Quarkmasse fertig und kann dann mit dem Mixer cremig geschlagen werden. Abgefüllt in Portionen von 200 g ist dieser köstliche Quark im Kühlschrank vierzehn Tage lagerfähig.

Wer den Quark im Winter mit getrockneten Kräutern verfeinern will, muß diese eingeweicht schon während des Cremigschlagens hinzufügen. Das Einweichen der Kräuter geschieht am besten in kochendem Wasser, das nach zwei Stunden durch ein Teesieb abgegossen wird.

Selbstverständlich ist der Quark auch für vielerlei Süßspeisen zu empfehlen.

Schnittkäse

Des Milchschafhalters Stolz ist der selbstgemachte Schnittkäse. Bei dieser Käseart wird die Milch für den persönlichen Gebrauch nicht erhitzt, sondern ganz frisch verarbeitet. Die Ausgangstemperatur ist 31 °C. Pro Liter werden 4 Tropfen Lab und 2 Eßlöffel Buttermilch untergerührt und stehengelassen. Nach 45 Minuten wird die Gallerte in kirschkerngroße Stücke geschnitten. Sie muß dann 30 Minuten zum Absetzen der Molke ruhen. Jetzt wird nachgeheizt und gewaschen. Dies hört sich sehr kompliziert an und ist doch ganz einfach. Wer fließendes, warmes Wasser hat, kann diese Arbeit gut in der Küchenspüle ausführen. Hierzu wird der Topf mit dem Käsebruch in die Spüle gestellt und etwa ein Drittel der Gesamtmasse wird als Molke abgenommen. Dann läßt man unter ständigem Umrühren mit einem Schneebesen die gleiche Menge warmes Wasser hinzulaufen. Bei diesem Arbeitsgang wird der Bruch bis auf Reiskorngröße zerkleinert. Die maximale Wassertemperatur ist 70 °C, und die Aufheiztemperatur des Bruches ist dabei 32–36 °C. Sollte trotz ständiger Kontrolle mit dem Milchthermometer die Temperatur über 36 °C steigen, so kann man dies einfach durch Hinzugabe von kaltem Wasser ausgleichen. Wichtig ist bei diesem Arbeitsgang, daß die Temperatur im Topf überall gleich ist, das heißt, es ist wichtig, immer gut zu rühren. Nun muß der Bruch reifen. Dreimal im Abstand von 15 Minuten wird der abgesetzte Bruch vorsichtig umgerührt, damit die Bruchkörner nicht zu einem Klumpen zusammenwachsen und die Temperaturunterschiede zur Randzone ausgeglichen werden. Nach dieser Reifezeit muß der Bruch kontrolliert werden. Zu diesem Zweck wird eine Handvoll Bruchkörner einfach in der Hand zusammengedrückt. Kleben sie, ist er noch nicht reif. Fallen sie jedoch bei leichtem Druck mit den Fingern wieder auseinander, dann ist der richtige Zeitpunkt zum Formen gekommen.

Jeder wird nun seine eigene Technik finden, wie er die Form füllt und wie lange und fest er preßt. Folgender Arbeitsrhythmus ist zu empfehlen:

Alle Geräte wie Käseform, Küchensieb und Kelle liegen schon, seit der Bruch bearbeitet wird, in warmem Wasser und sind gut angewärmt.

Mit dem Sieb wird eine Lage Bruch in die Käseform gefüllt und mit dem Handrücken gut festgedrückt. Lufteinschlüsse müssen unbedingt vermieden werden. Um sicher zu sein, daß auch wirklich keine Luft mit eingepreßt wird, gibt man zwischendurch einfach eine Kelle Molke mit in die Form.

Ist die Form voll, soll sie 10 Minuten ruhen. Dann nimmt man die Käsemasse vorsichtig heraus, um sie zu wenden und wieder in die Form zu geben. Hierdurch erreicht man, daß der Käse später oben und unten die gleichen Rundungen hat.

Nach weiteren 10 Minuten wird der Käse für 12 Stunden mit einem 2-kg-Gewicht gepreßt (siehe Abb. Seite 132).

Nun wird ausgeformt. Der Käse wird außen mit Speisesalz abgerieben und bleibt auf einer Holzunterlage stehen. Nach 12 Stunden wird gewendet und wieder mit Salz abgerieben. Dann bleibt der Käse noch eine Woche bei etwa 18 °C liegen und wird morgens und abends gewendet.

Bevor der Käse nun verzehrt wird, muß er noch 2 Monate bei etwa 12 °C reifen, wobei er wöchentlich kontrolliert und gewendet wird. Schimmel muß mit Salzwasser abgewaschen werden.

Arbeitsschema Schnittkäse

Milch 31 °C mit Lab (4 Tropfen je Liter) und Buttermilch (2 Eßlöffel je Liter) ansetzen

nach 45 Minuten
Gallerte schneiden (Kirschkerngröße)

nach 30 Minuten
1/3 Molke abschöpfen und mit Wasser (maximal 70 °C) nachheizen auf 32–36 °C, dabei Bruch zerkleinern (Reiskorngröße)

nach 15 Minuten
1. Umrühren

nach 15 Minuten
2. Umrühren

nach 15 Minuten
3. Umrühren und in Form einfüllen

nach 10 Minuten
wenden

nach 10 Minuten
pressen

nach 12 Stunden
ausformen und 1. Salzen

nach 12 Stunden
wenden und 2. Salzen
dann 1 Woche täglich 2mal wenden
zum Reifen 2 Monate lagern.

Reifung und Lagerung von Käse

Der Geschmack des Käses wird sehr stark durch die Reifungs- und Lagerbedingungen beeinflußt. Ein gepreßter Schnittkäse reift am besten bei 15 °C und 90 % relativer Luftfeuchtigkeit. Ein Weichkäse reift im normalen Kühlschrank. Die unterschiedlichen Käsesorten, die es heute gibt, waren einmal das Produkt örtlicher Verhältnisse ohne Klimaanlagen und Luftbefeuchter. Ein Hobbykäsemacher sollte nicht versuchen, irgend ein Industrieprodukt zu imitieren, sondern »seinen« Käse als Besonderheit kreieren, um ihn im Freundeskreis als das Gastgeschenk mit der besonderen Note zu überreichen. Das Klima für den eigenen Käse findet man in jedem Haushalt. Sauermilch, Joghurt, Quark und Weichkäse haben bei der Herstellung in der warmen Küche und anschließend im Kühlschrank optimale Bedingungen. Für die Reifung des Schnittkäses sollte man mit dem Thermometer den Haushaltskeller kontrollieren und eine kühle und zugfreie Ecke suchen, wo der Käse zwei Monate reifen kann. Dieser Platz muß allerdings absolut ohne Schimmel sein. Als Käseunterlage eignet sich ein Holzbrett, das notfalls mehrmals gewechselt und jedesmal vor Benutzung im Backofen sterilisiert wird.

Und noch ein Tip

Am Anfang gerät bestimmt jeder Schnittkäse anders als erwartet. Der Geschmack, das Gefüge und selbst die Form ist bei jedem Käse unterschiedlich. Nach einer Reifungszeit von zwei Monaten weiß man normalerweise nicht mehr, wie warm es bei der Produktion in der Küche war oder bei welcher Temperatur man den Bruch gewaschen hat. Es ist deshalb ratsam, am Anfang jeden Käse mit Lebensmittelstiften zu numerieren und die einzelnen Abweichungen bei Temperaturen und Reifezeiten während der Herstellung aufzuschreiben. So entsteht eine richtige Protokoll-Liste. Wird dann ein neuer Käse angeschnitten, der im Gefüge und Geschmack nicht so ist, wie er sein sollte, kann an Hand der Liste die Herstellung überprüft und Ursache erkannt werden.

Die Wolle

Wolle ist eine besondere Form tierischer Haare. Die chemische Zusammensetzung von Wolle und Haar ist gleich. Der Unterschied liegt im Markkanal. Haare sind vergleichbar mit Makkaroni-Nudeln, röhrenförmig, innen befindet sich der Markkanal. Diese Haare nennt man beim Schaf Stichelhaar. Das Milchschaf hat diese Stichelhaare im Gesicht und an den Beinen. Haare mit sehr feinem Markkanal nennt man Grannenhaare. Sie sind beim Milchschaf am unbewollten Schwanz und manchmal – nicht erwünscht – im Vlies. Haare ohne Markkanal sind Wollhaare. Nur diese massiven Wollhaare haben die Eigenschaft der Kräuselung, der Geschmeidigkeit und der Elastizität.

Wollqualität

Das Wachstum der Wollhaare besteht in einer Absonderung abgestorbener, verhornter Zellen. Im Normalfall werden kontinuierlich aus dem Haartrichter die aufgetürmten, verhornten Zellen ausgesondert, was als Wollwachstum zu erkennen ist. Rein theoretisch ist ein Wollhaar in seiner ganzen Länge überall gleich. Praktisch können wir aber beim Scheiteln der Wolle einzelne Wachstumsphasen und unterschiedliche Bogigkeit erkennen. Man sagt: »Die Wolle lügt nicht«. Sie zeigt am Wachstumsverlauf genau jede überstandene Krankheit oder Haltungsveränderung des Schafes auf. Aus dieser Tatsache heraus ist der Fachausdruck treue bzw. untreue Wolle entstanden. Wenn mit bloßem Auge keine Unregelmäßigkeit im Wachstumsverlauf zu erkennen ist, spricht man von treuer Wolle. Bei untreuer Wolle wurde durch Einflüsse wie Krankheit oder krasse Futterumstellung die Produktion der verhornten Zellen beeinflußt, was zu Veränderungen beim Wollhaar führt. Im Extremfall kann die Zellproduktion kurzfristig ganz eingestellt werden, was zum Ausfall der Wolle führt.

Man unterscheidet die Wolle nach ihrer Kräuselung und nach dem Feinheitsgrad. Die Kräuselung oder Wellung wird in mehrere Stufen eingeteilt. Sie beginnt mit der kaum sichtbaren Wellung und endet mit der Überbogigkeit als Zwirn (Abb. Seite 141). Vergleicht man die Bogigkeit der Wolle mit einer zu einem Berg hinaufführenden Serpentinenstraße, dann kann man unabhängig von der Entfernung zur nächsten Kehre von normaler Kräuselung reden, wenn die gerade Strecke zwischen zwei Kurven noch bergauf führt. Bei Zwirn würde die Strecke zwischen zwei Kehren wieder etwas talwärts verlaufen.

Der Anfänger ohne fachmännische Hilfe beginnt am besten auf dem Rücken und schert dann beide Seiten.

Je gröber das Wollhaar ist, desto geringer ist die Kräuselung. Milchschafe und die meisten Landschafrassen besitzen grobes Wollhaar mit wenig Kräuselung. Man spricht hier von schlichtwolligen Schafen. Im Gegensatz dazu neigen die feinsten Merinowollen in ihrem extremen Feinheitsgrad manchmal zur Hochbogigkeit.

Mit dem Feinheitsgrad der Wolle wird die Haarstärke bezeichnet. Der Durchmesser des Wollhaares ist je nach Schafrasse sehr unterschiedlich. Die feinsten Wollhaare haben einen Durchmesser von 0,016 mm, wogegen es bei den groben Bockwollen der Landschafrassen bis zu 0,044 mm sind.

Lange Zeit hatte jedes wollproduzierende Land seine eigenen Bezeichnungen für die Wollfeinheit. Dies war verwirrend und unübersichtlich. In Deutschland wurde eine Buchstabenreihe benutzt, die mit AAA für die feinsten Wollen begann und mit EE für grobe Wollhaare endete. Seit einigen Jahren hat man sich international geeinigt und die konkrete Maßangabe in 1 Tausendstel mm (μ, Mikron) gewählt. Durchgesetzt hat sich die Mikron-Angabe jedoch nur im industriellen Bereich und auf internationalen Wollauktionen.

Bei der Wollbewertung am lebendigen Tier, auf Ausstellungen und Körungen, sowie bei der Bewertung der Mutterschafe für die Eintragung ins Herdbuch, wird in der Bundesrepublik Deutschland die Buchstabenkombination benutzt. Ein Schema dieses Bonitur-Schlüssels ist heute immer noch im Stallbuch der Milchschafzüchter abgedruckt. Es handelt sich hierbei um ein von den Zuchtverbänden vorgeschriebenes Bestandsbuch, in dem alle Leistungen der einzelnen Schafe eingetragen werden.

Kräuselung, Feinheit und Farbe der Wolle sind durch gezielte Zuchtauswahl zu beeinflussen. Schafe mit Wollfehlern müssen konsequent von der Zucht ausgeschlossen werden. Um die Wolle im eigenen Bestand züchterisch zu verbessern, darf man auf keinen Fall mit extremen Gegensätzen arbeiten. Beim Versuch, durch züchterische Maßnahmen irgendeinen Faktor zu verbessern, muß man immer bedenken, daß Schwarz mit Weiß gepaart immer noch kein Grau ergibt. Auf die Wolle bezogen heißt das: Eine Paarung zwischen extrem fein und extrem grob kann nie ein ausgeglichenes Wollvlies ergeben. Es muß langsam, schrittweise auf das Idealziel hingearbeitet werden (s. Farbtafel Seite 108).

In einigen wollerzeugenden Ländern, wo der Rohstoff Wolle einen hohen wirtschaftlichen Wert besitzt, ist man in den letzten Jahren dazu übergegangen, die Wolle der einzelnen Zuchtböcke zu messen, und die Ergebnisse mit den übrigen Leistungsdaten zu veröffentlichen. In der DDR wird seit 1987 auch die Wolle der Milchschafböcke gemessen. Es werden den 5 Monate alten Jungböcken an der Keule, der Schulter und aus der Flanke jeweils eine Wollprobe entnommen, die dann in einem Laboratorium ausgemessen wird. Aus den drei Wollproben werden jeweils 50 Einzelhaare gemessen, so daß für jeden Bock aus 150 Messungen ein Mittelwert errechnet werden kann. Dieses ist zwar ein sehr aufwendiges Verfahren, aber die einzige Möglichkeit, die echten Werte zu ermitteln, um sie bei der Zuchtarbeit zu berücksichtigen.

Die beste Wolle ist jedoch durch falsche Haltung unbrauchbar zu machen. Durch Haltungsfehler kann die Wolle in ihrer Farbe negativ beeinflußt werden und vergilben. Es gibt zwei Arten von Gelbfärbung:

1. Die auswaschbare Gelbfärbung. Sie wird durch Schweißabsonderung hervorgerufen und ist unbedeutend.
2. Die nichtauswaschbare Gelbfärbung. Auch hier ist der Wollschweiß verantwortlich. Aber in Verbindung mit hoher Stalltemperatur und großer Luftfeuchtigkeit wird die Wolle dauerhaft verfärbt. Gelbe Wolle kann als Garn nicht mehr in helle Farben eingefärbt werden.

Total unbrauchbar kann die Wolle im Keulenbereich bei starker Verschmutzung durch Kot und Urin werden. Die Feststoffe lassen sich zwar auswaschen, hinterlassen aber durch ihre Aggressivität eine bis zu Dunkelbraun reichende, nicht auswaschbare Verfärbung. Eine weitere, enorme Wertminderung der Wolle entsteht durch falsche Einstreu und falsche Fütterungstechnik. Sägemehl als Einstreu kann zwar die Feuchtigkeit hervorragend aufsaugen, ist aber als Fremdkörper kaum aus der Wolle zu entfernen. Falsche Handhabung mit Heu und Stroh kann die Wolle in gleichem Maße verschmutzen. Aus diesem Grunde sollen die Schafe während der Befüllung der Heuraufen und Einstreuarbeiten im Stall nicht im Arbeitsbereich sein.

Auch Außenparasiten wie Zecken, Läuse und Milben beeinflussen die Wollqualität. Sie verursachen einen so starken Juckreiz, daß das Schaf sich ständig scheuert und die Wolle abbricht.

Das Allgemeinbefinden des Schafes wird durch diese Außenparasiten so stark gestört, daß außerdem die Zelldrüsentätigkeit in ihrer Gleichmäßigkeit verändert wird.

Der Milchschafhalter will sich am Anblick und am Wohlbefinden seiner Tiere erfreuen können, sie deshalb gesund und sauber halten und folglich wird er keine Probleme bei der späteren Wollverarbeitung haben.

Die Schur ...

Scheren

In der freien Natur hat das Schaf je nach klimatischen Gegebenheiten mehr oder weniger Wolle als Wärmespender, die dann in der warmen Jahreszeit ausfällt, vergleichbar mit dem Haarwechsel bei Hund, Katze und Wild.

Der Mensch hat aus dem Schaf ein Haustier gemacht. Er nutzte und verbesserte je nach seinen Bedürfnissen die Leistungsfähigkeit des Schafes. Jahrhundertelang legte er größten Wert auf das Produkt Wolle, um seinen Bedarf an Kleidung zu decken.

Die Kunstfaser hat jedoch die Wolle aus vielen Bereichen verdrängt, so daß zumindest in Westeuropa die wirtschaftliche Bedeutung stark zurückgegangen ist. Wenn man die Aufwendungen für Wollpflege, Schur, Lagerung und Transport dem Erlös aus dem Wollverkauf gegenüberstellt, so ist manchmal sogar ein Verlust nicht zu vermeiden. Wir sind es unseren Schafen jedoch schuldig, sie einmal im Jahr zu scheren.

Die Schafschur ist aus mindestens vier Perspektiven zu sehen.

1. Das Schaf hat Anspruch auf:
   einen klimatisch günstigen Schurtermin, eine schonende Behandlung, Wundversorgung bei Verletzungen.
2. Die Wolle verlangt:
   ein zusammenhängendes, komplettes Vlies, eine ungeteilte Wollänge, also kein Nachscheren, Trocknung und Lüftung vor der Verpackung.
3. Der Scherer erwartet:
   einen hellen und zugfreien Arbeitsplatz, sachkundige Hilfskräfte zur Bereitstellung der Schafe und zum Sortieren der Wolle, saubere, gepflegte und trockene Schafe, gute Bezahlung.
4. Der Schafhalter erhofft:
   keine Tierverluste durch Schock, wirtschaftliche Vorteile durch den Wollverkauf, eine positive Beeinflussung der Schafhaltung durch die richtige Wahl des Schurtermins.

Die freie Hand strafft die Haut, damit keine Hautfalten von der Maschine erfaßt und Verletzungen vermieden werden.

Auch in kleinen Schafbeständen dürfen diese vier Punkte nicht unberücksichtigt bleiben. Bei Hobbyschafhaltern werden die Ansprüche des Schafes meistens erfüllt. Auf die Wolle kann hier oft weniger Rücksicht genommen werden, da doch des häufigeren zur Halbjahresschur übergegangen wird. In zunehmendem Maße ist in kleinen Schafbeständen der Scherer auch gleichzeitig Besitzer der Herde, so daß die Fragen des Arbeitsplatzes oder der Hilfskräfte unbedeutend werden.

Der Zeitpunkt der Schur ist abhängig von der Nutzungsart der Wolle, vom Standort der Herde und der Haltungsform. Man unterscheidet zwischen Vollschur und Halbjahresschur. In kleinen Milchschafbeständen, wo ein warmer Stall zur Verfügung steht, sollte die Halb-

Das Schaf mit den beiden Vliesteilen.

Das Vlies paßt in einen Kartoffelsack.

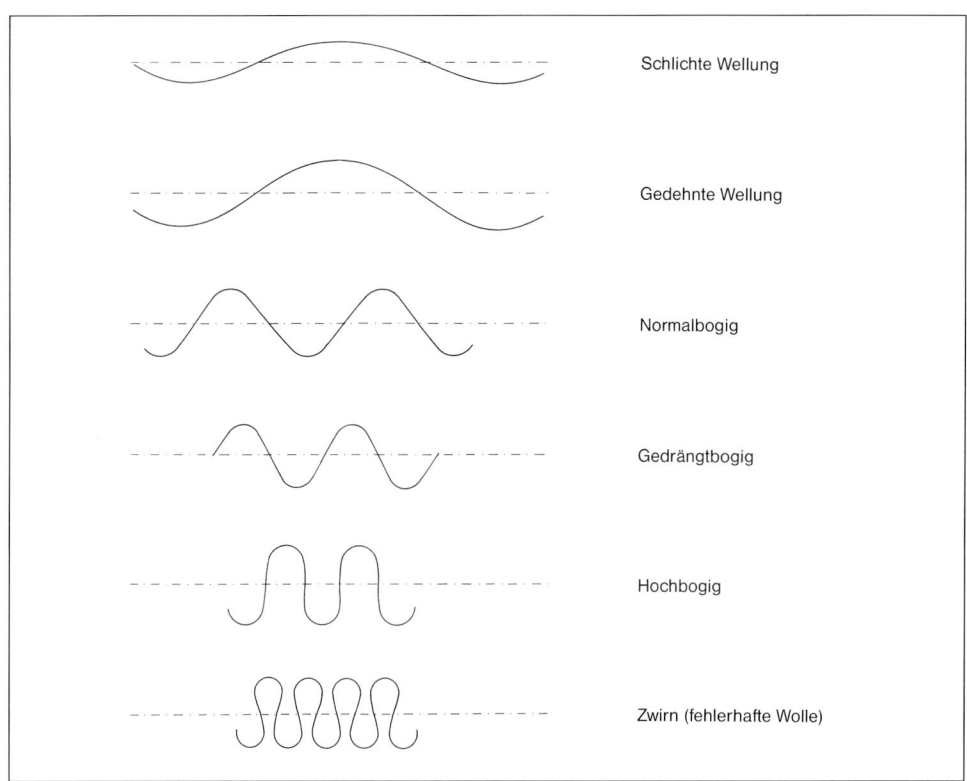

Verschiedene Stufen der Kräuselung von Wolle.

jahresschur im April und im Oktober durchgeführt werden.

Nachteile:

– Doppelte Arbeit für den Scherer, doppelte Kosten für den Halter.

– Geringerer Preis für kürzere Wolle, bzw. schlechte Verspinnbarkeit.

– Das Weidefutter kann auch bei schönem Winterwetter nicht genutzt werden, weil die Schafe frieren würden.

Vorteile:

– Geschorene Schafe sind auch bei Nebelwetter und bei hoher Luftfeuchtigkeit im Stall trocken.

– Das Stallklima wird positiv beeinflußt und damit die Erkältungsgefahr der Schafe verringert.

– Der Futterzustand der Milchschafe ist zumindest für den Anfänger ohne Wolle besser zu beurteilen.

– Das Ablammen ist bei geschorenen Schafen eine saubere Sache.

– Das Lutschen und Wollefressen der Lämmer, verbreitete Unsitte und häufige Ursache für Magenverstimmungen, ist nicht möglich.

– Das Melken ist hygienischer und eine Euterkontrolle besser möglich.

141

Der bequemste Weg ist es, die Arbeit durch einen Berufsscherer erledigen zu lassen. Aber, und dies ist ein entscheidender Punkt, die kleine Herde wird von Schurkolonnen nur als Lückenfüller angesehen, und eine Terminabsprache ist kaum möglich.

So ist es sinnvoll, sich unabhängig zu machen und das Handwerk des Scherens selbst zu erlernen. Fast jeder Landesschafzuchtverband bietet seinen Mitgliedern und interessierten Schafhaltern mindestens einmal im Jahr die Möglichkeit, an einem Scherlehrgang teilzunehmen. Dort wird dem Schafhalter von Fachleuten das Grundwissen und die Handhabung der Schermaschine beigebracht. Der Kauf einer eigenen elektrischen Schermaschine hat sich auch bei nur vier Schafen schnell amortisiert.

Jeder Scherer entwickelt im Laufe der Zeit seine eigene Arbeitsmethode. Allgemein gültige Richtlinien kann man nicht aufstellen. Wichtig ist vor allem, daß die Wolle komplett abgeschoren wird, ohne dem Schaf zu schaden oder es zu verletzen. Der geübte Scherer setzt das Schaf hin, dann schert er Bauch und Beine. An diesen Stellen sitzt die sogenannte Lockenwolle. Einzelne Scherer binden dem Schaf die Beine zusammen, damit sie ruhig und ungestört die Wolle als komplettes Vlies abscheren können.

Der ungeübte Anfänger wird ohne sachkundige Anleitung auf diese Art ein Schaf nur unnötig verängstigen, quälen und verletzen. Der Neuling, dem kein Fachmann hilfreich zur Seite steht, schert sein Milchschaf am besten im Stand. Mit der Schermaschine beginnt er an der Schwanzwurzel und schert eine glatte Bahn über den Rücken bis zum Kopf.

Der geübte Scherer setzt das Schaf zum Scheren hin.

Dann kann er vom Rücken aus gut beide Körperhälften scheren. Besondere Aufmerksamkeit und Vorsicht sind im Bereich der Sexualorgane und der Zitzen notwendig, denn ein verletztes Euter kann keine Lämmer mehr ernähren (s. Farbtafel Seite 108). Die wichtigsten Grundregeln bei der Schur sind:

1. Niemals an der Wolle ziehen, es bilden sich dabei Hautfalten, die von der Schermaschine mit erfaßt werden.
2. Die freie Hand muß hinter der Schermaschine die Haut straffen, um eventuelle Hautfalten glattzuziehen.

Es ist wichtig, sich bei der Schafschur Zeit zu lassen und ohne Hektik zu arbeiten.

142

Als Trainingsobjekte für die nächste Schermeisterschaft sind Milchschafe sowieso ungeeignet.

Wer in 30 Minuten ein Schaf ohne Verletzung geschoren hat, sollte zufrieden sein.

Bevor die Wolle eingesackt wird, muß sie lüften, trocknen und soweit möglich von Heu, Stroh und Lockenwolle befreit werden. Als Verpackungsmaterial eignen sich hervorragend grobmaschige Kartoffel- oder Zwiebelsäcke. Die Wolle soll kühl und trocken gelagert werden. Die Lockenwolle muß separat verpackt und gekennzeichnet werden. Im Einzugsbereich der Deutschen Wollverwertung kann auch der Kleinschafhalter seine geringen Wollmengen bei einer der Sammelstellen abliefern. Die meisten Milchschafhalter verarbeiten ihre Wolle jedoch selbst, weil die Milchschafwolle für Handarbeiten sehr gut geeignet ist.

Schlachten und Vermarkten

Die Schlachtung unterliegt im europäischen Raum der Aufsichtsbehörde. Selbst Hausschlachtungen und Schlachtlämmer für den Eigenverbrauch sind in diese Regelung mit einbezogen. Ausgenommen von dieser Überwachung sind Lämmer unter 3 Monaten, wenn das Fleisch nicht gewerbsmäßig verwendet wird. Milchschaflämmer werden im allgemeinen wegen ihres geringen Verfettungsgrades jedoch erst mit 40 kg geschlachtet, und dann sind sie in jedem Falle über dieser Altersgrenze. Die Schlachtstätte oder der Schlachtraum muß den Hygienevorschriften entsprechen und ist genehmigungspflichtig. Jede Schlachtung ist meldepflichtig. Es hat eine Schlachttierbeschau am lebenden Tier und eine Fleischbeschau des Schlachtkörpers zu erfolgen, die durch Amtsärzte oder deren Beauftragte durchgeführt und bescheinigt wird. Nur die Personen dürfen eine Schlachtung durchführen, die den entsprechenden Sachkundenachweis besitzen.

Weiter ist das Tierschutzgesetz zur Vermeidung von Tierquälerei zu beachten. Das Arbeitsschutzgesetz schreibt zum Schutz des Schlachters bestimmte Werkzeuge vor, und das Abfallbeseitigungsgesetz bzw. das Tierkörperbeseitigungsgesetz regelt die Beseitigung der Schlachtabfälle.

Altschafe

Das Schlachten und Vermarkten von Altschafen ist bei den Milchschafhaltern ein besonderes Problem. Erstens ist kein Markt für Fleisch von Altschafen vorhanden, und zweitens machen sentimentale Gefühle einen Strich durch die gesamte Wirtschaftlichkeitsrechnung. Aber irgendwann muß das Nutztier Schaf verwertet werden. Bei den Herdenhaltern werden die Mutterschafe 5 bis 6 Jahre alt und dann über spezielle Schlachtschafaufkäufer für wenig Geld verkauft. In Milchschafbeständen sind 10- bis 13jährige Mutterschafe keine Seltenheit, weil der Halter sich immer irgendwie vor dem Schlachten gedrückt hat.

Der günstigste Zeitpunkt zum Schlachten der Altschafe ist nach dem Absetzen der Lämmer, jedoch vor der Deckzeit. Zu diesem Zeitpunkt hat sich das Schaf von der letzten Lammung gut erholt und auf der Weide ohne Zusatzfutter wieder genug Fleisch angesetzt. Außerdem ist die Wolle nach der Schur genügend nachgewachsen. Beim Verkauf des lebenden Schlachttieres sollte mindestens der Preis eines Schlachtlammes erzielt werden.

Die wirtschaftlichste Art, ein Altschaf zu vermarkten, ist die Veredlung des Fleisches zu Dauerwurst und Schinken.

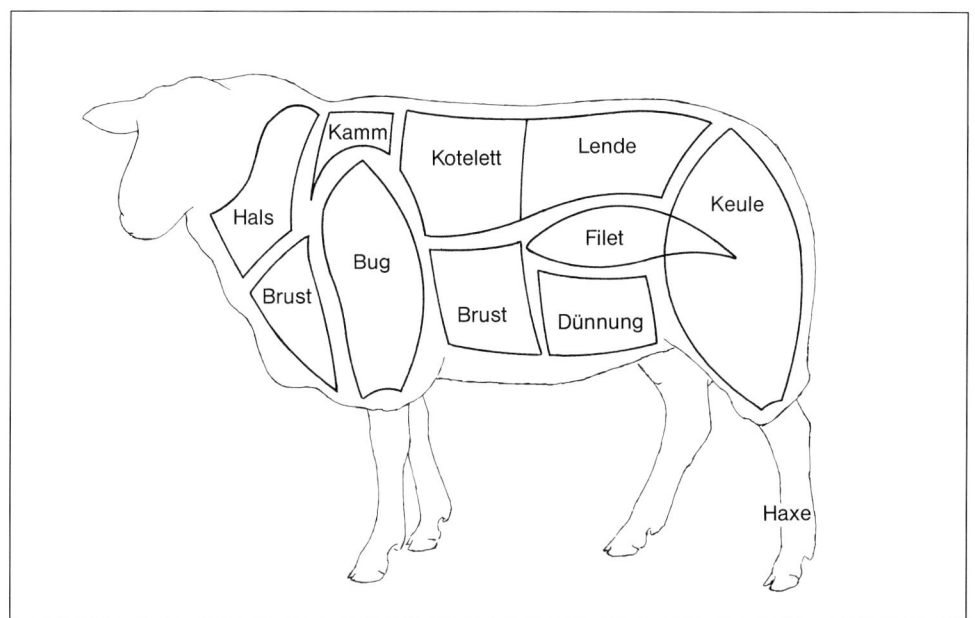

Die einzelnen Teile des Schlachtkörpers.

Selbst Leute, die den typischen Hammelgeschmack nicht mögen, betrachten diese Produkte als Delikatesse. Für die Arbeit sollte man die Hilfe eines erfahrenen Metzgermeisters in Anspruch nehmen. Das Schlachten selbst geschieht dann auf einem offiziellen Schlachthof. Der Metzgermeister kann dann den Schinken und die Dauerwurst – eine Art Salami – in seiner eigenen Wurstküche herstellen. Als Gesamterlös aus Fell, Wurst und Schinken, abzüglich Schlachtung, Auswerten und Gerben ergibt sich ein Gegenwert von 1,5 Schlachtlämmern.

Lämmer

Die einfachste und schönste Art der Vermarktung von Lämmern ist der Lebendverkauf an Schafhalter zur Aufstockung oder zum Beginn einer Milchschafhaltung.

Die häufigste Art der Lämmervermarktung ist jedoch der Schlachttierverkauf. Die Handelsklassenbewertung bei Schlachtlämmern unterscheidet zwei Gruppen.

Gruppe 1 – Milchmastlämmer
Höchstalter 6 Monate
Höchstgewicht des Schlachtkörpers 22 kg (ohne Kopf)
Gruppe 2 – Weidemastlämmer
Höchstalter 12 Monate
Höchstgewicht ohne Begrenzung

Diese Einteilung ist für alle Schafrassen gültig. Milchschafhalter haben ja nur ein begrenztes Angebot an Schlachtlämmern und können damit wohl keinen Groß-

145

markt beliefern. Andererseits können sie aber rassebedingt die beste Qualität erzeugen und finden dafür immer genügend Abnehmer.

Das Schächten

Schächten ist der Blutentzug des Schlachttieres ohne Betäubung. Für dieses rituelle Schlachten muß in jedem Einzelfall eine Genehmigung der Aufsichtsbehörde beantragt werden, weil nach dem Tierschutzgesetz das Töten von Wirbeltieren ohne Betäubung verboten ist.

Betrachtet man einmal einen rituellen Schlachtvorgang wie er für Juden schon bei Moses und für Moslems im Koran genau vorgeschrieben ist, ohne den Glauben in irgendeiner Art anzutasten, dann erkennt man viele sehr wichtige Hygienevorschriften.

Es heißt: Nur gesunde und unversehrte Tiere dürfen als Opfer- oder als Schlachttiere genommen werden. Dies wird mit der modernen Gesetzgebung durch die Schlachttierbeschau bewirkt. Des weiteren wird gefordert, daß das Tier vor Schlachtbeginn und nachdem ihm die Beine zusammengebunden wurden, beruhigt wird. Vorgeschrieben wird auch die besondere Sachkunde des Schlachters und ein sehr scharfes Messer um sicherzustellen, daß der Arbeitsvorgang des Schächtens sicher, schnell und schmerzlos durchgeführt wird. Durch diese Art der Schlachtung wird direkt Einfluß auf die Haltbarkeit und Qualität des Fleisches genommen. Im Fleisch ist von der Leber zu Glykogen umgebauter Traubenzucker enthalten. Bei hohem Glykogengehalt kann das Fleisch der geschlachteten Tiere sehr schnell reifen ist damit auch ohne Kühlung bedingt haltbar. Das Fleisch der Tiere, die vor der Schlachtung länger nicht gefüttert wurden, die gestreßt und gehetzt wurden, ist dagegen arm an Glykogen und dadurch minderwertiger.

Herstellung von Dauerwurst

Rezept für Dauerwurst »Klaus Schneider's Art« hergestellt aus 100 % Schaffleisch.

Das durchwachsene Fleisch von Altschafen ist das Grundmaterial. Pro kg Fleisch wird folgende Gewürzmischung benötigt:

30 g Salz (Pökelsalz)
3 bis 4 g Pfeffer
je nach Geschmack Knoblauch
0,5 g Kümmel
1 g Rübenkraut

Majoran gibt der Wurst eine andere Geschmacksrichtung, die man auch ausprobieren sollte.

Als Geräte benötigt man einen Fleischwolf mit 3 mm gelochter Vorsatzplatte und einen Trichter mit großem Durchlaß. Anstelle des Trichters kann man auch passend zum Fleischwolf einen Wursteinfülltrichter benutzen. Darm und Pökelsalz kann man beim örtlichen Metzger kaufen.

Verarbeitung

Das gekühlte Fleisch (Kühlschranktemperatur) wird grob gewürfelt, mit der Gewürzmischung gleichmäßig gewürzt und durch den Fleischwolf gegeben. Die Fleischmasse muß dann gut mit der

Hand gemengt und geschlagen werden, bis eine gewisse Bindigkeit erreicht wird. Bei dem anschließenden Einfüllen in den Darm, egal ob mit Trichter oder Fleischwolf-Vorsatz, müssen Lufteinschlüsse verhindert werden. Die gefüllten Därme werden mit Schnur abgebunden.

Die so entstandenen Würste müssen eine Woche, am besten im Keller, bei etwa 15 °C hängend gelagert werden. Sie dürfen nicht von außen nach innen trocknen. Das ideale Klima ist vorhanden, wenn sich nach 4 bis 5 Tagen außen auf der Wurst eine sogenannte Schmiere gebildet hat. Diese durch den Trocknungsprozeß entstandene Schicht reibt man mit einem feuchten Tuch ab. Ist der Keller zu trocken, muß man täglich die Wurst mit einem feuchten Lappen abreiben, weil sonst die Darmhülle austrocknet, reißt und damit die Wurst an Haltbarkeit verliert. Nach einer Woche kann man wählen, ob luftgetrocknete Wurst entstehen soll, indem man sie einfach drei Wochen lang so wie in der ersten Woche weiterbehandelt, oder ob die Wurst geräuchert werden soll. Grundsätzlich lassen sich aus dem Fleisch älterer Schafe alle Wurstsorten herstellen, wobei lediglich beim Würzen etwas großzügiger gearbeitet werden sollte als beim Fleisch anderer Tierarten.

Felle

Schlachttermin, Schurzeitpunkt und Schlachtgewicht sollten, wenn möglich, auch unter dem Gesichtspunkt der späteren Fellnutzung abgestimmt werden.

Es gibt drei Arten von Fellen, wofür es auch gute Absatzmöglichkeiten gibt.

1. Das Fell für Kinderwagen und Kinderbett.

Ausgangsmaterial sind bei Milchschafen 6 bis 8 Wochen alte Lämmer mit 20 bis 30 kg Lebendgewicht. Dies ergibt einen Schlachtkörper von 10 bis 15 kg. Beides, das Fell und auch das Fleisch, sind nicht zu übertreffende Spitzenerzeugnisse.

2. Das Fell fürs Bett.

Hierfür eignen sich besonders gut Lämmer und Schafe, die 2 bis 3 Monate vor dem Schlachten geschoren wurden. Die Milchschafwolle ist dann schon lang genug, um flauschig und weich zu sein, aber noch kurz genug, daß das Fell nicht flach gelegen wird.

3. Das Dekorationsfell.

Es sind Felle von Lämmern und Schafen mit langer Wolle oder mit Jahreswolle. Sie eignen sich besonders gut zur Dekoration im Wohnzimmer auf der Couch oder vor dem Kamin. Hat man mehrere dieser schönen Felle, kann man sich auch eines als Luxusbettvorleger leisten.

Für die Qualität des späteren Felles ist schon die sachgerechte Schlachtung wichtig. Der Milchschafhalter schlachtet in den seltensten Fällen selbst und kann somit die Beschädigungen durch unsachgemäßes Abziehen der Haut nicht beeinflussen. Die Konservierung und Lagerung der Rohfelle bis zur Abgabe in der Gerberei wird aber durch den Schafhalter übernommen. Um möglichst viele, sich später negativ auswirkende Faktoren auszuschalten, müssen einige Punkte beachtet werden. Der größte Feind des Rohfelles, der die meisten auch manchmal erst später erkennbaren Schäden an Leder und Wolle verursacht, sind die

Fäulnisbakterien. Sie sind bei feuchter Wärme am aktivsten. Die zerstörende Arbeit dieser Bakterien kann man durch Konservierung verhindern.

Konservieren kann man die Felle durch Einfrieren, Trocknen, oder Salzen.

Einfrieren der Felle

Die abgezogene Haut kann im Winter im Freien oder in der Tiefkühltruhe, eingepackt in einen Sack, ohne weitere Behandlung bis zur Abgabe in der Gerberei aufbewahrt werden. Die Kühlung darf nicht unterbrochen werden, und in der Gerberei muß die sofortige Weiterverarbeitung sichergestellt sein.

Trocknen der Felle

Die Trocknung ist zum Konservieren bei Schaffellen ein Risiko. Je nach Klimazone sind die Fäulnisbakterien dann schneller als der Trocknungsprozeß, und Schäden sind sofort sichtbar. Bei zu schneller Trocknung wird die Hautoberfläche abgedichtet, und das anhaftende Fett oder Bindegewebe bleibt innerlich feucht. Es tritt dann eine Zersetzung ein, die erst während des Gerbvorganges sichtbar wird.

Salzen der Felle

Die sicherste und zuverlässigste Konservierungsart ist das Salzen. Die Felle werden nach dem Schlachten zum Auskühlen flach mit der Wolle nach unten ausgebreitet. Nach einigen Stunden wird mit etwa 2 kg Salz pro Fell die Fleischseite gut eingerieben. Wichtig ist, daß alle Stellen, auch die Ränder, eingesalzen

werden, um spätere Lederschäden zu vermeiden. Nach etwa 5 Tagen hat das Salz die Feuchtigkeit aus der Haut herausgezogen. Der Fachmann spricht hier von Ausbluten. Die Felle werden jetzt erneut gesalzen und können anschließend, Innenseite auf Innenseite gefaltet und dann eingerollt, mehrere Monate lagern. Wird ein Rohfell zu früh, also wenn es noch nicht ausgeblutet ist, eingerollt, dann spült das austretende Wasser an den Knickstellen das Salz ab. Diese Stellen zeigen sich später oft als streifiger Wollausfall. Werden mehrere Felle zur gleichen Zeit bearbeitet, so können sie während der ersten Salzung ruhig aufeinander gestapelt werden.

Es wird jeweils die Wolle nach unten gelegt. Damit das austretende Wasser gut abfließen kann, müssen die Felle entweder auf einer schrägen Unterlage liegen, oder der Mittelpunkt der Fläche mußt etwas erhöht werden.

Bei der Weiterverarbeitung der Rohfelle ist man auf das fachliche Können in der Gerberei angewiesen. Eine Gerbung in Heimarbeit ist wegen fehlender Sachkenntnisse und abwasserrechtlichen Bestimmungen nicht empfehlenswert. Außerdem ist sie sehr zeitaufwendig, da selbst in einem Fachbetrieb bei zügigem Arbeitsablauf die Fellgerbung mindestens 14 Tage dauert.

Jede Gerberei hat ihr eigenes streng gehütetes Rezept, wie sich die Säuren und Laugen zusammensetzen. Es läßt sich da keiner in die Karten gucken. Daraus ergeben sich auch zwischen den einzelnen Gerbereien die unterschiedlichsten Qualitäten, die man meistens erst nach der ersten Wäsche des Felles erkennt. Bevor man die Felle in einer Gerberei zur Weiterverarbeitung abgibt, sollte man sich erkundigen, wie lange die Bearbeitung dauert und wie dieses Fell, wenn es einmal schmutzig ist, bearbeitet werden kann. Chemisch reinigen kann man jedes gegerbte Fell, aber das Fell aus einer guten Gerberei läßt sich anschließend in der Waschmaschine wie ein Wollpullover waschen und dann auf der Leine trocknen.

Schafkrankheiten

Das Kapitel Schafkrankheiten soll weder den Tierarzt ersetzen, noch soll mit ihm der Schafhalter zum Kurpfuschen verführt werden. Es zeigt lediglich ein paar Schafkrankheiten, die häufig auftreten. Je früher ein anormales Verhalten eines Schafes erkannt wird, desto größer ist die Chance, es erfolgreich zu behandeln.

Im Zweifel den Tierarzt aufsuchen...

Die Beobachtung der Schafe ist in der Milchschafhaltung im Gegensatz zu anderen Rassen intensiver. Bedingt durch das regelmäßige Melken befaßt man sich mehr mit den Tieren und erkennt sehr schnell, ob irgend etwas an ihnen nicht stimmt. Es gibt einige Anzeichen für Krankheiten, beispielsweise wenn die

Schafe sich teilnahmslos und ruhiger als sonst verhalten, nicht so richtig ans Futter drängen, ein bißchen hinter den anderen herlaufen, also alles Verhaltensweisen, die einem anderen gar nicht auffallen. Treten solche Anzeichen auf, muß man das Schaf konkreter und nach System beobachten. Wann hat das Schaf zum letzten Mal richtig gefressen, gesoffen, wiedergekaut, gekotet und uriniert? Ist der Kot normal? Hat der kleine Bock wirklich uriniert? Am besten stellt man ihn zur Kontrolle auf einen trockenen Untergrund. Wie ist die Atmung – hechelnd, normal oder flach?

Fieber messen ist ganz wichtig, denn nach der Temperatur fragt der Tierarzt bestimmt. Bei kleinen teilnahmslosen Lämmern mit hochgezogenem Rücken ist in jedem Fall das Fieberthermometer zu benutzen und auf Untertemperatur zu achten. Dies ist immer der Beweis für Hunger. Nimmt das hungrige Lamm nur widerwillig die Flasche, muß man mit dem Finger die Gaumenwölbung kontrollieren, ob da die ersten Haferflocken angeklebt sind. Oder hat es Bauchschmerzen durch Verstopfung, weil angetrockneter Kot den Darmausgang verklebt hat? Dies sind alles Fragen, die man dem Tierarzt beantworten muß, denn er kann die kleinen Unterschiede im Verhalten der Schafe nicht erkennen, weil er ja, so ist zu hoffen, zu selten im Stall ist.

Ektoparasiten

Die Außenparasiten wie Milben, Läuse, Dasseln oder Haarlinge sind selbständige Lebewesen, die sich das Schaf als Wirtstier ausgesucht haben und sich von dessen Körpersubstanz ernähren. Sie stechen, beißen, saugen Blut oder graben sich in die oberen Hautschichten ein. Die Größe der Außenparasiten ist je nach Art 0,2 mm bis erbsengroß. Sie sind teilweise nur unter dem Mikroskop zu erkennen. Selbst bei geringem Befall muß eine Behandlung durchgeführt werden, denn das Schaf wird von diesem Ungeziefer stark belästigt. Durch die Unruhe des Schafes und das offensichtliche Unwohlsein ist die Futteraufnahme gestört, die Wolle wird beschädigt und damit wertlos, das Schaf steckt andere Schafe an, und Infektionskrankheiten können übertragen werden. Bei starkem Befall sind Todesfälle bei den Schafen nicht auszuschließen. Trotz vorbeugender Behandlungsmaßnahmen durch Baden oder Besprühen der Schafe ist ein Befall durch Ektoparasiten möglich.

Wurden bei der Schafschur oder durch das Verhalten der Schafe Außenparasiten festgestellt, muß die Behandlung einmal wiederholt werden. Die meisten Wirkstoffe töten nur die geschlüpften, also fertigen Parasiten ab, so daß die Eier, Larven oder Puppen überleben und sich normal entwickeln können. Die Entwicklungszeit bis zur Geschlechtsreife ist je nach der Art unterschiedlich und liegt zwischen 7 und 21 Tagen. Um eine wirkungsvolle Parasitenbehandlung durchzuführen, muß die Art des Befalls genau erkannt werden, denn die bestimmt den richtigen Termin zur wirkungsvollsten Nachbehandlung.

Die Behandlungsmittel zur Bekämpfung der Außenparasiten sind verschreibungspflichtig und fallen mit unter das Medikamentengesetz. Die unterschiedlichen Wartezeiten von 2 Tagen bis zu 2½ Monaten der einzelnen Präparate sollen, da sie auch die Milch betreffen, mitberücksichtigt werden. Eine genaue Einhaltung ist erforderlich. Der Bezug ist durch den Tierarzt möglich. Die Behandlungsweise ist auf Seite 86 beschrieben.

Bei Befall mit Ektoparasiten muß zur Artenbestimmung der Tierarzt hinzugezogen werden. Er wird auch bei Verdacht oder Bestätigung der Körperräude, hervorgerufen durch die Saugmilbe, das zuständige Veterinäramt informieren. Die Körperräude bei Rindern und Schafen zählt zu den anzeigepflichtigen Seuchen und wird auf Anweisung und unter Aufsicht des Amtstierarztes bekämpft.

Wer den Verdacht oder den Ausbruch einer meldepflichtigen Seuche nicht anzeigt, macht sich gegen das Bundesseuchengesetz strafbar.

Zecken

Zwei Arten der Zecken sind in Deutschland heimisch. Die Schafzecke, sie ist meistens nur bei Schafen anzutreffen, und die gemeine Zecke oder auch Holzbock genannt. Diese Zeckenart befällt auch andere Tierarten und auch Menschen. Es handelt sich bei beiden Zeckenarten um Blutsauger, die auch Viruserkrankungen übertragen können. Durch Zeckenbisse können Abszeßbildungen hervorgerufen werden, die später bei der Gerbung der Schaffelle Löcher verursachen.

Die Schafzecke ist 5 bis 6 mm groß und kann vollgesogen eine Größe von 16 mm erreichen. Die Oberfläche ist silber bis weiß. Der Holzbock ist 3 bis 4 mm groß und vergrößert seinen Körper während des Blutsaugens bis auf 11 mm. Seine Farbe ist rotbraun bis blaugrau.

Ein geringer Befall mit den gemeinen Zecken, die also auch Hunde und den Menschen befallen können, erfordert in den seltensten Fällen eine Badebehandlung. Die vereinzelt anzutreffenden Parasiten können mechanisch entfernt werden. Die Blutsauger graben sich mit ihren Mundwerkzeugen in die Haut ein. Beim einfachen Abziehen der Zecken von der Haut würden Teile des Kopfes stekkenbleiben und einen Abszeß verursachen. Man kann entweder einen Tropfen Desinfektionsmittel wie Alkohol, Jod oder Zitzendipper an die Einbißstelle geben, um die Zecke in Luftschwierigkeiten zu bringen. Sie löst sich dann und kann komplett entfernt werden. Eine weitere Möglichkeit ist, den Zeckenkörper langsam zu drehen. Eine Zecke ist auch ein Lebewesen, das sich nicht freiwillig den Kopf abreißen läßt. Spätestens nach einer halben bis dreiviertel Umdrehung läßt sie ihr Opfer los. Eine Wundversorgung der Bißstelle ist zu empfehlen.

Die Schaflausfliege

Die Schaflausfliege ist in Deutschland überall vertreten. Trotz der Bezeichnung Fliege ist sie ein flügelloser Parasit. Sie wird oft irrtümlich als Schaflaus bezeichnet und mit ihr verwechselt. Die Schaf-

laus gilt in Deutschland als ausgestorben. Die Schaflausfliege ist 5 mm groß, wobei sie im nüchternen oder im vollgesogenen Zustand ihre Größe nicht sichtbar verändert. Ihre Farbe ist rotbraun bis dunkelgrau oder schwarz. Man findet sie bei den Schafen am Hals und an der seitlichen Brust. Bei starkem Befall der Mutterschafe mit langer Wolle kann man die Schaflausfliege auch bei den Lämmern nach dem Saufen auf der Felloberfläche finden. Eine Behandlung mit Wiederholung ist dringend zu empfehlen (siehe Seite 86).

Haarlinge

Die Haarlinge oder Sandläuse können gerade mit bloßem Auge erfaßt werden. Sie sind 1,5 mm groß, in der Färbung rotbraun und ernähren sich von Hautschuppen, Wollhaaren und Drüsensekreten. Sie zählen auch zu den weit verbreiteten und häufig vorkommenden Außenparasiten. Eine Bekämpfung durch zweimalige Behandlung ist erforderlich.

Haarbalgmilben

Die Haarbalgmilbe zählt zu den unbedeutendsten Hautparasiten, obwohl sie weltweit anzutreffen ist. Der Befall verläuft normalerweise symptomlos. Nur in Ausnahmefällen zeigen sich Hautveränderungen an den unbewollten Körperteilen wie Schuppen, Borken oder Krusten. Bei einem Befall mit Haarbalgmilben fehlt der sonst bei Ektoparasiten typische Juckreiz. Die Milben werden meistens nicht erkannt, da sie nur 0,25 mm groß sind. Bei der regelmäßigen jährlichen Vorbeugebehandlung ist die Bekämpfung der Haarbalgmilbe miteinbezogen. Eine richtige Behandlung ist gegeben, wenn alle Körperteile, auch der Kopf und die Ohren, mitbehandelt werden.

Die Grabmilbe

Die Grabmilbe ist Verursacher der Kopfräude. Sie gräbt Gänge zur Eiablage und lebt selbst auf oder in der unbewollten Haut von Kopf oder Ohren. Sie ist 0,2 bis 0,5 mm groß und verursacht bei den Schafen einen starken Juckreiz. Die Schafe nutzen jede Möglichkeit, um den Kopf zu scheuern. Die Bekämpfung der Kopfräude ist durch zweimalige Behandlung möglich, wobei eine Einzelbehandlung der befallenen Körperteile nicht immer erfolgreich ist. Die Kopfräude galt in Deutschland als getilgt. Sie tritt in den letzten Jahren vereinzelt wieder auf.

Die Nagemilbe

Mauke oder Fußräude wird durch die Nagemilbe verursacht. Sie befällt hauptsächlich die Fesselbeugen der Vorder- und Hinterbeine. Es entstehen schuppige Krusten. Die Nagemilbe ist 0,3 bis 0,45 mm groß und ernährt sich von Hautsekret, Talgdrüsenabsonderungen und verhornten Zellen. Die Schafe zeigen starken Juckreiz. Sie benagen die Beine oder scheuern die befallenen Gelenke an Zäunen oder freiliegenden Baumwurzeln.

Die Fußräude ist weit verbreitet und wird trotz ihrer guten Erkennbarkeit bei den Koppelschafhaltern manchmal vernachlässigt. Die Behandlung ist im Frühstadium verhältnismäßig einfach, da nur die befallenen Körperteile, also die Beine, gebadet werden müssen. Eine mindestens zweimalige Behandlung ist erforderlich. Vor der Behandlung müssen die angetrockneten Schmutzkrusten von den Beinen entfernt werden, damit der Wirkstoff auch tatsächlich die befallenen Stellen erreicht.

Die Saugmilbe – anzeigepflichtig

Der Verursacher der Körperräude ist die Saugmilbe. Sie war früher wegen der hohen wirtschaftlichen Verluste durch wertlose Wolle oder verendete Schafe die gefürchtetste Art eines Parasitenbefalles. Da bei Rindern die Räude durch die gleiche Milbe ausgelöst wird, hat ein sichtbarer Befall oft zu Streitigkeiten bei der Weidenutzung und auf den Triebwegen geführt. Dank der modernen Medizin konnte die Räude so gut bekämpft werden, daß sie lange Zeit als getilgt angesehen wurde. Seit 1970 tritt sie in verschiedenen Ländern wieder auf. Die Saugmilbe ist 0,5 bis 0,8 mm groß und ernährt sich von Gewebeflüssigkeit. Die Schafe zeigen starken Juckreiz und scheuern sich. Es kommt zu Wollausfall. Bei Verdacht auf Körperräude ist der Tierarzt hinzuzuziehen.

Die Nasendassellarven

Die Nasendasselfliege, auch Schafbremse genannt, ist eine hummelähnliche Fliege, die bis zu 12 mm groß wird. Sie ist in verschiedenen Gegenden mehr oder weniger häufig anzutreffen. Die Fliege schleudert gezielt im Fluge ihre Larven in Richtung der Schafsnasen. Die Larven dringen über die Nasengänge teilweise bis in die Stirnhöhle vor. Im darauffolgenden Frühjahr werden die Larven ausgeniest. Zur weiteren Entwicklung verpuppen sie sich im Erdreich.

Der Befall mit Nasendassellarven zeigt sich beim Schaf durch Nasenausfluß, Niesen und Atembeschwerden. Eine Behandlung ist mit gleichzeitiger Innenparasitenbehandlung möglich.

Fliegenmaden

Der Befall mit den Maden der Schmeißfliegen hat mehrere Ursachen und wird unterschiedlich behandelt. Befallen werden mit Kot verschmutzte Körperteile oder Wunden. Die Maden sind hellgrau bis gelb und 10 bis 14 mm lang. Eine Behandlung erfolgt durch Scheren der befallenen Körperteile und Waschen mit einer Badeflüssigkeit. Bei Wunden müssen die Larven entfernt werden, und eine Nachbehandlung mit Wundspray ist angebracht. Saubere und gesunde Schafe haben nur selten mit Fliegenmaden Probleme.

Endoparasiten

Die Endoparasiten oder Innenparasiten sind in der Koppelschafhaltung und bei den Hobbyschäfern ein nicht zu unterschätzender Wirtschaftsfaktor. Nicht nur, daß sie buchstäblich miternährt werden müssen, sondern sie schädigen auch die Mutterschafe und besonders die Lämmer. Schafe und Lämmer mit starkem Parasitenbefall magern trotz guten Futters ab. Die Wolle verliert ihren Glanz und wird stumpf. Die Tiere bekommen parasitenbedingt oft Durchfall. Sie zeigen allgemeine Mattigkeit, und plötzliche Todesfälle sind nicht auszuschließen. Schafe, die innenparasitenfrei sind, gibt es nur unmittelbar nach einer Wurmkur. Ein natürliches Gleichgewicht muß angestrebt werden. Der Befall mit den meisten Innenparasiten ist nur durch Kotprobenuntersuchungen in einem veterinärmedizinischen Laboratorium zu erkennen. Es kann zwar jeder selbst mit einem Mikroskop bei einer Kotuntersuchung die Wurmeier finden, doch die Artenbestimmung und die Quantifizierung, d. h. in welcher Größenordnung eine Verwurmung vorliegt, kann nur der Fachmann vornehmen. Bandwurmglieder, die mit dem Kot ausgeschieden werden, sind die einzigen, mit dem bloßen Auge erkennbaren Parasitenbestandteile.

Das Ergebnis der Kotuntersuchung ist die Voraussetzung für die Parasitenbekämpfung. Der Tierarzt kann daraus erkennen, welches Behandlungspräparat am zweckmäßigsten eingesetzt wird, weil verschiedene Medikamente gleichzeitig verschiedene Wurmarten bekämpfen. Die Aufgabe des Schafhalters ist nun, seine Schafe zu wiegen. Nur die erfahrenen Schäfer, also die alten Hasen, sind in der Lage, das Gewicht des Schafes annähernd genau zu schätzen. Medikamente zur Innenparasitenbehandlung, die übers Maul (oral) verabreicht werden, richten sich in der Dosierung nach dem Gewicht des Schafes. Eine Unterdosierung ist meistens erfolglos und damit unnötige Arbeit und Geldauslage. Nach mehrmaligen Unterdosierungen können sich resistente Stämme bilden, die dann nur schwer zu bekämpfen sind. Bei Überdosierung bekommen die Schafe Durchfall und Magenschmerzen.

Das tatsächliche Gewicht des Schafes sollte also ermittelt werden. Zur Eingabe des flüssigen Medikaments kann man eine Einmalspritze (selbstverständlich ohne Nadel) benutzen. Der Spritzenkörper wird dem Schaf seitlich ins Maul gesteckt. Die Zunge muß unten bleiben, dann wird langsam und vorsichtig, ohne daß etwas in die Luftröhre kommt, das Medikament eingegeben. Es muß darauf geachtet werden, daß das Schaf auch tatsächlich die vollständige Dosis abschluckt und nichts danebengeht, denn andernfalls stimmt die ganze Dosierung nicht mehr.

Wurmmittel kann auch trocken eingegeben werden. Es handelt sich hierbei um ein in Form gepreßtes Präparat. Die Preßstücke nennt man Boli. Zur Eingabe liefert der Hersteller einen sogenannten Bolieingeber mit. Mit diesem Instrument soll das Medikament weit hinten im Rachen des Schafes abgelegt werden. Wer es versteht, mit diesem Gerät zu arbeiten, kann damit verhältnismäßig einfach eine Wurmkur durchführen. Wer aus falscher Befürchtung, er würde das Schaf verletzen, das Boli nicht tief genug eingibt, wird überrascht sein, welche Leistungen ein Schaf im Boliweitspucken erbringt. Die dritte Möglichkeit einer Parasitenbehandlung ist mit Medikamenten, die injiziert werden. Diese Behandlung sollte der Tierarzt durchführen.

Alle Präparate zur Innenparasitenbehandlung haben Wartezeiten, in denen Fleisch und Milch nicht verwertet werden dürfen. In Milchschafbeständen sollten Medikamente mit kurzer Wartezeit bevorzugt werden, um die Ausfallzeit der Milchproduktion so gering wie möglich zu halten.

Der Bandwurm

Bandwürmer sind überall in der Natur anzutreffen. Der Bandwurm des Schafes befällt auch Rinder und Kaninchen. Die Ansteckung erfolgt auf der Weide. Als Zwischenwirt dient die Moosmilbe. Die von der Moosmilbe aufgenommenen Bandwurmeier entwickeln sich zu Finnen. Die infizierte Milbe wird mit der Futterpflanze von den Tieren gefressen. Aus den Finnen entwickeln sich im Schaf in 5 bis 6 Wochen die Bandwürmer. Nach der Geschlechtsreife werden mit den Bandwurmgliedern auch die Eier im Kot der Tiere ausgestoßen, und der Kreislauf zur Neuinfektion ist geschlossen. Bandwürmer können auf der Weide nur in der Moosmilbe überwintern.

Der Magendarmwurm

Zu den Magendarmwürmern zählt man alle Parasitenarten, die im Labmagen und Dünndarm angesiedelt sind. Ihre Entwicklung und der Infektionskreis sind gleich. Die geschlechtsreifen Würmer legen Eier ab, die mit dem Kot ausgeschieden werden. Auf der Weide entwickeln sich die Larven, die dann wieder mit dem Futter von den Schafen aufgenommen werden. Die Larven heften sich im Magen an die Schleimhaut und entwickeln sich zum fertigen Wurm. Schafe in kleinen Beständen auf Standweiden sind durch die ständige Neuinfizierung der Weide besonders gefährdet. Eine regelmäßige Kotuntersuchung ist deshalb erforderlich. Die wichtigste Vorbeugemaßnahme, eine Weideinfizierung gering zu halten, ist die Wurmkur vor dem Frühjahrsaustrieb.

Der große Leberegel

Die Gefahrenstelle zur Infizierung mit den Larven des Großen Leberegels sind Feuchtstellen auf der Weide, Sumpfstellen und deren Randzonen, sowie der Uferbereich von Bächen. Eine an sich trockene Weide kann sich im Bereich einer Tränkeeinrichtung zu einer Feuchtweide verändern. In diesem Biotop lebt die Leberegel- oder Zwergschlammschnecke, die als Zwischenwirt zur Entwicklung des Egels erforderlich ist. Der Infektionskreis beginnt, wenn die Eier des großen Leberegels mit dem Schafkot ausgeschieden werden. Auf der Weide entwickelt sich aus dem Ei die Flimmerlarve, die in die Zwergschlammschnecke eindringt und diese als Schwanzlarve verläßt. Diese Larve wird mit dem Futter aufgenommen und entwickelt sich im Schaf zum Großen Leberegel. Das Infektionsrisiko kann durch Meidung von Feuchtstellen oder großzügige Auszäunung der betroffenen Flächen verringert werden.

Der kleine Leberegel

Den kleinen Leberegel findet man auf trockenen, kalkhaltigen Weiden. Zum Infektionskreis gehören zwei Zwischenwirte. Verschiedene Landschneckenarten und die Ameise dienen dem kleinen Leberegel zu seiner Entwicklung. Nach dem Ausscheiden der Eier mit dem Kot, werden diese von den Schnecken, als erstem Zwischenwirt, aufgenommen und nach einer Entwicklungszeit in Schleimballen wieder ausgestoßen. Die Ameise nimmt dann als zweiter Zwischenwirt die infizierten Schleimballen auf, die dann wiederum von den Schafen gefressen werden. Damit hat eine Neuinfektion stattgefunden.

Der große Lungenwurm

Die Eier des Großen Lungenwurms scheidet das Schaf mit dem Kot aus. Auf der Weide entwickelt sich die Larve, die mit dem Futter aufgenommen wird. Die Larve entwickelt sich im Dünndarm weiter und wandert in die Lunge, bis sie nach stetiger Weiterentwicklung als Wurm in den Bronchien zur Eiablage kommt. Die Lungenwurmeier werden aus den Bronchien hochgehustet, sofort abgeschluckt und mit dem Kot ausgeschieden. Der große Lungenwurm wird mit den gleichen Medikamenten bekämpft, die auch bei Magen- und Darmwurmbefall eingesetzt werden.

Der kleine Lungenwurm

Beim Kleinen Lungenwurm entwickeln sich bereits in den Bronchien die Larven, die dann hochgehustet, abgeschluckt und mit dem Kot ausgeschieden werden. Der Kleine Lungenwurm benötigt zur Weiterentwicklung einen Zwischenwirt. Als Zwischenwirt werden verschiedene Schneckenarten benutzt, die dann vom Schaf mit dem Futter aufgenommen werden. Die Entwicklung im Schaf ist bei allen Lungenwurmarten gleich.

Kokzidien

Kokzidien sind einzellige Lebewesen, die sich an der Dünndarmschleimhaut festsetzen. Bei Befall verursachen sie bei Lämmern starken Durchfall, der schleimig oder wässerig ist, manchmal auch blutige Beschaffenheit haben kann. Eine Behandlung ist mit Spezialpräparaten über einen Zeitraum von mehreren Tagen möglich. Bei Altschafen ist ein Kokzidien-Befall wirtschaftlich unbedeutend, jedoch sind diese Schafe Ausscheider von infektionsfähigen Keimen. Wenn der Kot der Altschafe die Form einer in Schleim eingepackten Kette hat, ist dies zwar ein Zeichen für Kokzidiose, ersetzt aber trotzdem keine ordnungsgemäße Kotuntersuchung.

Lippengrind – meldepflichtig

Lippengrind ist eine Viruserkrankung. Sie kann in drei Arten, und diese nochmals unterteilt in gutartigen und bösartigen Formen auftreten.

Erkranken können außer Ziege und Schaf auch der Hund und der Mensch. Eine Übertragung vom Schaf zum Hund und dann zum Menschen ist möglich. Bei Lippengrind bilden sich mit Flüssigkeit gefüllte Blasen, warzenähnliche Krusten und Pusteln, die nach der Abheilung keine Narben hinterlassen. Der Virus ist sehr widerstandsfähig, so daß noch nach langer Zeit eine Neuinfektion im Stall, an allen Einrichtungsgegenständen und auf der Weide möglich ist. Eine Übertragung bei der Lämmeraufzucht mit der Tränke ist genauso möglich, wie die Ansteckung an Raufen und Futtertrögen.

Lippengrind, am Kopf auch Maulgrind genannt, tritt in der gutartigen Art nur am Mundwinkel und am Nasenspiegel auf. Bei der bösartigen Art werden die gesamten inneren und äußeren Lippen sowie Nase, Augenlider, Ohren, die Mundhöhle und die Zunge befallen. Durch die schmerzhafte Art dieser Erkrankung können die Schafe keine Nahrung mehr aufnehmen. Todesfälle bei Lippengrind entstehen durch Verhungern der Schafe. Die Krankheitsdauer beträgt 4 bis 5 Wochen. Sind die ersten Anzeichen von Lippengrind sichtbar, kann man noch nicht erkennen, ob es sich um die gutartige oder bösartige Form handelt. Der Tierhalter kann jetzt nur für eine überdurchschnittlich gute Futterversorgung sorgen. Die Hinzuziehung eines Tierarztes ist erforderlich, damit durch eine gezielte antibiotische Behandlung eine zusätzliche Infektion vermieden wird.

Lippengrind in der genitalen Form verursacht bei den Mutterschafen häufig eine Euterentzündung. Die Pusteln und Bläschen am Euter und an den Strichen sind schmerzhaft. Das Mutterschaf läßt die Lämmer nicht mehr saufen, wodurch die Entstehung einer Euterentzündung begünstigt wird. Gerade bei Milchschafen mit hoher Milchleistung muß darauf geachtet werden, daß die Euterentzündung vermieden wird. Ein regelmäßiges Melken ist notwendig.

ACHTUNG! Eine Infektionsgefahr des Melkers und die Übertragung auf andere Euter ist durch die Benutzung von Handschuhen zu verhindern.

Lippengrind an den Klauen nennt man Fußgrind. Befallen werden der Kronensaum, die Fesseln und der Zwischenklauenspalt. Bei der bösartigen Form kann der starke Befall bei den Schafen Lahmheit hervorrufen.

Bei allen Arten des Lippengrindes in der gutartigen und bösartigen Form besteht eine Behandlung in dem Entfernen der Krusten. Eine Behandlung mit einer antibiotikahaltigen Salbe verhindert eine Wundinfektion. Durch die hohe Ansteckungsgefahr und die außerordentliche Widerstandsfähigkeit des Virus soll eine Behandlung nur auf einem Platz durchgeführt werden, der anschließend zu desinfizieren ist. Die tierseuchenrechtliche Regelung der Meldepflicht bei Lippengrind ist durch die Verwechslungsmöglichkeit mit Maul– und Klauenseuche verständlich.

Breinierenkrankheit

Von dieser meist in sehr kurzer Zeit tödlich verlaufenden Krankheit werden fast ausnahmslos gut genährte Lämmer und Jungschafe befallen. Verursacht wird die Krankheit nur durch Fütterungsfehler. Sie ist nicht heilbar, sondern nur vermeidbar. Der Name wurde aus dem klinischen Befund bei der Untersuchung verendeter Schafe abgeleitet. Bei der Enterotoxämie, so heißt diese Krankheit, tritt kurz nach dem Verenden der Schafe eine Zersetzung der Nieren ein.

Hervorgerufen wird die Krankheit durch plötzlichen Wechsel auf zu viel und zu gutes Futter. Die Schafe, und nur die guten, fressen mehr, als sie verdauen können, wodurch unverdautes Futter in den Dünndarm gerät. Im Dünndarm befindet sich bei allen Schafen eine ungefährliche Menge eines bestimmten Bakteriums. Diese Clostridien bilden Giftstoffe, die keinen Schaden anrichten. Kommt jedoch unverdautes Futter in den Dünndarm, ist die Vermehrung und damit die Ausscheidung der Bakterien so hoch, daß die Giftstoffe für das Schaf tödlich

sind. Durch Absprache mit dem Tierarzt kann eine Impfung in Erwägung gezogen werden.

Kupfervergiftung

Milchschafe sind wie Texelschafe besonders empfindlich bei der Aufnahme kupferhaltiger Futtermittel. Die Krankheit wird selten erkannt. Zur Vermeidung einer Kupfervergiftung sollte beim Kauf von Kraftfutter, Mineralfutter und Lecksteinen darauf geachtet werden, daß die Produkte auch tatsächlich für Schafe hergestellt wurden, also kupferfrei sind. Milchleistungsfutter für Rinder können zwar aus den gleichen Einzelkomponenten hergestellt sein, sie bieten aber keine Garantie für Kupferfreiheit.

Pansenstillstand

Der Pansenstillstand ist keine Krankheit, sondern ein Symptom, das von mehreren Krankheiten ausgelöst wird. Pansenstillstand liegt vor, wenn das Schaf nicht wiederkaut und beim Abhorchen des Schafes das normalerweise laute Pansengeräusch (Rauschen und Rumoren) nicht vorhanden ist. Bei Pansenstillstand liegt eine akute Verdauungsstörung vor, die vom Tierarzt behandelt werden muß. Auslöser eines Pansenstillstandes kann das Überfressen mit Kraftfutter sein. In solchen Fällen muß der Zugang zum Kraftfutter oder zur frischen eiweißreichen Weide sofort gesperrt werden. Die Pansenflora muß mit Rauhfutter wie Heu und Stroh neu aufgebaut werden. Zu beobachten ist bei Pansenstillstand eine verminderte Wasseraufnahme. Als Sofortmaßnahme sollte der Schafhalter diesen Schafen mit der Eingebespritze oder einer Flasche alle 8 Stunden etwa 1 Liter temperiertes Wasser eingeben. Tritt nach einem Tag keine Besserung ein, muß der Tierarzt die Behandlung übernehmen. War die Wassertherapie erfolgreich, kann langsam in kleinsten Mengen über mehrere Tage zur normalen Fütterung hingearbeitet werden.

Euterentzündung

In Milchschafbeständen wird normalerweise eine Euterentzündung so früh bemerkt, daß sie noch erfolgreich und ohne Folgeschäden behandelt werden kann. Der Schafhalter kann jedoch nicht unterscheiden, ob die Entzündung infektiös oder nicht ansteckend ist. Es muß in jedem Falle mit einer Infektionsmöglichkeit gerechnet werden. Die sofortige Behandlung besteht aus Absetzen der Lämmer, gründlichem Ausmelken des Euters und Einbringen einer antibiotischen Eutersalbe. Der Tierarzt muß über den Blutkreislauf die antibiotische Behandlung übernehmen. Von der Milch, die vor der Behandlung abgemolken wurde, sollte eine Probe einem Untersuchungsinstitut zugesandt werden. Dort wird zur Bestimmung des wirkungsvollsten Medikamentes ein Antibiogramm erstellt. Das Ausmelken und die Behandlung muß dem normalen Melkrhythmus angepaßt werden. Um eine Ansteckung auf die andere Euterhälfte zu vermeiden, muß auf peinliche Sauberkeit geachtet werden. Niemals nach der Behandlung der kranken Euterhälfte die gesunde Seite anfassen oder mit dem gleichen Tuch abwischen. Beim Melken wird das Schaf mit der Euterentzündung immer zum Schluß behandelt. Bei der Milchgewinnung ist bei behandelten Schafen die durch die Medikamente bedingte Wartezeit zu beachten.

Bei der Behandlung von Mutterschafen mit weniger als 10 Tage alten Lämmern kann der Strich der erkrankten Euterhälfte nach der Behandlung hochgeknickt und mit Pflaster ans Euter verklebt werden. Die Lämmer brauchen bei dieser Behandlungsart nicht ausgesperrt zu werden. Der Mutter-Kind-Kontakt bleibt erhalten und nach überstandener Krankheit kann normal weiter gesäugt werden. Während der Behandlungszeit müssen die Lämmer ausreichend und häufig genug ernährt werden, damit der Drang zum Euter unterbleibt. Bei älteren Lämmern ist dieses System nicht möglich, weil sie einfach die Verklebung abreißen, möglicherweise das Euter zusätzlich verletzen und das Medikament mit dem infektiösen Sekret aussaugen.

Augenerkrankungen bei Lämmern

Entropium heißt die Krankheit, die wir als eingerolltes Augenlid bezeichnen. Es handelt sich hierbei um eine Augenentzündung, die zur Blindheit des Auges führen kann. Hervorgerufen wird sie durch mechanische Reizung des Auges, verursacht durch das nach innen gedrehte Unterlid, so daß die Augenwimpern unter dem Unterlid zum Auge zeigen. Es handelt sich hierbei um eine erworbene oder ererbte Krankheit.

Bei dem erworbenen Entropium wird das Lamm mit gesunden Augenlidern geboren, die aber durch das Mutterschaf durch intensives Belecken der Augen eingerollt werden können. Nach kürzester Zeit beginnen die Augen zu tränen und zeigen sich entzündlich. Unbehandelt werden sie anschließend trübe, milchig weiß und selbst Geschwüre können sich auf der Pupille bilden.

Das angeborene Entropium ist eine Erbkrankheit. Das Augenlid ist also von Anfang an eingerollt. Der Krankheitsverlauf ist in beiden Fällen gleich. Der Schafhalter sollte bei den neugeborenen Lämmern unbedingt darauf achten, daß an beiden Augen die Augenlider normal sind. Oberhalb der Wimpern wird das Lid von einer scharfen Kante abgeschlossen, die wie das Wischerblatt an der Autoscheibe für freie Sicht sorgt. Diese Kante muß bei dem Lamm zu sehen sein. Wird ein eingerolltes Augenlid erkannt, kann man das Lid vorsichtig mit dem Daumen und Zeigefinger etwas anheben und ausrollen. Damit es nicht wieder einrollt, muß man es abtrocknen und in dieser Zeit die Haut etwas auf Spannung halten. Zu spät erkannte Augenkrankheiten müssen durch den Tierarzt behandelt werden. Ein früh genug behandeltes Entropium ist später nicht mehr zu erkennen. Da es sich in den meisten Fällen um einen Erbfehler handelt, sollten diese Schafe nicht zur Zucht benutzt werden.

Anzeigepflichtige Seuchen

Das Tierseuchengesetz in der Fassung vom 28. 3. 1980 regelt die Bekämpfung von Seuchen, die bei Haustieren auftreten und übertragen werden können. Die Anzeigepflicht erstreckt sich nicht nur auf den Ausbruch einer Seuche, sondern schon auf den Seuchenverdacht. Verantwortlich für eine unverzügliche Meldung ist der Besitzer, dessen Stellvertreter oder ein zur Betreuung der Tiere beauftragter Mitarbeiter. Abgewandelt für den Hobbyschafhalter heißt das: Der Nachbar, der im Urlaub die Schafe versorgt, ist damit verantwortlicher Vertreter. Eine Seuchenmeldung muß bei der zuständigen Verwaltung oder beim Amtstierarzt erfolgen. Auch an Wochenenden oder an Feiertagen ist jemand zu erreichen. Ein Verstoß gegen die Anzeigepflicht kann als Ordnungswidrigkeit mit einer Geldbuße bis zu DM 30 000,– geahndet werden. Eine Entschädigung für Tierverluste wird durch die Tierseuchenkasse gewährt.

Anzeigepflichtig sind folgende Krankheiten:
1. Milzbrand
2. Rauschbrand
3. Maul- und Klauenseuche
4. Pockenseuche
5. Tollwut
6. Brucellose
7. Räude
8. Aujeszkysche Krankheit

Milzbrand

Die Erkennung am lebenden Tier ist selten möglich. Der Verdacht auf Milzbrand wird erst bei der Schlachtung durch den Fleischbeschauer oder im Untersuchungsinstitut nach plötzlichen Todesfällen erhoben. Milzbrand ist auf den Menschen übertragbar.

Rauschbrand

Bei Rauschbrand treten an Kopf und Körper mit Schaum gefüllte Schwellungen auf. Fieber bis 42°C, Muskelzittern und Zähneknirschen sind weitere Krankheitsanzeichen. Die erkrankten Schafe verenden nach 1 bis 3 Tagen. Rauschbrand wird überwiegend als Wundinfektion festgestellt.

Maul- und Klauenseuche

MKS ist eine Viruserkrankung. Die Schafe haben Fieber, sie speicheln und das Allgemeinbefinden ist gestört. An den Klauen zeigen sich Schwellungen und Ablösungen des Klauenhornes. Im Maul sind an den Lippen, an der Zunge und am Zahnfleisch Blasen. Das Krankheitsbild gleicht dem von Lippengrind und Moderhinke (siehe Seite 157). Auch der Verdacht ist anzeigepflichtig.

Pockenseuche

Die Pockenseuche gilt zur Zeit in Deutschland als getilgt. Das Erscheinungsbild bei Schafen ist eitrig schleimiger Nasenausfluß, verbunden mit Fieber und geschwollenen Augenlidern. Ein ähnliches Krankheitsbild zeigen Räude und Lippengrind.

Tollwut

Tollwut ist eine Viruserkrankung, mit der sich alle Warmblüter anstecken können. In Deutschland gilt der Fuchs als der Hauptüberträger bei den Tieren. Der Mensch ist durch erkrankte Hunde und Katzen gefährdet, woraus sich eine Impfempfehlung der Haustiere ableiten läßt. Anzeichen sind Schreckhaftigkeit, Lähmungserscheinungen, Schluckbeschwerden, extrem zahmes oder aggressives Verhalten. Die Diagnose ist nur in einem Untersuchungsinstitut zu stellen.

Brucellose

An Brucellose erkrankte Schafe zeigen kein Krankheitsbild. Verlammungen können durch Brucellose ausgelöst werden, sind aber keine sichere Diagnose. Brucellose ist auf den Menschen übertragbar. Die Ansteckung erfolgt durch den Kontakt mit erkrankten Tieren oder durch den Verzehr von Schafmilch. Brucellose bei Menschen ist als Maltafieber bekannt. In Milchschafbeständen sollte aus der Eigenverantwortlichkeit des Schafhalters eine jährliche Blutuntersuchung auf Brucellose erfolgen. Bei Zukauf dürfen die Tiere nur aus nachweislich brucellosefreien Beständen kommen. Deckböcke können Brucellose übertragen.

Räude

Die Räude wurde im Kapitel Außenparasiten (Seite 151) behandelt. Die Räude ist auf den Menschen übertragbar und zeigt sich als juckender Ausschlag an den Händen, Fingern und Armen.

Aujeszkysche Krankheit

Die Aujeszkysche Krankheit ist bei Schafen sehr selten anzutreffen. Die Diagnose ist nur im Untersuchungsinstitut durch Virusnachweis zu stellen. Als Krankheitsbild zeigen sich Muskelzuckungen,

Krämpfe, Juckreiz, Wolleausrupfen, Kratzen und Stampfen.

Erbfehler

Als Erbfehler bezeichnet man erblich bedingte Anomalien, bei denen das Lamm lebensfähig ist und sich auch vermehren kann. Erbfehler sind zum Beispiel fehlerhafte Wolle wie Zwirn, oder Kieferveränderungen wie Über- oder Unterbiß. Eingerollte Augenlider sind ebenso als Erbfehler zu betrachten wie Mehrzitzigkeit.

Um den Spaß an dem Hobby der Schafhaltung nicht zu verlieren, muß auf Erbfehler und Erbkrankheiten geachtet werden, und Tiere mit solchen Anlagen sollten konsequent geschlachtet werden.

Der Kot als Hinweis auf Erkrankungen

Bei Verdauungsstörungen, Futterumstellung, Fütterungsfehlern oder Innenparasitenbefall verändert sich auch der Kot des Schafes. Bei normaler Beschaffenheit besteht er aus dunkelbraun-grün bis schwarzen erbsengroßen, trockenen Kugeln. Bei Lämmern ist in den ersten 10 Tagen bis zur Aufnahme von Rauhfutter der Kot gelb, die Konsistenz ist cremig trocken. Bei normalem Verhalten der Schafe kann veränderter Kot ein Hinweis auf folgende Störungen oder Erkrankungen sein:
– Form und Festigkeit normal, Farbe heller bis hellbraun:
Zu viel Kraftfutter, zu wenig Rauhfutter.
– Farbe normal, Konsistenz breiig:
Diese Erscheinung tritt bei Weidewechsel mit jungem frischem Aufwuchs auf oder ist ein Zeichen für Verwurmung.
– Farbe bräunlich hell, Konsistenz breiig:
Dieser Zustand tritt häufig bei Stallhaltung auf, wenn zu viel eiweißreiches Kraftfutter gereicht wird. Eine Verwurmung kann auch hier nicht ausgeschlossen werden.
– Farbe grün, Konsistenz wässerig, Geruch übel säuerlich. Eine Pansentätigkeit ist nicht zu erkennen, es wird nicht wiedergekaut:
Wurde ein bis zwei Tage vorher üppig eiweißreich gefüttert oder waren die Schafe auf jungem frischen Grünland und haben zusätzlich eiweißreiches Kraftfutter bekommen? Dann besteht höchste Alarmstufe. Der Tierarzt muß das Schaf unverzüglich behandeln.
– Farbe normal, Festigkeit normale Kugeln, jedoch in einer Art Schleimhülle wie eine Kette aufgereiht:
Es liegt der Verdacht auf Kokzidien vor. Eine Kotuntersuchung im Untersuchungsinstitut ist zu empfehlen.
– Farbe und Konsistenz normal, jedoch mit weißen Fremdanteilen durchmischt:
Es handelt sich hierbei um Bandwurmglieder, die die Form und Größe von Reiskörnern oder Haferflocken haben können. Trotz dieses sichtbaren Befalles mit Bandwürmern kann die Kotuntersuchung im Laboratorium negativ verlaufen, da bei abgesetzten Bandwurmgliedern nicht unbedingt auch ein Ausstoß von Bandwurmeiern erfolgen muß. Eine Wurmkur ist zu empfehlen.
– Bei Lämmerdurchfall, für den nicht selbst eine eindeutige Erklärung gefunden wird, muß der Tierarzt hinzugezogen werden.

Durchfall bei Flaschenlämmern

Verursacht wird der Durchfall bei Flaschenlämmern meistens durch falsche Fütterung. Werden zu große Milchmengen auf zu wenige Mahlzeiten verteilt, oder wird bei Milchaustauscherfütterung die Mischung zu fett oder zu kalt angeboten, reagieren die Lämmer oft mit Durchfall. Hierbei muß die Milchfütterung sofort eingestellt werden, und der erhöhte Flüssigkeitsbedarf, der immer bei Durchfall vorhanden ist, muß mit einer Elektrolytlösung ausgeglichen werden. Nach 24 Stunden sollte sich der Kot normalisiert haben und die Fütterung kann vorsichtig wieder aufgenommen werden.

Einsendung von Untersuchungsmaterial

Den Mitarbeitern der Untersuchungsinstitute wird oft ungerechterweise schlechte Arbeit nachgesagt, wenn bei eingesandtem Untersuchungsmaterial keine zufriedenstellende Diagnose gestellt wird. Der Grund ist, daß das Material durch falsche Lagerung oder zu lange Transportwege bei sommerlichen Temperaturen schon vergammelt bei ihnen ankommt. Die Spezialisten in den Laboratorien sind sehr bemüht, dem Tierhalter mit ihrem Fachwissen zu helfen. Letztendlich sichern sie sich ja auch mit guter Arbeit ihren Arbeitsplatz. Die Qualität des Untersuchungsbefundes kann aber nur so gut sein wie das zur Untersuchung eingesandte Material. Um möglichst unverändertes Material zur Verfügung zu stellen, gelten folgende Regeln:

Einsenden von Kotproben

Der frische Kot sollte nachmittags so spät verpackt werden, daß er sofort anschließend mit dem Nachtexpreß zum Institut geschickt werden kann. Im günstigsten Fall liegt dann nur eine Nacht zwischen Entnahme und Untersuchung.

Einsenden von Aborten (Fehlgeburten)

Sollen totgeborenen Lämmer untersucht werden, dann muß die Nachgeburt mit eingeschickt werden. Wichtig ist die schnellstmögliche Übersendung zum Labor, da sich das Material ungekühlt schon nach 12 Stunden zersetzt.

Einsenden von Altschafen

Wenn Schafe oder größere Lämmer aus unbekannten Gründen verenden, möchte der Tierhalter die Ursache wissen. Eine genaue Diagnose kann allerdings nur im Labor gestellt werden.

So große und schwere Tiere bringt man am besten sofort selbst im eigenen Fahrzeug zum Institut. Die meisten Untersuchungsinstitute sind auch am Wochenende erreichbar und bereit, Untersuchungsmaterial anzunehmen. Eine telefonische Anfrage empfiehlt sich aber.

Impfung

Viruserkrankungen sind mit Medikamenten nicht zu behandeln. Der Organismus des Köpers muß eigene Abwehrstoffe bilden, die als Antikörper wirksam sind. Nach einer überstandenen Viruserkrankung bleiben die Antikörper teilweise vorhanden, so daß bei einer erneuten Infektion das Immunsystem die eindringenden Erreger neutralisiert und den Krankheitsverlauf auf eine stark abgeschwächte Form herabdrückt. Bei der Impfung werden dem Körper geschwächte oder getötete Erreger eingeimpft, die den Organismus zur Antikörperbildung anregen. Jeder Erreger braucht zur Neutralisierung die passenden Antikörper, das heißt für jede mögliche Virusinfektion müßte die spezielle Impfung erfolgen. Bei der Vielzahl der möglichen Viruserkrankungen kann man sich selbst oder ein Tier nicht gegen alle Eventualitäten durch eine Impfung schützen. Es kommt auf den jeweiligen Standort an, ob überhaupt und wenn ja gegen welche Infektionen eine Schutzimpfung erfolgen soll. Diese Frage ist einzig und allein in Zusammenarbeit mit dem örtlichen Tierarzt und den Schafgesundheitsdiensten anhand vorliegender Erfahrungen zu klären.

Tierkörperbeseitigung

Verendete Tiere müssen schadlos beseitigt werden. Wenn keine anders lautende Polizeivorschrift vorliegt, dürfen Lämmer bis zum Alter von vier Wochen vergraben werden. Schafe und ältere Lämmer werden von zugelassenen Unternehmern abgeholt. Der Tierhalter muß über das zuständige Ordnungsamt die Abholung veranlassen. Im allgemeinen ist die ordnungsgemäße Abholung durch die Tierkörperbeseitigungsanstalt kostenlos.

Verzeichnisse

Organisationen und Verbände

Bundesrepublik Deutschland

VDL Vereinigung Deutscher Landesschafzuchtverbände e. V.
5300 Bonn 2, Godesberger Allee
142–148
Telefon: 0228/37 53 51, Telex 885 586
Die VDL ist die Dachorganisation, der die
folgenden Landesverbände angehören.

Landesverband Schleswig-Holsteini-
scher Schafzüchter e. V.
Steenbeker Weg 151, 2300 Kiel-Stenbek
Telefon 0431/33 26 08

Landesschafzuchtverband Weser-Ems
e. V.
Mars-la-Tour-Str. 13, 2900 Oldenburg,
Telefon: 0441/8 21 23

Landesschafzuchtverband Niedersach-
sen e. V.
Johannssenstr. 10, 3000 Hannover,
Telefon: 0511/32 97 77

Vereinigung Rheinischer Schafzüchter
und Halter e. V.
Endenicher Allee 60, 5300 Bonn,
Telefon: 0228/63 66 82

Landesverband Westfälischer Schaf-
züchter e. V.
Bleichstr. 41, 4790 Paderborn,
Telefon: 05250/3 25 61

Landesverband der Schafhalter Rhein-
land-Pfalz e. V.
Burgenlandstr. 7, 6550 Bad Kreuznach,
Telefon: 0671/6 90 31

Landesverband der Schafhalter im Saar-
land e. V.
Lessingstr. 14, 6600 Saarbrücken,
Telefon: 0681/6 55 21

Hessischer Schafzuchtverband e. V.
Kölnische Str. 48–50, 3500 Kassel,
Telefon: 0561/70 72 64

Landesschafzuchtverband Baden-Württemberg e. V.
Heinrich-Baumann-Str. 1–3,
7000 Stuttgart 1,
Telefon: 0711/28 49 43

Landesverband Bayerischer Schafhalter
e. V.
Haydnstr. 11, 8000 München 2,
Telefon: 089/53 62 26

Landesverband der Berliner Milchschaf-
und Ziegenzüchter,
Hermsdorfer Str. 72, 1000 Berlin 26,
Telefon: 030/4 11 58 08

Tierzuchtverband Berlin, Senator für
Wirtschaft und Arbeit
Martin-Luther-Str. 105, 1000 Berlin 62,
Telefon: 030/7 83 34 39

Deutsche Demokratische Republik

In der DDR sind die Milchschafe in priva-
tem Besitz und werden vom Verband der
Kleingärtner, Siedler und Kleintierzüch-
ter betreut.
VKSK Zentralvorstand, Abt. Schaf- und
Ziegenzucht, Holteistr. 19, Berlin 1035,

Luxemburg

Genossenschaft der Ziegen- und Milchschafzüchter,
BP 1025, L 1010 Luxembourg

Österreich

Arbeitsgemeinschaft der Schafzuchtverbände Österreichs,
Auf der Gugl 3, A-4021 Linz.

Schweiz

Schweizerischer Schafzuchtverband
Niederönz,
CH-3360 Herzogenbuchsee, Postfach

Schafgesundheitsdienste in der Bundesrepublik Deutschland

Baden-Württemberg
Schafgesundheitsdienst im Staatlichen
Tierärztlichen Untersuchungsamt,
Azenbergstr. 16, 7000 Stuttgart 1,
Telefon: 0711/20 23 – 334

Schafgesundheitsdienst im Staatlichen
Tierärztlichen Untersuchungsamt,
Löwenbreitestr. 18, 7960 Aulendorf,
Telefon 07525/2 02 71

Schafgesundheitsdienst im Tierhygieni-
schen Institut,
Am Moosweiher 2, 7800 Freiburg,
Telefon: 0761/1 60 11

Bayern
Tiergesundheitsdienst Bayern e. V. Fach-
abteilung Schafgesundheitsdienst,
Senator-Gerauer-Str. 23, 8011 Grub Post
Poing bei München
Telefon: 089/9 09 12 60

Vertragsuntersuchungsanstalten:

Landesuntersuchungsamt für das Ge-
sundheitswesen Südbayern, Fachbereich
Veterinärmedizin,
Veterinärstr. 2, 8042 Oberschleißheim,
Telefon: 089/3 15 60–1

Landesuntersuchungsamt für das Ge-
sundheitswesen Nordbayern, Fachbereich Veterinärmedizin,
Flurstr. 20, 8500 Nürnberg,
Telefon: 0911/33 02 51

Hessen

Staatliches Medizinal-, Lebensmittel-
und Veterinäruntersuchungsamt Nord-
hessen,
Druseltalstr. 61, 3500 Kassel,
Telefon: 0561/3 10 10

Staatliches Medizinal-, Lebensmittel und
Veterinäruntersuchungsamt Südhessen
– Außenstelle Frankfurt –,
Deutschordenstr. 48,
6000 Frankfurt/M. 71,
Telefon: 069/67 80 20

Niedersachsen mit Weser-Ems

Tiergesundheitsamt,
Vahrenwalder Str. 133, 3000 Hannover 1
Telefon: 0511/1 66 56 18

Tiergesundheitsamt,
Mars-la-Tour-Str. 1, 2900 Oldenburg
Telefon: 0441/801–414/419

Rheinland

Schafherdengesundheitsdienst des Tier-
gesundheitsamtes Bonn,
Rodeweg 5–11, 5300 Bonn 3,
Tel. 0228/434–313

Schleswig-Holstein

Institut für Tiergesundheit und Lebens-
mittelqualität der Landwirtschaftskammer Schleswig-Holstein,
Gutenbergstr. 77, 2300 Kiel,
Telefon: 0431/1 20 75

Westfalen-Lippe

Landwirtschaftskammer Westfalen-Lippe
Insitut für Tiergesundheit und
Milchhygiene,
Nevinghoff 40, 4400 Münster
Telefon: 0251/27 61

Deutsche Wollverwertung GmbH

Niederlassung Neu-Ulm

Finningerstr. 60, 7910 Neu-Ulm (Donau),
Tel. 07 31/7 50 91–94, Telex 712 866,
Telefax 07 31/72 42 49

Niederlassung Paderborn

Wollmarktstr. 115, 4790 Paderborn,
Tel. 0 52 51/77 47/48, Telex 932 246

Niederlassung Husum

Am Dornbusch, 2251 Mildstedt/Husum,
Tel. 0 48 41/7 23 67

Literaturverzeichnis

Aichele, D., Golte-Bechtle, M.: Was blüht denn da? Franckh'sche Verlagshandlung, Stuttgart 1988.

Behrens, H.: Lehrbuch der Schafkrankheiten. Verlag Paul Parey, Hamburg-Berlin, 3. Aufl. 1987.

Behrens, H., Scheelje, R., Wassmuth, R.: Lehrbuch der Schafzucht. Verlag Paul Parey, Hamburg-Berlin, 6. Aufl. 1982.

Brüne, C.: Die Verbesserung des Leineschafes durch Kombinationskreuzung – Diss. Institut für Tierzucht und Haustiergenetik, Göttingen 1975.

Dedié, K., Bostedt, H.: Schafkrankheiten. Verlag Eugen Ulmer, Stuttgart 1985.

DLG-Futterwerttabellen: Futterwerttabelle für Wiederkäuer. DLG-Verlag Frankfurt 1983.

– Tierzucht 80. DLG-Verlag, Frankfurt 1981.

– Tierzucht 82. DLG-Verlag, Frankfurt 1983.

– Tierzucht 84. DLG-Verlag, Frankfurt 1985.

Doehner, H.: Handbuch der Schafzucht und Schafhaltung. Verlag Paul Parey, Berlin 1939.

– In: Behrens u. a. Lehrbuch der Schafzucht. Verlag Paul Parey, Hamburg, 3. Aufl., 1976.

Dudonet: Les manipulations et les interventions chez les ovins. Verlag J. Jamois, Nevers, Frankreich 1984.

Groß: Euterkrankheiten bei Ziege und Schaf. Ambulatorische und Geburtshilfliche Veterinärklinik, Gießen 1952.

Haring, F. u. a.: Schafzucht. Verlag Eugen Ulmer, Stuttgart, 7. Aufl. 1984.

Heller, D., Potthast, V.: Erfolgreiche Milchviehfütterung. DLG-Verlag, Frankfurt 1985.

Hiepe. T.: Schafskrankheiten. VEB Gustav Fischer Verlag, Jena 1975.

Jatsch, O.: Milchfraktionierung beim maschinellen Milchentzug des Schafes. Gießener Schriftenreihe Bd. 38. Verlag Paul Parey, Hamburg-Berlin 1977.

Leucht, W.: Schafe. Verlag Neumann-Neudamm, Melsungen 1985.

Marx: Schafhaltung. VEB Gustav Fischer Verlag, Jena 1987.

Nowak, M., Forkel, G.: Wolle vom Schaf. Verlag Eugen Ulmer, Stuttgart 1989.

Pütz, J., Gollhardt, H. (Hrsg.): Das große Hobbythek-Buch vom Essen Bd. 1. vgs Verlagsgesellschaft, Köln 1984.

Schwark, H.: Internationales Handbuch der Tierproduktion – VEB Deutscher Landwirtschaftsverlag, Berlin 1981.

Speer, E.: Technologie der Milchverarbeitung. VEB Fachbuchverlag, Leipzig 1983.

Smidt, D. (Hrsg.): Landwirtschaftliches Lehrbuch Bd. 2 – Tierzucht. Verlag Eugen Ulmer, Stuttgart, 5. Aufl. 1982.

Deutsche Schafzucht. Zeitschrift für die gesamte Schafproduktion. Erscheint 14tägig. Verlag Eugen Ulmer, Stuttgart.

Deutscher Schäfereikalender. Hrsg. Deutsche Wollverwertung und Vereinigung Deutscher Landesschafzuchtverbände (VDL). Verlag Eugen Ulmer, Stuttgart.

Sachregister

Sterne verweisen auf Abbildungen

Ablammbucht 40, 47, 48*
Ablammergebnis 60, 62
Aborte 163
Abstammungsnachweis 105
Abtrenngatter 41*, 49
Abwehrstoff 104, 156
Adrenalin 118
Ahnenverlustkoeffizient 94
Altbock 98
Altersbestimmung 65
Altschafe vermarkten 144
Ammoniak 42
Anomalien 162
Anrüsten 120
Ansteckungsgefahr 157
Antibiogramm 159
Antikörper 104, 163
Anzeigepflicht 153
Anzeigepflichtige Seuchen 160
Arbeitsplatz 52
Atembeschwerden 153
Aufzucht 106
Aufzuchtfutter 80
Aufzuchtverluste 62
Augen 16
Augenerkrankung 159
Aujeszkysche Krankheit 160
Auktion 54*, 60
Auktionskatalog 60, 61*
Ausscheren 59
Außenparasiten 87, 151
Automatische Tränke 45
Baden 87
Bakterien 127
Bandwurm 155
Baurecht 39
Befruchten 93
Beleuchtung 52
Besatzdichte 25
Bestandsgröße 14

Bettfell 147
Biestmilch 102, 118
Blitzschutz 55
Blutuntersuchung 116
Bock, eigener 96
Bockauswahl 94
Bockhaltungsring 93
Bockkörung 13
Bockstall 50
Bodenprobe 17, 28
Boli 155
Boniturschlüssel 137
Breinierigkeit 158
Bronchien 156
Brucellose 160
Bruch (Käse) 133
Brunst 92, 95
Brunstdauer 92
Brust 16
Buttermilch 129
Chlor 79
Dachentlüftung 42*
Darmpech 104
Dasseln 151
Dauerwurst 144
Deckakt 95
Deckbock 92
Deckstation 93
Deckzeitpunkt 92
Dentalplatte 65
Deutsches Milchschaf 13
Dickmilch 129
Dippmittel 121
Drahtspanner 34
Dreinutzungsschaf 19
Drillingsgeburt 102
Drillingslämmer 111*
Druckventiltränke 46
Druckverband 86
Düngemittel-Berechnung 29

Düngen 26
Düngeplan 29
Durchfall, Lämmer 163
Durchfressen 33
Egel 156
Eiderstätterschaf 13
Eimerfütterung 45
Eimermelkanlage 122
Eimertränke 45
Eingebespritze 57*
Eingewöhnung 64
Einsenden, Altschafe 163
Einsenden, Fehlgeburten 163
Einstreu 42
Einwegspritzen 58
Einzellämmer 109
Einzelprobe, Kot 87
Eisen 79
Eiweiß 69
Eiweißbedarf 69
Ejakulieren 95
Ektoparasiten 86, 151
Elektroinstallation 52
Elektrolytlösung 163
Elektronetz 37*
Elektrozaun 32*, 38
Endoparasiten 154
Energieangabe, Futter 69
Enterotoxämie 158
Entmisten 43
Entropium 159
Entsorgung 87
Enzyme 79, 127
Erbfehler 162
Erbkrankheiten 93, 160, 162
Erdbeermilch 116
Erhaltungsfutter 73
Euter 16, 36*, 109*, 110*
Euterentzündung 51, 159
Euterreinigung 120
Fehlgeburt 163
Fehllage 101*

Fehlstellung, Beine 83
Feinheitsgrad, Wolle 136
Fell 147, 148
Fellkonservierung 148
Fellnutzung 147
Fertigfutter 147
Fesseln 19*
Fettkügelchen 116
Feuchtstellen 156
Feuerschutz 39
Fieber 87, 161
Finnen 155
Flankengriff 84
Fleischbeschau 144
Fleischqualität 19
Fliegenmaden 154
Flimmerlarve 156
Freßplatz 45
Friesenschaf 12
Fruchtbarkeit 16
Fruchtbarkeitsstörung 94
Fruchtblase 100
Fußgrind 157
Fußräude 153
Futteraufnahmevermögen 69
Futterbedarf 73
Futterinhalt 73
Futtermeßzahl 69
Futtertrog 45
Futterumstellung 77
Fütterung 68
Fütterungsbeispiel 74
Fütterungsfehler 158, 162
Fütterungsfehler, Wolle 138
Futterverwertung 62
Futterwerttabelle 73
Gallerte 132
Gammaglobuline 118
Gebiß 65, 66*
Gebißfehler 65
Geburt 99, 103*
Geburtslagen 101*
Geburtsschock 101
Geilstellen 23
Gelbfärbung, Wolle 138
Genträger 94
Gewicht, Schafe 88
Gewürze, Wurst 146
Giftpflanzen 23, 24
Glasasche 85
Gliedmaßen 16
Glykogen 146
Grabmilbe 153
Grannenhaare 136

Groninger Schaf 12
Grundnährstoffe 78
Haarbalgmilbe 152
Haare 136
Haarlinge 151, 152
Haarfarbe 16*, 18*
Haarstärke 137
Haartrichter 136
Haftung 64
Halbjahresschur 140
Haltungsfehler, Wolle 138
Haltungsformen 13
Handmelken 120*, 124
Handschere 59*
Hautfalten 142
Hautparasiten 152
Heizung, Tränke 45
Herdbuchzucht 19
Heuraufe 43, 44*
Hinterendlage 101
Hitze 82
Holzbock 151
Hormone 118
Hormonstörung 96
Hornschuhenden 83
Humus 27, 43
Hungergräser 27
Immunsystem 118, 164
Impfung 163
Indexeinzelfaktor 61
Indexpunkte 61
Indikatorpapier 116
Infektion 164
Infrarotlampe 52
Inhaltsstoffe, Milch 114
Innenparasiten 154, 162
Innenzaun 34, 37*
Inzucht 94
Inzuchtschaden 94
Jahresbedarf, Futter 40
Joghurt 128
Joghurtansatz 129
Joghurtbereiter 129
Jungbock 97
Kalium 78
Kalk, kohlensaurer 29
Kalkammonsalpeter 29
Kalzium 78
Käse 127
Käseform 130, 131*, 132*
Käseharfe 133
Käseherstellung 127
Kasein 133
Käsekessel 130

Käseküche 125, 126*
Käsemesser 132
Käsepresse 131
Käseprotokoll 135
Käsereifung 134
Käsestaub 133
Käsetuch 131
Kauplatte 65
Keimgehalt 121
Kennzeichnung 105
Klaue 82*, 84*
Klauenmesser 56*, 57*, 84
Klauenpflege 7*, 81
Klauenschere 56*, 85
Klauenschnitt 71*, 83, 84
Klauenspalt 81
Klauenspitze 81
Klauenverband 72*, 86
Knotengeflecht 31*, 32
Kokzidien 156
Kolostralmilch 104, 118
Kompostieren 43
Kopf 16*
Kopfräude 153
Koppel 23
Koppelzugang 38
Körkommission 13
Körpergewicht 16
Körperräude 153
Körpertemperatur 87
Körperwärme 104
Korrekturschnitt, Klaue 83
Kot 162
Kotbeschaffenheit 162
Kotfarbe 162
Kotuntersuchung 87, 143, 163
Krankenbucht 50*
Krankheiten 150
Kräuselung 136, 141*
Kreislaufmittel 100
Krippe 43
Küchenreste 80
Kupfer 79, 80
Kupfervergiftung 80, 158
Lab 127
Laboruntersuchung 163
Lagerfähigkeit, Futter 69
Lagerraum 40
Lagerung, Käse 134
Lahmen 85
Lähmung 161
Laktation 22
Lammbar 53*, 111
Lammbox 47

Lammen 99, 100*, 191
Lämmer, vermarkten 145
Lämmeraufzucht 106
Lämmerdurchfall 162
Lämmerschlupf 40, 49*
Lämmerverlust 102
Lämmerweide 18*
Läuse 151
Lebensmittelrecht 125
Leberegel 156
Leckschale 79
Leckstein 79
Leistung, tragend 99
Leistungsdaten 60
Leistungsfutter 73
Leistungsmerkmale 16
Leistungsprüfung 16, 62
Leistungszucht 60
Leiterraufe 43
Lippengrind 157
Lockenwolle 142
Lockfutter 77
Luftfeuchtigkeit 42
Luftfeuchtigkeit, Käse 134
Lungenentzündung 51
Lungenwurm 156
Maden 154
Magendarmwurm 155
Magenbeschwerden 154
Magnesium 79
Maltafieber 161
Mangan 79
Markkanal 136
Marschschaf 12
Maschendraht 30, 49
Maschinenmelken 122, 124
Mastfutter 80
Mastleistung 16
Mauke 153
Maul- und Klauenseuche 160
Maulgrind 157
Mehrfachahne 94
Mehrnährstoffdünger 28
Melkanlage 122
Melken 119, 120*, 121*, 122*
Melkgeschwindigkeit 123
Melkmaschine 122*
Melkrhythmus 123
Melkstand 51*, 78*
Melkzeug 123, 125*
Milben 151, 153
Milch 113, 115
Milch, Inhaltsstoffe 114
Milch, bebrüten 129

Milchaustauscher 109
Milchbildung 117
Milchbildungsvermögen 69
Milchdrüsen 117
Milcherzeugung 115
Milchfehler 116, 117
Milchfütterung 163
Milchgerinnung 118
Milchgeschirr 124
Milchkontrolle 22, 116
Milchleistung 16, 36*, 113, 115
Milchleistungsfutter 158
Milchmastlamm 145
Milchqualität 115
Milchraum 125, 126*
Milchthermometer 130
Milchverkauf 22
Milchzähne 65
Milzbrand 160
Mineralfutter 79
Mineralstoffe 78
Mischprobe, Kot 87
MKS 160
Moderhinke 51, 81, 82*, 86
Molke 133
Molybdän 79
Moosmilbe 155
Muskelzucken 161
Nabeldesinfektion 104, 105*
Nabelschnur 104
Nachdecken 93
Nachgeburt 102, 163
Nachmähen 26
Nachmelken 121
Nachtbeleuchtung 48, 52
Nachzucht 111
Nackenbrett 43, 44*
Nagemilbe 153
Nährstoffverbrauch 62
Nasenausfluß 153
Nasendasselfliege 153
Natrium 78
Nierenzersetzung 158
NPK-Dünger 28
Ohren 16
Ohrmarke 105*
Ostfriesisches Milchschaf 13
Oxytocin 118
Pansengeräusch 158
Pansenmotorik 69
Pansenstillstand 158
Parasiten 138, 151, 154
Parasitenbekämpfung 154
Pellets 80

Phosphor 78
Pipette 130
Portionsweide 25
Preisrichter 62
Provitamine 79
Pulsator 123
Pulsverhältnis, melken 123
Quark 131
Rassebeschreibung 15
Rassemerkmale 15*, 16*, 17*, 63
Rassezucht 12
Räude 160
Raumteiler 41*, 43
Rauschbrand 160
Reifung, Käse 134
Reifungstemperatur 127
Reinnährstoffmenge 28
Rohfaser 69
Rohrmelkanlage 122
Rücken 16
Rumpf 16
Rundraufe 44*, 53*
Sägemehl 42
Salzbedarf 79
Salzleckstein 79
Sammelstelle, Wolle 143
Sandlaus 152
Sättigungsgrad 69
Sauermilchprodukt 129
Sauerstoffbedarf 11
Säuerungskultur 128
Säugezeit 106
Saugmilbe 153
Säurewecker 128, 129
Schächten 146
Schafbad 87
Schafbremse 153
Schafgesundheitsdienst 164, 166
Schafkauf 60
Schaflaus 152
Schaflausfliege 152
Schafzecke 151
Schafzuchtverbände 165
Schalmtest 116
Schattengräser 25
Schaumlöffel 130
Scheren 108*, 137*, 139, 140*, 142*
Scherer 142
Schermaschine 58, 59*
Schermeisterschaft 143
Schermaschine 58, 59*

Scherplatz 58
Scheuerwunde 85
Schimmel, Käse 135
Schinken 144
Schlachten 144
Schlachten, rituelles 146
Schlachtkörper 145*
Schlachtkörperbewertung 62
Schleifplatte 59
Schlichtwolle 136
Schlichtwollschaf 13
Schluckbeschwerden 161
Schlupfweide 24
Schmarotzer 154
Schmeißfliege 154
Schnecke 156
Schnittkäse-Rezept 133
Schocktherapie 50
Schreckhaftigkeit 161
Schur s. Scheren
Schutzzaun 30
Schwanz 16
Schwänzeln 92
Schwanzlarve 156
Schwefel 79
Schweißabsonderung 138
Schwimmertränke 46
Selbstfangeinrichtung 51
Seuchen, anzeigepflichtig 160
Seuchenhaftes Verlammen 62
Seuchenverdacht 160
Sicherungsfütterung 79
Spaltenboden 42
Spurenelemente 78
Stacheldraht 31*
Stall 39
Stallapotheke 58
Stallboden 42
Stalleinteilung 40
Stallgröße 39
Stallklima 41
Stallmist 43
Stalltemperatur 41
Standard 112
Standweide 23
Stärkeeinheit 69
Starterkultur 127
Stichelhaare 136
Stoffwechsel 79
Streß 99
Strichkanal 117
Strukturfutter 69
Tageszunahme 62
Tätowieren 105

Tauchbaden 87
Thermometer 130
Thomasmehl 29
Tierkörperbeseitigung 164
Tierseuchengesetz 160
Tierzuchtgesetz 93
Tollwut 160
Totgeburt 163
Trächtigkeit 99
Tragezeit 99
Tragrand, Klaue 83
Tränke 45, 46*, 109
Traubenzucker 146
Tretpfahl 38
Trinkwasser 47
Trockenfutter 69
Trockenmasse 69
Trockensubstanz 69
Tüdern 36*, 98*
Überbeißer 65
Überbogigkeit 136
Überfressen 158
Überlebenschance 104
Umbocken 96
Umtriebsweide 23
Unfruchtbarkeit 94, 96
Ungeziefer 151
Unterbeißer 65
Unterkühlung 104
Unterlid 159
Verdauungsstörungen 158,
   162
Verhalten 150
Verlammen 62
Vermarkten 144
Versicherungsschutz 64
Versteigerung 60
Video-Überwachung 55
Viruserkrankung 157, 161,
   163
Vitamine 78
Vlies 138
Vollschur 140
Vorbeugemaßnahmen 86
Vormelkbecher 121
Vorratsfütterung 43
Wärmelampe 47
Warmstall 109
Warmtränke 109
Wartezeit 155
Wasseraufnahme 158
Wasserbedarf 45
Wassertherapie 158
Wasserversorgung 45

Wehen 100
Weide 23
Weidedüngung 26
Weidefläche 11
Weidemastlamm 145
Weidepflege 26
Weidetechnik 23
Weidewirtschaft 26
Weidezaun 30
Wellung 136
Wiegen 88*, 91*
Wimpern 159
Windschutz 52
Wirtschaftlichkeit 22
Wollbewertung 137
Wolle 16, 136
Wollefressen 141
Wolleistung 16, 20
Wollfehler 138
Wollhaare 136
Wollqualität 108*, 136, 141*
Wollvlies 138
Wundverband 86
Würmer 154
Wurmkur 154
Wurstherstellung 146
Zahnbildung 65, 66*, 67
Zahnfleischblasen 161
Zahnverschleiß 65
Zahnwechsel 66*
Zaun spannen 31, 33*
Zaunarten 30
Zaunöffnung 38
Zaunpfahl 31
Zaunspanner 34
Zaunspannung 32
Zecken 151
Zink 79
Zitze 117
Zitzengummi 123
Zuchtauswahl, Wolle 138
Zugluft 42
Zusatzfütterung 77
Zwergschlammschnecke 156
Zwillingslämmer 18*, 110*
Zwirn 136
Zwischenklauenspalt 85